Susanne Rauprich

Der Kölner
Museumsführer

Faszinierende, große
und kleine, weltberühmte
und versteckte Museen
in Köln

emons:

Für Georg

Inhalt

Einleitung

___ Dieser Kölner Museumsführer verfolgt zwei Ziele. Erstens möchte er die große Vielfalt der Kölner Museen vorstellen und sie dazu nutzen, um die vielen unterschiedlichen Themen der Kultur- und Menschheitsgeschichte anschaulich darzustellen und zu erklären. Zweitens möchte er begeistern und möglichst viele Menschen in die Kölner Museen locken.

In Köln gibt es mehr als zwanzig ganz unterschiedliche Museen. Alle zusammen bergen eine enorme Vielfalt an Themen, Epochen, Kulturen und Kunstgattungen. Darunter sind Kunstmuseen, die Gemälde, Skulpturen und moderne Kunstobjekte beheimaten. Andere Museen widmen sich fremden, außereuropäischen Kulturen. Themenmuseen konzentrieren sich – wie der Name schon sagt – auf ein Thema oder einen Gegenstand. Schließlich gibt es die historischen Museen, allen voran das Kölnische Stadtmuseum.

Diese enorme Vielfalt ermöglicht es, Fragen aus den unterschiedlichsten Gebieten nachzugehen und immer wieder spannende Verknüpfungen anzustellen. Warum sind auf mittelalterlichen Gemälden manche Figuren größer als die anderen? Was verbindet Spiritualität, Religion und Kunst? Wie unterschiedlich können Stühle sein? Wie erlebten die Kölner den Zweiten Weltkrieg? Wie werden die Toten in Indonesien bestattet? Wer war Buddha? Wie war das wirklich mit dem Kölnisch Wasser? Wie lebten die Römer in Köln, und wer war Marcus Valerius Celerinus? Was bewegte die Expressionisten, was faszinierte die Dadaisten, und was wollten die Pop-Art-Künstler? Warum berühren die Grafiken von Käthe Kollwitz so sehr? Wie kann man das Universum und den Cyberspace veranschaulichen? Warum stehen Skulpturen unter freiem Himmel? Welches waren die Höhepunkte der Olympischen Spiele? Warum bauten die Preußen Köln zu einer Festung aus? Und warum gibt es ein Museum zum Wald?

Alle Kölner Museen zusammen bilden ein ungeheuer spannendes Tableau von großer Kultur- und Kölner Stadtgeschichte. Vom Buddha bis zum Designerstuhl – vom Tipi bis zu Rembrandt: Es ist alles dabei!

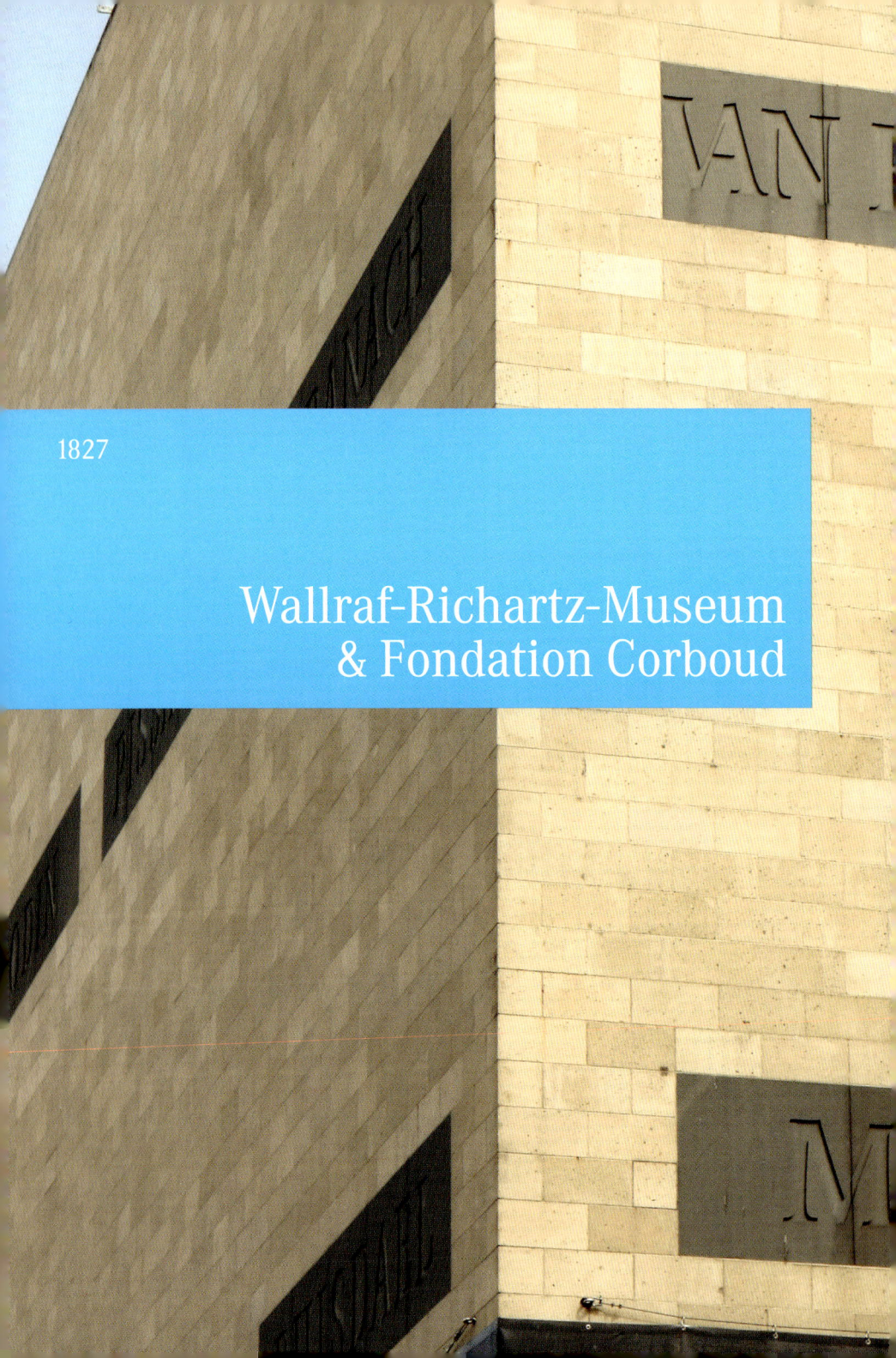

1827

Wallraf-Richartz-Museum
& Fondation Corboud

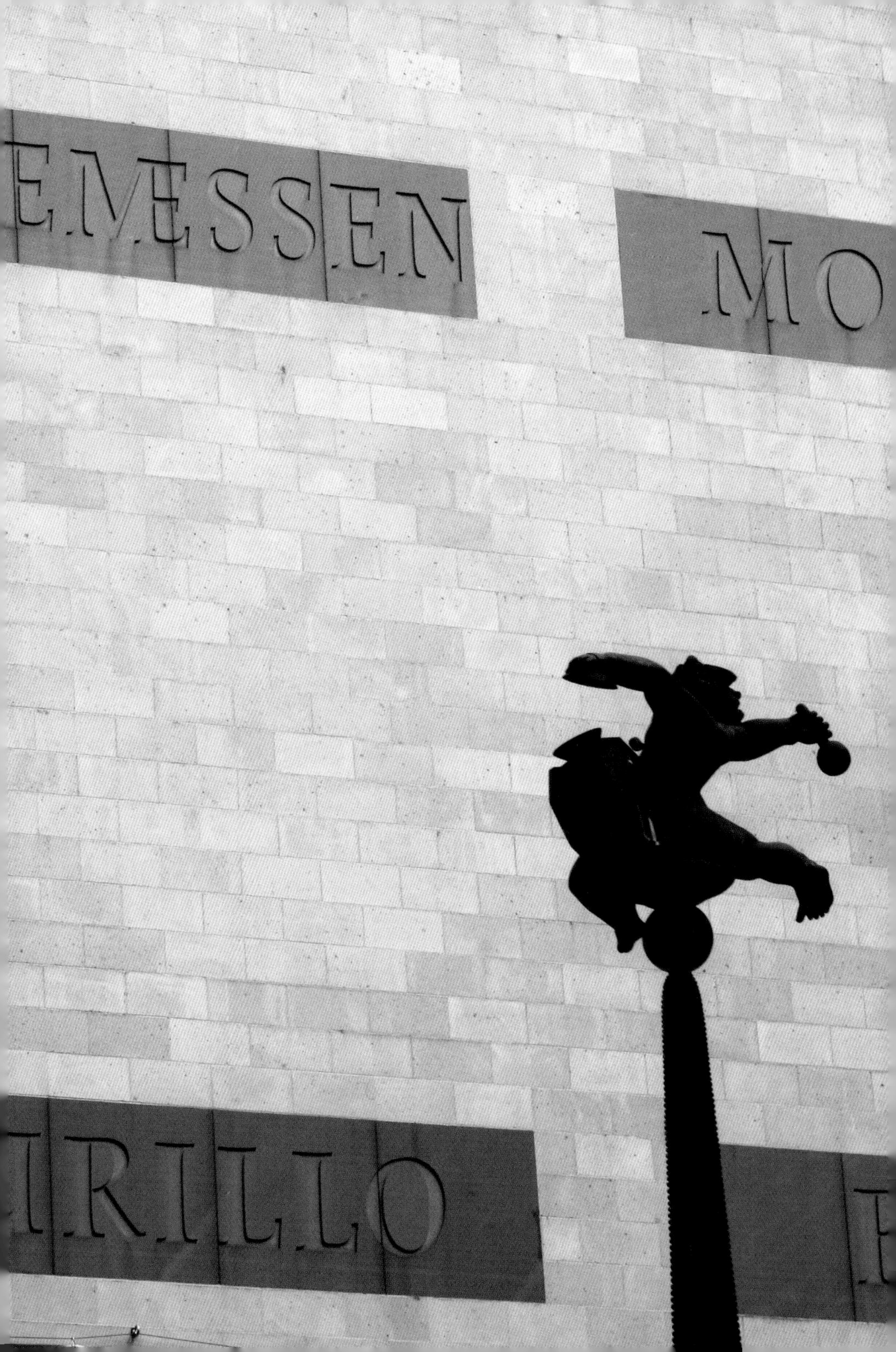
EMESSEN
MO
RILLO

Das Altehrwürdige

»Wallraf-Richartz-Museum & Fondation Corboud« ist ein langer und etwas komplizierter Name, den die Kölner in ihrer Alltagssprache auch nicht verwenden. Darum werde ich im Folgenden der Einfachheit halber die Abkürzung *das Wallraf* benutzen.

Über die abwechslungsreiche und bewegte Geschichte des Wallraf-Richartz-Museums

___ Das Wallraf ist das älteste Museum in Köln. Es beherbergt eine Gemäldegalerie mit Werken vom Mittelalter bis zum 19. Jahrhundert sowie einige Skulpturen. Ferdinand Franz Wallraf war der Begründer und Namensgeber des Museums. Aber wer war dieser Mann? Wallraf lebte von 1748 bis 1824 und war somit Zeitzeuge der Französischen Revolution und der damit verbundenen Säkularisation. Alles, was der Kirche gehörte, wurde ihr damals weggenommen und dem Staat gegeben. Damit wollte man die Macht und den Reichtum der Kirchen schmälern. Viele Kunstwerke aus den Kirchen und Klöstern wurden zerstört, ver-

Ferdinand Franz Wallraf (1748–1824)

kauft oder gestohlen. Wallraf sah, wie mittelalterliche Kunst *entsorgt* wurde, und als Kunstliebhaber fühlte er sich verantwortlich dafür, dass die Erinnerung und das Bewusstsein für die vergangenen Kunstepochen bewahrt werden. Deshalb begann er, die Kunstwerke zu sammeln.

Nachdem Wallraf seine äußerst umfangreiche Sammlung 1824 der Stadt Köln vermacht hatte, wurde drei Jahre später das sogenannte *Wallrafianum*, das erste Wallraf-Museum, eröffnet. 1861 konnte dann an der Stelle des ehemaligen Minoritenklosters dank der großzügigen Spende des Kölner Lederkaufmanns Johann Heinrich Richartz (1795–1861) ein neues großes Museum im neugotischen Stil eröffnet werden.

1936 wurden die Kölner Sammlungen komplett neu geordnet. Davon waren mehrere Museen betroffen. Waren vorher im Wallraf auch Skulpturen und

Kunsthandwerk zu sehen, so wurden nun die Bestände nach Gattungen (*Malerei, Plastik* und *angewandte Kunst*) in unterschiedliche Museen aufgeteilt. Das Wallraf war von nun an eine reine Gemäldegalerie.

Die Sammlung, die während der vergangenen Jahrzehnte systematisch ausgebaut und vergrößert worden war, erlitt 1937 einen gravierenden Einschnitt. Die Nationalsozialisten ließen viele Werke der damals modernen Malerei, vornehmlich abstrakte und expressionistische Kunst, als *entartete Kunst* aus dem Museum entfernen. Nach Kriegsende konnten diese Verluste durch eine ganz besondere Schenkung wieder ein wenig ausgeglichen werden. Der Rechtsanwalt und SPD-Stadtrat Josef Haubrich stiftete dem Wallraf seine Sammlung zeitgenössischer Kunst, die wunderschöne expressionistische Bilder umfasste. Heute befindet sich die Sammlung Haubrich im Museum Ludwig. Der im Krieg zerstörte Museumsbau wurde an derselben Stelle neu gebaut und 1957 eröffnet.

1976 gab es innerhalb des Wallraf eine einschneidende Veränderung: Das Museum Ludwig wurde als eigenständiges Museum der modernen Kunst gegründet. Ein neues größeres Gebäude musste her, denn das neue Haus musste zwei Museen beherbergen. Und tatsächlich: 1986 wurde das Doppelmuseum *Wallraf-Richartz-Museum/Museum Ludwig* zwischen Dom und Rhein feierlich eingeweiht. In den alten Museumsbau *An der Rechtschule* zog das Museum für Angewandte Kunst.

> Wallraf sah, wie mittelalterliche Kunst »entsorgt« wurde, und als Kunstliebhaber fühlte er sich verantwortlich dafür, dass die Erinnerung und das Bewusstsein für die vergangenen Kunstepochen bewahrt werden.

Mittlerweile hat das Wallraf aber auch diesen Bau wieder verlassen. Denn das Sammlerehepaar Irene und Peter Ludwig versprach der Stadt Köln weitere Kunstwerke, wenn sie dafür *seinem* Museum Ludwig das Gebäude am Rhein allein überlassen würde. Also musste wieder einmal ein neues Gebäude für das Wallraf her. Oswald Mathias Ungers (geboren 1926) entwarf den Neubau am Rathausplatz, der 2001 eröffnet werden konnte. Und dann erhielt das Wallraf auch noch einen neuen Namen – oder besser: einen erweiterten Namen. Denn der Kunstsammler Gérard J. Corboud überließ seine umfangreiche Sammlung impressionistischer und neoimpressionistischer Bilder dem Museum. Dafür heißt das Museum nun *Wallraf-Richartz-Museum & Fondation Corboud.*

Dieser vorläufig letzte Bau für das Wallraf gleicht einem großen Würfel: klar, blockartig und schlicht. Auf drei Etagen werden die Sammlungsschwerpunkte präsentiert: Im ersten Stock die Malerei des Mittelalters, im zweiten Stock die Malerei des 17. Jahrhunderts mit der umfangreichen Niederländersammlung und im dritten Stock die Gemälde und Skulpturen des 19. Jahrhunderts. In allen drei Etagen gibt es wunderschöne Ausblicke auf Köln.

Soweit die erlebnisreiche Geschichte dieser Gemäldegalerie. Kein Kölner Museum ist so oft umgezogen wie das Wallraf. Ob der Ungersbau nun die letzte Station sein wird?

Der mittelalterliche Kosmos in Form und Farbe: Die Kölner Malerschule und andere Schätze der mittelalterlichen Malerei

Zu Beginn: Ein besonders altes und kostbares Stück

___ Dieses kleine **Flügelaltärchen** ist um 1300 entstanden und somit eines der ältesten Bilder im Wallraf. Es ist ein sehr kostbares Stück, denn neben der Malerei sehen wir auch eine wertvolle Goldschmiedearbeit. Kleine Edelsteine rahmen die Gemälde. Außerdem gibt es da noch seltsame kleine Fächer. Darin wurden vermutlich Reliquien aufbewahrt. Alles zusammen macht dieses kleine Altärchen zu einem außergewöhnlichen Werk.

Schauen wir uns nun die Bildszenen genauer an: Auf der mittleren großen Bildtafel ist die Kreuzigung Jesu dargestellt. Auf den Seitentafeln können wir Geschichten aus dem Leben Jesu erkennen. Alle Figuren sind sehr schmal und scheinen fast zu schweben. Da können wir nicht eine sehen, die mit beiden Beinen fest auf der Erde steht. Aber sind es nicht auch Heilige, die dort in einer goldenen, himmlischen Sphäre zwischen Himmel und Erde versammelt sind? Dann dürfen sie auch schweben. Nur eine Person ist anders. Wer ist diese zu klein geratene Frau, die am Fuße des Kreuzes kniet? Es ist die Stifterin, die den Altar in

Malerei im Mittelalter

Im mittelalterlichen Köln mit allen seinen Kirchen und Klöstern gab es viele Maler, die damit beschäftigt waren, diese Kirchen mit Gemälden auszuschmücken. Ihre Bilder waren ausschließlich religiös und dienten als Anregung zum Gebet, zur Belehrung der Gläubigen und zur Verherrlichung Gottes und der Heiligen. Malen galt im Mittelalter nicht als Kunst, sondern als Handwerk. Deshalb schlossen sich die Maler in Zünf-

Auftrag gegeben hat. Sie ist längst nicht so bedeutend wie die Heiligen um sie herum. Deshalb ist sie kleiner dargestellt als die anderen. Vermutlich befand sich der Altar in ihren privaten Räumen. Meistens war er allerdings geschlossen, das heißt, die seitlichen Bildtafeln waren zugeklappt. Nur zum Gebet oder zu besonderen Anlässen wurde er geöffnet. Dann konnte unsere Stifterin in aller Ruhe vor dem Bild beten und sich in die Rolle der am Kreuz Knienden hineinversetzen.

Oft und gerne gemalt: Der Kalvarienberg

___ Die Darstellung des Kalvarienbergs war ein sehr beliebtes Thema. Der Bildaufbau ist immer derselbe: Auf einem Hügel steht in der Bildmitte das Kreuz mit dem sterbenden Jesus. Zur Rechten von Jesus steht das Kreuz mit dem Verbrecher, der sich im Sterben zum Guten wendet, auf seiner linken Seite befindet sich der Verbrecher, der nicht an Jesus glaubt. Die Platzierungen sind nicht zufällig so gewählt. Wir alle kennen die Begriffe *recht* haben oder *link* sein. Wir sehen also zur Rechten das Gute, zur Linken das Schlechte. Im Mittelalter wurde viel in Gegensätzen gedacht. Entweder war etwas gut, oder es war böse, schön oder hässlich. Zwischentöne gab es kaum. Das Schöne und Gute wurde durch das Böse und Hässliche verdeutlicht.

Das Thema des Kalvarienbergs bot dem Maler aber auch die Möglichkeit, viele unterschiedliche Menschen, Tiere und Pflanzen zu malen. Der **Kalvarienberg** vom **Westfälischen Meister** kann uns das verdeutlichen. Rundherum um die Kreuze stehen, sitzen, gehen und reiten viele unterschiedliche Menschen, die teils in Handlungen eingebunden sind, teils einfach nur *da* sind. Uns wird eine facettenreiche und farbenfrohe Gesellschaft gezeigt, mit vielfältigen, prachtvollen Kleidern, mit Pferden, die glänzendes Zaumzeug tragen, und sogar exotischen Tieren. Seien wir einmal ehrlich: Wenn da nicht drei Kreuze stünden und eine Frau am Fuße des mittleren Kreuzes in Ohnmacht zu fallen drohte, dann könnten wir auch eine Darstellung eines Marktes oder Basars, eine Versammlung von Kaufleuten und Reisenden vermuten.

ten zusammen. In die Malerzunft wurde nur aufgenommen, wer sein Können auch unter Beweis stellte. Dazu gehörte auch das Wissen über die Herstellung von Farben, wie man Farbpulver aus Pflanzen, geriebenen Steinen und Mineralien gewinnt und wie man die Farben mit Flüssigkeiten, wie beispielsweise Öl, Eigelb oder Honig, binden kann. Nur die Maler, die zur Malerzunft gehörten, durften in Köln ihre Bilder verkaufen.

(i)

Kalvarienberg, um 1420, Westfälischer Meister

Zwei Madonnen im Vergleich

___ Das Wallraf besitzt zwei vorzügliche Darstellungen der Maria mit dem Kind: **Die Madonna mit der Wickenblüte** vom **Meister der Heiligen Veronika** und **Die Muttergottes in der Rosenlaube** von **Stefan Lochner**.

Diese beiden Madonnenbilder drängen sich förmlich zu einem Vergleich auf, sind sie doch so unterschiedlich in ihrer Darstellung und Wirkung.

Zunächst fällt uns auf, dass wir auf dem einen Bild eine Halbfigur der Maria sehen, auf dem anderen eine ganze Figur.

Die halbfigurige Darstellung konzentriert sich auf das Gesicht und die Hände von Jesus und Maria. Dadurch werden wir ganz nah herangelassen an diese intime Zweisamkeit. Fast könnte man sagen, dass wir sogar teilnehmen dürfen an diesem Geschehen. Und genau das ist auch beabsichtigt: Der Betrachter – wir – soll bewegt und berührt werden.

Ganz anders stellt sich uns die Muttergottes in der Rosenlaube dar. Hier wird so viel gezeigt und erzählt, angefangen von den musizierenden Engeln über die vielen Pflanzen und das umgebende Ambiente bis hin zu Gottvater und der Taube, die er zu Maria und Jesus hinabsendet, dass wir intensiv damit beschäftigt sind, alles zu erkunden und uns an den Details zu erfreuen. Beide Bilder sind Andachtsbilder und sollten die Gläubigen zum Gebet anregen. Aber

Maria im blauen Gewand – über die Symbolwelt des Mittelalters

Maria ist eine besondere Person. Um die Bedeutung Marias zu unterstreichen, verwendeten die mittelalterlichen Maler für die Kleidung Marias eine ebenso besondere Farbe. Blau war sehr wertvoll. Denn um Blau herzustellen, benötigte man den kostbaren Lapislazuli, der von weither nach Köln gebracht werden musste. Für die Darstellung des Himmels benutzten die Maler Gold, das ihnen geeignet schien, die Pracht von Gottes Reich zu veranschaulichen. Mit der Farbwahl unterstrichen die Künstler also die Bedeutung der Darstellung. Ähnlich war das mit den Proportionen. Wichtige heilige Figuren wurden größer gemalt als normale Menschen. Mittelalterliche Bilder zeigen uns also eine Welt, die so nicht in der Realität existiert, sondern die Vorstellung und das Weltbild der Menschen von damals widerspiegelt. Übrigens können wir auch hinter fast jeder Pflanze, die auf einem mittelalterlichen Bild gemalt ist, eine symbolische Bedeutung vermuten. Heute ist es nicht immer leicht, diese mittelalterliche Bildsprache zu verstehen, da uns viele Symbole und Anspielungen heute nicht mehr vertraut sind.

13

(i)

die Wirkung ist grundverschieden. Die **Wickenblüten-Madonna** bewegt durch ihre Klarheit und emotionale Intensität, die **Rosenlauben-Madonna** beeindruckt durch ihre Erzählfreudigkeit und Vielfältigkeit.

Stefan Lochner (um 1400–1451) ist der einzige mittelalterliche Maler seiner Zeit, der uns mit seinem Namen bekannt ist. Üblicherweise werden heutzutage die Maler des Mittelalters mit Behelfsnamen benannt, da uns ihre richtigen Namen nicht überliefert wurden. Aber dieser Meister Stefan war schon zu Lebzeiten sehr berühmt. Die Menschen bewunderten seine Bilder mit den vielen kleinen Details und den zarten Gesichtern. Lochner war wohlhabend, ihm gehörten mehrere Häuser in Köln, und er war Vertreter der Malerzunft im Kölner Rat. Seinem guten Ruf und seiner Bekanntheit hat es Lochner zu verdanken, dass sein Name auch heute noch in aller Munde ist.

Wie man in den Himmel oder in die Hölle kommt: Das Weltgericht von Stefan Lochner

___ Das **Weltgericht** von **Stefan Lochner** gibt uns einen detaillierten Einblick in die Gedankenwelt des Mittelalters. Dabei spielte das *Leben* nach dem Tod eine große Rolle. Vor der Hölle hatten sie Angst, in den Himmel wollten sie kommen. Die Entscheidung darüber oblag Jesus, den wir hier in der Mitte auf einem doppelten Regenbogen sitzen sehen. Maria und Johannes fungieren als Bittsteller der Menschen.

Und nun geht es los: Wir sehen, wie sich in der Mitte des Bildes die Gräber öffnen und die Toten herauskommen. Die einen werden von Engeln in Empfang genommen und auf die himmlische linke Seite geführt, die anderen werden von Teufeln abgeholt, die sie geradewegs in die Hölle bringen. Manchmal kämpfen Engel und Teufel noch um die armen Seelen. Während der Himmel uns als freundliche und hell strahlende gotische Architektur gezeigt wird, wird die Hölle mit grausamen Gestalten und brennenden Gemäuern dargestellt. Sowohl im Himmel als auch in der Hölle sieht man Personen mit besonderen Hüten. Diese Kopfbedeckungen geben Auskunft, um wen es sich handelt. Da gibt es auf beiden Seiten Königskronen, Papstmützen oder Kardinalshüte. Das will uns sagen, dass jeder, ob Kaiser oder Bettler, ob Papst oder Kaufmann, in die Hölle oder in den Himmel kommen kann. Das mag für die Betrachter doch beruhigend gewesen sein. Zumindest am Ende eines jeden Lebens herrschte Gerechtigkeit.

Glücklicherweise erfuhren die Menschen, die dieses Bild ansahen, auch, für welche Vergehen man in die Hölle gelangte, nämlich dann, wenn man unerlaubt Geld hortete, mit Würfeln spielte oder zu viel Alkohol trank. Die Menschen konnten auf diesem Bild genau sehen, wen warum welches Schicksal im Jenseits erwartete.

Das Weltgericht, um 1435, Stefan Lochner

Heilige beschützen die Stadt

___ Das Gemälde **Anna selbdritt und die Heiligen Christopherus, Gereon und Petrus** zeigt uns, wie stolz und selbstbewusst die Kölner zu dieser Zeit waren. Hinter den fein herausgeputzten Heiligen erscheint eine Stadt mit vielen Kirchen und einer mächtigen Stadtmauer – unverkennbar Köln! Wir können die einzelnen Kirchenbauten sogar wiedererkennen und benennen. Das ist eine der frühesten Stadtansichten von Köln. Nun, die Kölner konnten auch zu Recht stolz auf ihre Stadt sein, denn Köln war zu dieser Zeit eine der größten und prächtigsten Städte im ganzen Reich.

Im Vordergrund stehen der heilige Christophorus mit dem Jesuskind auf der Schulter, der heilige Gereon in seiner Soldatenrüstung, Petrus mit dem Schlüssel und schließlich die Gruppe Anna selbdritt; das sind Maria, das Jesuskind und die Mutter Marias mit Namen Anna. Diese Heiligen sollten Köln beschützen und außerdem die große Bedeutung der Stadt bezeugen.

Die Heiligenverehrung spielte im Mittelalter eine große Rolle. Nachdem das Christentum Einzug in Mitteleuropa gehalten hatte, wurden anfangs noch die alten Religionen der Germanen und Römer parallel weitergepflegt, waren die vielen Götter der Alten doch viel anschaulicher. Für fast alle Bedürfnisse und Sorgen gab es Ansprechpartner im großen umfassenden Götterhimmel. Und nun, plötzlich sollte es nur noch einen Gott geben? Da halfen die Heiligen. Sie konnten die Lücken füllen und übernahmen sozusagen die Aufgaben der früheren germanischen und römischen Götter.

Die großen Altäre

___ Im Zentrum der Mittelalterabteilung befindet sich ein großer Raum, der wie ein Kreuz geformt ist. Dort sind die prächtigen großformatigen Altäre ausgestellt. Dies sind Bildwerke, die aus mehreren Bildtafeln bestehen. Sie sind so zusammengeschraubt, dass sich meist ein Bild in der Mitte befindet und ein oder zwei äußere Tafeln auf jeder Seite. So konnten die Altäre je nach Anlass geöffnet oder geschlossen werden.

Besonders reichhaltig und prachtvoll ist der **Altar der Heiligen Sippe**. Er zeigt die Familie des Jesuskindes. In der Bildmitte ist Jesus mit seiner Mutter Maria und der Großmutter Anna dargestellt. Hinter Maria steht mit gekreuzten Armen Joseph. Weitere Heilige füllen das Bild.

Auffallend sind auf diesem Gemälde vor allem die kostbaren Kleider und Schmuckstücke der Frauen. Sie geben uns einen Eindruck von der Kleidung der reichen Menschen um 1500. Das bedeutet, dass um diese Zeit realistische und naturgetreue Elemente in die Malerei einflossen. Auch die Landschaft und der Himmel werden nun naturgetreuer dargestellt, und manche Gesichter scheinen Porträts von damaligen Zeitgenossen zu sein. Damit deutet sich ein Wandel in der Malerei an, der zugunsten der naturalistischen Darstellung die symbolische aufgibt.

Die Wende zur Neuzeit

___ Das Gemälde **Pfeifer und Trommler** von **Albrecht Dürer** (1471–1528) zeigt uns sehr schön, wie sich die Malerei beim Übergang vom Mittelalter zur Neuzeit veränderte. Die beiden Musiker gehören inhaltlich in einen größeren Zusammenhang. Hier sehen wir nur den Teil eines größeren Altars. In der Bibel ist die Rede davon, dass die beiden Musiker mit ihrem Spiel den von seinen Freunden verlassenen Hiob trösten, der viele harte Prüfungen ausgehalten hat, um dafür später von Gott belohnt zu werden. Das Besondere in diesem Bild ist die Art und Weise, wie die beiden Figuren stehen. Dürer hat sich genau angeguckt, wie es aussieht, wenn man steht, wie das Gewicht verlagert wird und wie die einzelnen Beine belastet werden. Man nennt das *Standmotiv*. Mit den beiden Musikern zeigt uns Dürer zwei Standmotive, einmal von vorn und einmal von hinten gesehen. Er zeigt uns sein Interesse daran, die Dinge so zu zeigen, wie sie sind. Die symbolische, schwebende Darstellung des Mittelalters ist für ihn uninteressant und altertümlich. Noch malen nicht alle Maler so wie Dürer. Aber nach circa zwanzig, dreißig Jahren wird kaum noch ein Maler in der mittelalterlichen Manier malen. Die Neuzeit hat begonnen. Und mit ihr das Interesse an dem Menschen, der Natur und der Eroberung und Aneignung der Welt. Dürer war einer der ersten Maler der Neuzeit in Deutschland. Übrigens, der Trommler könnte ein Selbstbildnis Dürers sein.

Das Goldene Jahrhundert – eine neue Weltsicht, in jeder Hinsicht: Die Gemälde der Niederländer

___ Das Wallraf verfügt über eine umfangreiche Sammlung niederländischer Malerei. Dabei möchte ich aber nicht verschweigen, dass auch ein paar wenige, durchaus sehenswerte Gemälde der italienischen, spanischen und französischen Barockmalerei anzutreffen sind. Da aber der Schwerpunkt ganz eindeutig auf der niederländischen Malerei liegt, möchte ich mich darauf auch im Folgenden konzentrieren.

Viel mehr, als man auf den ersten Blick sieht

___ Schauen wir uns zuerst einen frühen Niederländer an: die **Marktszene** von **Pieter Aertsen** (um 1508–1575). Die Niederländer hatten schon immer ein großes Interesse an der Darstellung kleiner naturgetreuer Details. Sie beobachteten ihre Umwelt genau und versuchten, das Gesehene ins Bild zu übertragen. Aertsen war ein Spezialist für Bilder mit toten Tieren.

Wer jetzt denkt, damit sei alles zur Marktszene gesagt, der täuscht sich. Hinter der Szene mit der Fischverkäuferin und dem Vogelhändler verbirgt sich eine zweite, tiefsinnigere Ebene. Zum einen wird hier auf die vier Elemente hingewiesen. Die Fische deuten auf das Wasser hin, die Vögel auf die Luft, die Früchte auf die Erde und schließlich die geräucherten Fische auf das Feuer. Wir können in diesem Bild aber auch noch weitere Hinweise entdecken. Im

(i)

Das *Goldene Jahrhundert* in den Niederlanden

Warum spricht man vom 17. Jahrhundert als dem *Goldenen Jahrhundert*? Sicher, zwei Maler wie Rubens und Rembrandt sind schon etwas Außergewöhnliches. Aber machen sie allein ein *Goldenes Jahrhundert* aus? Nein, sicher nicht. Die gesamte Menge und die Qualität der gemalten Bilder waren einfach enorm. Aber wie kam es dazu? Der Handel spielte eine wichtige Rolle. Die Niederlande entwickelten sich im 17. Jahrhundert zu einer der größten Handelsmächte Europas. Das Geheimnis war die Schifffahrt und damit der Seehandel. Zunächst in Antwerpen, später in Amsterdam war die Verbindung zum Meer gegeben, und damit stand das Tor zur Welt offen. 1602 wurde die Ostindische und 1621 die Westindische Handelscompanie gegründet. Aber nicht nur die Waren aus fernen Ländern wurden gehandelt, sondern auch Kunstwerke. So entstand in den Niederlanden ein reger Kunstmarkt für Kunst aus aller Welt. Viele Menschen besaßen Bilder in ihren Wohnstuben. Reichere Bürger richteten sich Sammlerkabinette ein, in denen die Bilder Rahmen an Rahmen vom Boden bis zur Decke hingen. Sie erfreuten sich an den kleinen und großen Gemälden mit den unterschiedlichsten Themen.

Jedoch, niederländische Malerei ist nicht gleich niederländische Malerei. Das sehen wir, wenn wir Rubens und Rembrandt vergleichen. Der eine malt bewegt, in leuchtenden Farben, großformatig, fast pompös, der andere in dunkleren Tönen, gedeckt, fast sphärisch. Und tatsächlich: Es gibt zwei unterschiedliche Malweisen und Malstile in den nördlichen und in den südlichen Niederlanden des 17. Jahrhunderts. Rubens vertritt den Süden und Rembrandt den Norden. Warum es die unterschiedlichen Stile gab?

Die südlichen Niederlande um die heute im unabhängigen Belgien liegende Stadt Antwerpen wurden vom katholischen spanischen Hof aus regiert, einem absolutistischen Herrscherhaus. Der nördliche Teil der Niederlande hingegen hatte sich 1581 von den Spaniern losgesagt. Nach erbitterten Kriegen und viel Blutvergießen wurde 1648 die Unabhängigkeit der nördlichen Niederlande anerkannt, die protestantisch geprägt waren.

So gab es zwei vollkommen unterschiedliche Staaten mit grundverschiedenen Gesellschaftssystemen, die stark von den unterschiedlichen Glaubensrichtungen geprägt waren. Im Süden beherrschte der Adel die Szene, im Norden das Bürgertum. Während die Adeligen große repräsentative Bilder für ihre prachtvollen Paläste bestellten, kauften die Bürger des Nordens lieber die kleineren, weniger dramatischen Bilder für ihre Stadthäuser – was sich im Stil der Maler niederschlug.

Niederländischen wurde damals alles, was mit der Liebe zu tun hat, schlicht als *vogelen* bezeichnet. Vögel im Bild sind also immer auch Hinweise auf alle möglichen *Liebeleien*. Wenn eine Ente nun mit dem Klammergriff am Hals gehalten wird, will uns das von bindender und vereinnahmender Liebe erzählen. In der Marktszene sehen wir die Fischverkäuferin, die vom Vogelhändler eine festgehaltene Ente angeboten bekommt. Hier geht es also um mehr als um den einfachen Verkauf von Marktware.

Groß und bombastisch: Juno und Argus von Peter Paul Rubens

___ Irgendwie grausam und irgendwie verspielt: Was für Gegensätze spielen sich in diesem Bild ab! Am vorderen Bildrand liegt der verkrampfte, leblose Körper eines enthaupteten Mannes, und gleichzeitig spielen am linken Bildrand drei putzige Engelskinder. Und was machen diese beiden Frauen da bloß mit dem Kopf des getöteten Mannes? Sie scheinen nicht gerade schockiert zu sein. Schließlich ist da noch dieser enorm große Pfau, nein, es sind zwei Pfauen. Ohne die Geschichte zu kennen, die hier dargestellt wird, bleibt uns das Bild verschlossen und merkwürdig unwirklich.

Bei Ovid, dem griechischen Geschichtenerzähler, finden wir die Erklärung: Der Göttervater Jupiter, der uns als Draufgänger bekannt ist, war wieder einmal in Bedrängnis geraten, als seine Ehefrau Juno von seiner Geliebten namens Io erfuhr. Um Io vor Juno zu schützen, verwandelte er Io in eine Kuh und ließ sie vom hundertäugigen Argus bewachen. Aber Juno, nicht dumm, schickte den Götterboten Merkur zu Argus, dass er ihn mit seinem Flötenspiel einschläfern und töten sollte. Rubens hielt in seinem Bild die Stelle der Geschichte fest, in der Juno hinzukommt und mithilfe der Botengöttin Iris dem hundertäugigen toten, geköpften Argus die Augen entnimmt, um sie in die Federn ihrer geliebten Pfauen einzusetzen. Nun wissen wir also auch, wie der Pfau zu seinen Pfauenaugen kommt.

Dass **Peter Paul Rubens** (1577–1640) gerade diese Geschichte auswählte, hat auch mit dem damaligen großen Interesse an Optik zu tun. Ist das Hauptmotiv in diesem Bild nicht das Auge? Und ist das Auge nicht das Organ des Sehens?

Dass wir hier ein typisches Barockbild sehen, möchte ich nicht unerwähnt lassen. Die großen Frauenfiguren mit ihren schwungvollen und strahlenden Kleidern, der diagonale Zug quer durch das Bild, die dramatische Beschreibung des ermordeten Argus und die mit den Pfauenfedern spielenden, von dem Ereignis vollkommen unberührten Putten – dies alles sind charakteristische barocke Stilelemente.

Still und geheimnisvoll: Das Selbstbildnis von Rembrandt

___ Wer schaut uns hier so merkwürdig lächelnd an? Oder lächelt er etwa gar nicht? Es ist nicht eindeutig, wie dieser Mann uns anschaut. Vom Titel erfahren wir, dass es sich um ein **Selbstbildnis** handelt. Also sehen wir hier den großen Meister **Rembrandt** (1606–1669) höchstpersönlich vor uns. Dieses Selbstbildnis zählt zu den geheimnisvollsten seiner Art.

Schon viele Kunsthistoriker haben versucht, den Ausdruck des Künstlers zu interpretieren. Die angeschnittene Figur an der linken Bildseite, die kaum zu erkennen ist, gab zusätzlich Grund zur Spekulation. Stellt die linke Figur einen Gott des Todes dar und weist somit auf den nahen Tod des damals schon recht alten Mannes hin – das Porträt stammt aus seinen letzten Lebensjahren? Oder sollen Rembrandt und die andere Figur die antiken Philosophen Heraklit und Demokrit darstellen, die als Gegensätze für das Lachen und das Weinen stehen? Oder sehen wir hier gar nur einen Ausschnitt von einem ursprünglich größeren Bild, auf dem Rembrandt sich vor einer Staffelei bei der Arbeit gemalt hat?

Selbstbildnis, 1663 / 1669,
Rembrandt Harmenszoom van Rijn

Ich glaube, dass dieses Selbstbildnis auch einen großen Reiz ohne diese Erklärungen hat, ist das Gesicht des Künstlers doch so gemalt, dass es sich nicht auf einen Ausdruck festlegen lässt. Es handelt sich nicht um eine starre Mimik, sondern es ist ein Gesicht voller Leben und Dynamik, nicht festzulegen und nicht anzuhalten. Darin besteht die große Kunst in diesem Bild. Rembrandt gibt uns eine Momentaufnahme eines alten Menschen, der in seinem Leben schon sehr viel erlebt hat und der von diesen unterschiedlichen Erfahrungen geprägt ist. Das spiegelt sich in seinen Gesichtszügen wider. Deshalb ist das Selbstporträt ein wirklich besonderes Bildnis, das uns nicht nur den äußeren Anschein einer Person vermittelt, sondern auch etwas über die innere Stimmung des Dargestellten erzählt. Man sollte sich Zeit nehmen, um in diesem Bild zu lesen und sich hineinzufühlen.

Stimmungsvoll und naturgetreu zugleich: Die Landschaftsmalerei

___ Irgendwie hatten die niederländischen Maler schon immer ein besonderes Interesse an der Darstellung der eher unbedeutenderen Dinge in ihren Bildern. Das waren kleinere Gegenstände des Hausrats, aber auch Pflanzen und Landschaftsbeschreibungen. So überrascht es uns nicht, dass sie diesen Dingen im Laufe der Zeit mehr Bedeutung zukommen ließen und die Personen und Geschichten, die früher im Zentrum eines jeden Bildes standen, immer mehr in den Hintergrund oder an den Rand drängten. Und deshalb können wir auch sagen, dass die niederländischen Maler die Landschaftsmalerei, die Stilllebenmalerei und die Genremalerei irgendwie *erfunden* haben.

Das besondere Interesse an der Landschaft, der Natur und der Umgebung hatte mehrere Wurzeln. Mit der Entwicklung der Kartografie konnte das Land vermessen werden. Die Menschen bekamen ein neues Gefühl für Entfernungen und Maßstäbe. Und mit der Erfindung von Fernrohr und Mikroskop konnten sie die Dinge genauer in Augenschein nehmen, sowohl die in der Ferne als auch die in nächster Nähe. Dies alles ermöglichte den Menschen damals eine neue Sicht auf die Welt und die Natur. Wen wundert es da, dass sich die niederländischen Maler im besonderen Maß der Landschaftsdarstellung widmeten. Dabei beobachteten sie die Lichtverhältnisse, die Farbwirkung und auch die Stimmung, die eine Landschaft erzeugt.

> Und mit der Erfindung von Fernrohr und Mikroskop konnten sie die Dinge genauer in Augenschein nehmen, sowohl die in der Ferne als auch die in nächster Nähe.

Und doch, wie unterschiedlich können die Landschaftsbilder ausfallen. Vergleichen wir die ruhige **Flußlandschaft** von **Jan van Goyen** (1596–1656) mit dem bewegten **Wasserfall bei einer Kirche** von **Jacob Isaacksz. van Ruisdael** (1628/29–1682). Der eine zeigt uns die entspannte Atmosphäre der niederländischen Flusslandschaften, der andere eine spannungsvolle, fast dramatische Darstellung der Naturgewalten.

Echt oder gemalt: Die große Kunst der Stilllebenmalerei

___ Auch für ihre Stillleben waren die Niederländer berühmt. Angeregt wurden sie von den unbekannten und spannenden Dingen, die Kaufleute aus fernen Ländern mit in die Niederlande brachten. Das konnten Porzellanvasen aus China oder Gläser aus Venedig sein. Für die Maler war es eine Herausforderung, dies alles zu malen, und zwar möglichst täuschend ähnlich darzustellen.

Das Stillleben von **Willem Claesz. Heda** (um 1594–1680/82) ist ein wunderbares Beispiel dafür. Man möchte am liebsten das Römerglas, den Zinnbecher oder die Zitrone anfassen, weil man gar nicht glauben kann, dass das gemalt und nicht echt ist.

Aber auch die Stillleben verbergen wieder etwas hinter dem vordergründig Sichtbaren. Wenn bei **Willem Kalf** (1619–1693) der Krug umgefallen ist oder wenn in **Abraham Mignons** (1640–1679) Stillleben eine Eidechse tot auf dem Rücken liegt und manche Früchte schon überreif platzen, dann sind das lauter kleine Hinweise auf die Vergänglichkeit allen Lebens.

Einblicke in Privaträume und versteckte Anspielungen: Die Genremalerei

Ein großer Bereich der niederländischen Malerei des 17. Jahrhunderts war die sogenannte *Genremalerei*. Vordergründig schauen wir in die Häuser von normalen Menschen und bekommen Einblicke in ihre Alltagswelten, ihre Möbel und ihre Kleidung.

Aber, wie könnte es auch anders sein, auch in der Genremalerei finden wir hinter den sichtbaren Dingen versteckte Hinweise auf weitere Bildinhalte. Betrachten wir beispielsweise **Ein Paar mit einem Papagei** von **Pieter de Hooch** (1629–1684). Zunächst schauen wir aus einem dunklen Raum mit Schrubber und Eimer durch eine geöffnete Tür in ein helles, aufgeräumtes Zimmer hinein, in dem an einem Tisch eine Frau in festlicher Robe mit einem Glas Wein in der Hand sitzt. Hinter ihr steht ein Mann, der einen Papageienkäfig öffnet, der auf dem Tisch steht. Erinnern wir uns an den altniederländischen Begriff *vogelen*, mit dem alle möglichen *Liebesdinge* beschrieben wurden. Hier wird gerade der Vogelkäfig geöffnet, also scheint hier der Beginn einer Liebesaffäre bevorzustehen. Oder wenn **Godfried Schalcken** (1643–1706) in seinem Bild **Besuch beim Arzt** dem Medicus ein Glas mit einer Flüssigkeit in die Hand drückt, das der sorgsam prüft, dann will er uns dezent darauf hinweisen, dass in diesem Moment ein Schwangerschaftstest durchgeführt wird. Die niederländische Genremalerei ist ein unerschöpflicher Fundus von spannenden vordergründigen und hintergründigen Details.

Vom Idealen zum Gepunkteten: Die Malerei des 19. Jahrhunderts

___ In der dritten Etage des Wallraf begegnen wir der Kunst des 19. Jahrhunderts – und das bedeutet, wir begegnen einer Vielfalt an Kunststilen, denn in

Ein Paar mit einem Papagei, um 1675, Pieter de Hooch

diesem Jahrhundert ist sehr viel passiert. So unterschiedlich wie in diesem Jahrhundert die Regierungen, die Vorstellungen von Religion und Rechtsprechung, die Erfahrungen im Alltag waren, so verschieden ist auch die Kunst des 19. Jahrhunderts.

Ideale und romantische Landschaften im Vergleich

___ Wenn wir uns die **Gebirgslandschaft** von **Joseph Anton Koch** (1768–1839) anschauen, sehen wir eine Landschaft mit Bergen, Bäumen, Wasserlauf und ein paar Menschen. Wo hat Koch diese Landschaft gesehen und abgemalt? Oder hat er sie gar nicht wirklich gesehen?

Koch *komponierte* seine Landschaften. Dazu nahm er Skizzen, die er vor Ort gezeichnet hatte, und fügte sie dann zu einer idealen Landschaft zusammen. Genau das wollte er: ideale Landschaften malen, mit unterschiedlichen Bäumen und Büschen, mit hohen Bergen, mit verschiedenen Wasserläufen. Die Vielfalt und Unterschiedlichkeit sollte Ausdruck der großen göttlichen Schöpfung sein.

Kochs Landschaften sind zugleich majestätisch, gewaltig und irgendwie ruhig. Dabei spielt das Licht eine wichtige Rolle. Ganz gleichmäßig, fast unwirklich wird die Natur beleuchtet. Die Menschen, die Koch in seinen Bildern malte, sind im Vergleich zu den Bergen, Büschen und Flüssen klein und unscheinbar. Damit will Koch uns verdeutlichen, wie klein der Mensch im Verhältnis zur göttlichen Natur ist.

Ganz anders stellt sich das **Flußufer im Nebel** von **Caspar David Friedrich** (1774–1840) dar. Da spüren wir Gefühle und Stimmungen. Friedrich war ein sehr religiöser Mensch. Mit seinen Landschaften beschreibt er das Verhältnis

Klassizisten gegen Romantiker

Der Klassizismus und die Romantik waren zwei fast gleichzeitige Kunst- und Lebensanschauungen zum Ende des 18. und zu Beginn des 19. Jahrhunderts. Die Klassizisten waren davon überzeugt, dass die Antike Vorbild für ihr eigenes Leben und Schaffen sein sollte. Sowohl die Lebensweise der alten Griechen und Römer als auch ihre Kunst zeigten ein Maß von Schönheit und Vollkommenheit, das danach nicht mehr erreicht worden sei. Also versuchten die klassizistischen Künstler, in ihren Bildern und Skulpturen diesem Vorbild der Antike zu folgen. Ihre Werke sind geprägt von Schönheit

des Menschen zu Gott. Seine Bilder sind symbolisch, die einzelnen Motive im Bild haben immer eine zweite Bedeutung. Das *Flußufer im Nebel* kann auch so interpretiert werden: Das Schiff, auf dem drei Menschen arbeiten, stellt das Leben dar. Es fließt auf dem Fluss des Lebens dem Tod entgegen. Der Nebel beschreibt die Mühen und Nöte des Lebens.

Doch mit der aufgehenden Sonne, hier als Sinnbild für Gott, verzieht sich der Nebel. Die Blumenwiese im Vordergrund weist zusätzlich auf das Leben, seine Vielfalt, aber auch auf sein Vergehen (= verblühen) hin.

So oder so ähnlich könnte Friedrich sein Bild gemeint haben. Eins ist sicher: Dieses Bild ist kein bloßes Abbild der realen Natur, sondern ein symbolischer Hinweis auf das menschliche Leben und die göttliche Existenz.

Romantik pur: Der Klosterhof im Schnee

___ Auf dem Gemälde von **Carl Friedrich Lessing** (1808–1880) sehen wir einen Klosterhof, eingerahmt von altem Mauerwerk und eingetaucht in Schnee. Das Wasser des Brunnens ist gefroren, die Äste der Tanne sind unter der Last des Schnees gebrochen, das Licht zeugt von Kälte und Schnee – wir können die Winterstimmung in diesem Bild selbst spüren.

Erst auf den zweiten Blick erkennen wir die Mönche in ihren schwarzen Kutten, die den Kreuzgang entlanggehen.

Folgen wir dem Zug der Mönche, gelangen wir in die Kapelle, in der ein Sarg aufgebahrt ist. Es ist ein Trauerzug. Trauer, Tod und Stille, das passt zu der winterlichen Stimmung.

Alles in diesem Bild ergänzt sich: die Umgebung, das Licht, das Wetter und die Geschichte; das ist Romantik!

(i)

und Ausgeglichenheit, Vollkommenheit und Harmonie.

Die Romantiker hingegen orientierten sich mehr am Mittelalter, der Welt der Sagen und Märchen, der Legenden und der tiefen Religiosität. Sie wollten mit ihren Kunstwerken die Seele und das Gefühl der Menschen ansprechen. Land-schaften bei unterschiedlichem Wetter (zum Beispiel Sturm, Nebel, Morgensonne) wurden zu Symbolen für menschliche Stimmungen.

Während uns die Klassizisten die ideale Schönheit *vorführen* wollten, mochten die Romantiker die innersten Sehnsüchte des Menschen *ansprechen*.

Klosterhof im Schnee, um 1829, Carl Friedrich Lessing

Kitsch, oder was? Die Bilder des Biedermeier

___ Die Zeit des Biedermeier beginnt mit dem Wiener Kongress 1814/1815 und endet mit der Revolution von 1848. Politisch gesehen ist das die höchstspannende Zeit des Vormärz.

Maler wie **Carl Begas d. Ä.** (1794–1854), **Simon Meister** (1796–1844) oder **Ferdinand Georg Waldmüller** (1793–1865) schildern uns in ihren Bildern das bürgerliche Leben. Wir bekommen Einblicke in die Wohnhäuser, wir sehen die Kleidung, wir erfahren etwas über den Ausflug ins Freie. Die Bürger wollten sich und ihr sorgenfreies Leben, sofern sie es hatten, wiedererkennen und nicht mit komplizierten politischen oder sozialen Problemen konfrontiert werden. Moralisch einwandfrei und lebensnah sollten diese Bilder sein. Vorbilder für diese Gemälde fanden die Maler in der niederländischen Genremalerei des 17. Jahrhunderts sowie in der Romantik.

Manche Maler widmeten sich den Themen auch mit Humor und Witz, wie beispielsweise **Carl Spitzweg** (1808–1885). Von ihm besitzt das Wallraf den **Gähnenden Mönch**. Da wollte dieser Mönch gerade ungestört und zurückgezogen in einer stillen Ecke ein Nickerchen machen und wird dabei heimlich von uns beobachtet. Dann gibt es noch die Bilder, die uns an unsere Kindheit erinnern mit ihren märchenhaften Darstellungen. Schauen wir uns nur den **Rübezahl** von **Moritz von Schwind** (1804–1871) an. Wir spüren deutlich den romantischen Geist, der die alten Märchen und Sagen wiederbelebt hat.

Nur ein Bund Spargel?

___ Ein Bund Spargel liegt auf dem Küchentisch und wartet darauf, geschält zu werden. Mehr nicht! Wir sehen keine Personen, keine Möbel oder Küchengeräte, außer dem Spargel, dem Grün und der Tischplatte nichts. Im Vergleich zur traditionellen Malerei war dieses **Spargelstillleben** von **Edouard Manet** (1832–1883) eine pure Provokation.

Aber genau das ist ein Grundsatz des Impressionismus. Nicht die Geschichte ist interessant, sondern der äußere Anschein, das Aussehen. Jedes Objekt ist spannend genug, um gemalt zu werden. Der Maler findet überall faszinierende Farbspiele. Und tatsächlich, schauen wir uns den Spargel genau an: Wie viele Farbtöne können wir entdecken? Betrachten wir die Spitzen von Nahem, dann tauchen wir in ein Meer von violetten Farbtupfern ein.

Übrigens, der Käufer war so begeistert, dass er statt der vereinbarten 800 Francs dem Maler 1.000 Francs bezahlte. Manet ließ sich nicht lumpen und malte daraufhin noch einen einzelnen Spargel, um die zu viel bezahlten Francs auszugleichen.

Ein kurzer Moment in Hampton Court

___ Hampton Court ist ein kleiner Ort südwestlich von London. Der Kunstsammler Jean-Baptiste Faure hatte **Alfred Sisley** (1839–1899) dorthin eingeladen. Hier entstanden einige seiner schönsten Bilder. Auf dem Bild **Brücke bei Hampton Court** sehen wir im Vordergrund die Themse, auf der zwei Ruderboote gerade unter der Brücke hindurchfahren. Am Flussufer spazieren einige Leute. Eine Fahne weht im Wind. Alles ist in Bewegung.

Genau das ist es, was Sisley uns zeigen will. Für ihn bedeutete Landschaftsmalerei die Darstellung von Leben und Bewegung, denn nichts in der Natur sei jemals still, und der Mensch mittendrin sei auch immer in Bewegung. Mit kurzen kräftigen Pinselstrichen und unscharfen Konturen fängt er die Impressionen dieses sonnigen Nachmittags an der Themse ein.

Die glänzenden Sonnenspiegelungen auf dem Wasser, die flüchtig skizzierten Spaziergänger und die kaum zu erkennenden Ruderboote vermitteln uns den Eindruck einer Momentaufnahme, die im nächsten Augenblick schon wieder vorbei ist.

Zwei Maler an der Staffelei

___ Zwei Maler malen sich selbst: **Max Liebermann** (1847–1935) und **Lovis Corinth** (1858–1925).

Wie ähneln sich doch diese beiden Selbstporträts! Wir sehen den gleichen Ausschnitt, jeweils nur den Oberkörper des Künstlers. Der Kopf ist in beiden Bildern nach links gewandt. Schauen sie uns, die Betrachter, an oder in einen Spiegel, um ihre Selbstporträts malen zu können? Die kritischen Blicke der beiden Künstler lassen die Vermutung zu, dass da, wo wir heute stehen, der Spiegel im Atelier stand. In der rechten Hand halten beide die Palette, mit der linken führen sie den Pinsel. Sie beobachten genau, was sie sehen und wie sie es malen müssen. Die Umrisse der Ateliers sind in beiden Fällen nur angedeutet, unwichtig.

Das Hauptaugenmerk ist in den zwei Porträts eindeutig auf das Gesicht der Künstler gerichtet. Liebermann wirkt gefasster, vielleicht routinierter. Corinth dagegen scheint aufgewühlt und innerlich bewegt zu sein. Die Intensität der Blicke und der Mimik erinnert an das Selbstporträt von Rembrandt.

Und tatsächlich gibt es verbindende Elemente zwischen den drei Malern. Alle führten ein bewegtes Leben, alle widmeten sich immer wieder dem Bildnis von sich selbst.

Und alle drei gewähren uns durch ihre Selbstporträts spannende Einblicke in ihr Innerstes.

Beginn der Moderne in der Malerei: Die Impressionisten

Die Welt veränderte sich in der zweiten Hälfte des 19. Jahrhunderts rasant. Die Großstädte wuchsen, alles war in Bewegung und Veränderung, auch die Gesellschaft veränderte sich. Die alten Strukturen brachen überall auf. Da kam in Paris eine Gruppe von Malern zum Vorschein, die gerade diese Ver-änderungen und Bewegungen im Leben und in der Natur festhalten wollten. Sie nahmen ihre Staffeleien und Farben und gingen hinaus aus den Ateliers. Die Bilder, die nun entstanden, entsprachen nicht den Vorstellungen des herkömmlichen Kunstbetriebs. Deshalb durften sie ihre Werke auch

Großzügig und großartig: Die Sammlung Corboud

___ Was da alles im zentralen Raum der dritten Etage des Wallraf hängt und als ein Werk aus der Sammlung Corboud ausgezeichnet ist, ist schon sehr beeindruckend. Da finden sich Werke von **Camille Pissarro** (1830–1903), **Pierre-Auguste Renoir** (1841–1919) oder **Paul Cézannes** (1839–1906), um nur einige zu nennen.

Ein Bild gefällt mir besonders gut: das pointillistische Bild von **Paul Signac** (1863–1935) mit dem Titel **Capo di Noli**. Dieses Bild wird *pointillistisch* genannt, weil es aus vielen kleinen Punkten besteht, die sich erst aus der

Capo di Noli, 1898, Paul Signac

Ferne zu einem Bild zusammensetzen. Die Maler des Pointillismus haben sich mit der Funktionsweise des menschlichen Auges beschäftigt und den Vorgang dessen, was beim Sehen passiert, auf die Malerei übertragen. Denn auch wir setzen unsere Bilder, die wir Sekunde für Sekunde in unserer Welt wahrnehmen, aus vielen kleinen Punkten, die sich auf der Netzhaut abbilden, erst in unserem Gehirn zu einem Bild mit festen Linien und Konturen zusammen.

nicht im offiziellen Pariser Kunstsalon ausstellen. 1874 organisierten sie eine eigene Gruppenausstellung. Die Kritiker verspotteten sie als Impressionisten. Nichts als pure Eindrücke seien das, aber keine Malerei. Nun, genau das wollten die Impressionisten: Eindrücke von Licht und Farben, von Bewegung und Leben einfangen. Wie gut ihnen das gelang, zeigen uns die atmosphärischen und flimmernden Bilder von Claude Monet (1840–1926), Gustave Caillebotte (1848–1894) und natürlich auch Vincent van Gogh (1853–1890), um nur einige zu nennen, die wir im Wallraf antreffen können.

1853

Kolumba

Eine Heilige, eine Ruine und ein ganz besonderes Museum

___ Einer der spektakulärsten und faszinierendsten Museumsbauten der letzten Jahre ist ohne Frage der Neubau von Kolumba. Das hat mit den ganz speziellen, örtlichen Vorgaben zu tun. Keine plane Baufläche, sondern die Ruine von Sankt Kolumba sollte bebaut werden. Der Bauort liegt mitten im geschäftigen, wuseligen Köln, ist ein hektischer Platz zwischen Nord-Süd-Fahrt, Oper und Hohe Straße. Wie kann man an so einem Ort ein Museum bauen, das von Objekten der Stille lebt? Und damit sind wir bei der nächsten Besonderheit von Kolumba, der ungewöhnlichen Sammlung christlicher und spiritueller Kunst, angefangen mit spätantiken Objekten bis hin zu zeitgenössischen Werken, die bunt gemischt im Dialog gegenübergestellt werden.

Sankt Kolumba

___ Seinen Namen hat das Museum von der größten Pfarrkirche des mittelalterlichen Kölns geerbt, die hier an dieser Stelle gestanden hat, bis sie 1945 im Zweiten Weltkrieg zerstört wurde: Sankt Kolumba. Was wir heute in den Ausgrabungen sehen können, sind die Reste der ehemals fünfschiffigen Pfarrkirche aus dem 15. und 16. Jahrhundert, aber auch die Grundmauern der Vorgängerbauten aus dem 7. oder 8. Jahrhundert und Reste der römischen Bebauung.

Viele Kölner verbinden vor allem ein Ereignis mit Sankt Kolumba. Denn als die Kirche im Zweiten Weltkrieg zerstört wurde und sich der Staub langsam aufgelöst hatte, sahen die Menschen eine unversehrte Madonnenstatue inmitten der Trümmer an einem Pfeiler stehen. Ein kleines Wunder! Für diese Madonna in den Trümmern baute der Kölner Architekt Gottfried Böhm Anfang der Fünfzigerjahre eine kleine Kapelle. Die Kapelle ist nun von dem Museum umbaut worden.

Geschichte des Museums

___ 1853 gründete der *Christliche Kunstverein für das Erzbistum Köln* das Diözesanmuseum. Versetzen wir uns kurz in das 19. Jahrhundert. Die Franzosen hatten um 1800 mit der Säkularisation die Stifte und Klöster schließen lassen, was dazu führte, dass viele Kirchen umfunktioniert und teilweise abgerissen wurden. Das wiederum machte die vielen Ausstattungsstücke der Kirchen überflüssig. Der Verein wollte die noch vorhandenen kirchlichen Kunstwerke erhalten, erforschen, ausstellen und – wie es in den Statuten des Christlichen Kunstvereins geschrieben stand – mit den mittelalterlichen Kunstschätzen auch den *richtigen Geschmack* verbreiten. Bereits 1860 wurde das Diözesanmuseum eröffnet.

1927 änderte der Verein seine Statuten. Von nun an sollten nicht nur Kunstwerke des Mittelalters gezeigt werden, sondern auch der Moderne. Tatsächlich änderte sich kaum etwas. Erst 1989, als das Museum in den Besitz des Erzbistums überging, fand eine echte Erweiterung der Sammlung mit *zeitgenössischen* Werken statt. Seitdem können wir die moderne Kunst neben der alten in dieser seltenen und überaus spannenden Gegenüberstellung betrachten.

Der Neubau

___ Schon lange war klar, dass das Diözesanmuseum einen größeren Museumsbau benötigt, um die umfangreiche und qualitätvolle Sammlung endlich angemessen präsentieren zu können. Als der Plan gereift war, über der Ruine von Sankt Kolumba einen Neubau zu errichten, wurde 1996 der Wettbewerb ausgeschrieben. Die Bewahrung der Ausgrabungen, einfache Materialien und wenig Technik sollten nach dem Willen der Auftraggeber den Neubau bestimmen. Von allen Vorschlägen wurde der Entwurf des Schweizer Architekten Peter Zumthor (geboren 1943) fast einstimmig ausgewählt.

Was ist das Besondere an dem Bau? Fangen wir mit dem Ausgrabungsbereich an. Damit die Ausgrabungen optimal konserviert werden, Luft und Licht, aber keine Vögel durchgelassen werden, wurde das sogenannte Filtermauerwerk erfunden. Es stellt eine schützende Hülle dar, die mit gedämpftem Lichteinfall dem Ort etwas von seiner sakralen Vergangenheit zurückgibt. Die verwendeten Ziegel wurden eigens für Kolumba entworfen. Sie sind alle sehr flach, aber durchaus unterschiedlich tief und können so leicht den ungeraden und unregelmäßigen Mauerresten der Ruine angepasst werden. Die warme Farbigkeit des sogenannten *Kolumbasteins* verleiht dem gesamten Bauwerk eine ruhige und fast meditative Ausstrahlung.

Wenn wir nun die anschließenden Ausstellungsbereiche betreten, erleben wir noch deutlicher als im Ausgrabungsbereich die monumentale Ruhe der großzügigen, schlichten Architektur. Ohne eine einzige Fuge zieht sich der helle Terrazzoboden über die gesamte Fläche. Und dann die unglaublichen Fenster! Sie sind nichts für jemanden mit Schwindelängsten. Ohne Rahmen sind sie vor die großen Maueröffnungen gesetzt. Der Besucher, der sich an den Rand der Fenster wagt, erlebt das Gefühl der Grenzenlosigkeit, aber auch atemberaubende Ausblicke in die Kölner Innenstadt.

Die schlichten Materialien und die Einfachheit der Architektur, die alles Komplizierte an Bau- und Klimatechnik wohltuend versteckt, führen die Wahrnehmung des Besuchers auf einen entspannten Nullpunkt zurück, von dem aus er sich neu auf die Eindrücke der ausgestellten Werke einlassen kann. Zur Entspannung findet sich ein Lesezimmer, ein kleines Museumshighlight, das die fehlende Cafeteria allerdings nicht wettmacht.

Die christliche und spirituelle Welt in Kolumba

Ein besonderes Museumskonzept – *Gebrauchsanleitung*

___ Kolumba ist ein Museum der christlichen Kunst, in dem sich aber auch Werke befinden, die ich eher als spirituell bezeichnen möchte, da sie nicht immer einen christlichen Hintergrund haben.

Sicher finden wir in Kolumba hervorragende Kunstwerke, sicher sind dort hochkarätige Künstler vertreten, aber einzigartig, zumindest für die Kölner Museen, ist das Konzept. »Sehen, seine Fantasie schweifen lassen, sich erinnern und nachdenken«, so beschreiben die Museumsleute von Kolumba ihr Anliegen, die Grundkonzeption ihres Museums. Was bedeutet das?

»Sehen, seine Fantasie schweifen lassen, sich erinnern und nachdenken.«

Zunächst stellen wir fest, dass Beschriftungen zu den Objekten fehlen. Wer Genaues über das eine oder andere Werk erfahren möchte, kann das im kleinen Handführer, den man wie eine Eintrittskarte am Eingang bekommt, nachlesen. Aber zuerst soll die Anschauung kommen, dann die Information. Die eigene Wahrnehmung soll geschärft werden. Der Besucher soll ihr vertrauen und sich auf die eigenen Sinne verlassen.

Unter diesem Aspekt werden auch immer wieder wechselnde Ausstellungen aus den Beständen des Museums organisiert. »Lebendes Museum« nennen das die Leute von Kolumba. Wir werden aufgefordert, immer neue Zusammenhänge zu entdecken und aufzuspüren, neue Inhalte zu erkennen und neue Wege zu suchen.

Dass das so funktioniert, hängt auch mit der ungewöhnlichen Bandbreite der Objekte zusammen. Von der mittelalterlichen Skulptur bis zum zeitgenössischen Objekt werden Werke aus den unterschiedlichen Epochen nebeneinander präsentiert und laden durch diese ungewöhnliche Gegenüberstellung zu reizvollen Vergleichen ein.

Im Folgenden möchte ich einige Themen und Motive, einzelne Werke und übergreifende Fragestellungen, die sich beim Streifzug durch Kolumba ergeben, besprechen. Weil sich aber die Ausstellung immer wieder verändert, kann es dem Leser dieses Museumsführers durchaus passieren, dass ein hier beschriebenes Werk gerade nicht ausgestellt ist.

Erinnerung und Mahnung an den Krieg

___ Am Ende des Ausgrabungsbereichs gelangen wir in die ehemalige Sakristei von Sankt Kolumba. Dort treffen wir auf eine beeindruckende Stahlskulptur von **Richard Serra** (geboren 1939), die ursprünglich für eine Ausstellung in der Pulheimer Synagoge entstanden ist. Der Titel des Werks gibt uns Auskunft über den tieferen Sinn. **Die Untergegangenen und die Geretteten** ist gleichzeitig der Titel eines Buches vom italienischen Schriftsteller Primo Levi. Levi erlebte die ganze Härte des Faschismus am eigenen Leib. Er war Jude und Mitglied der italienischen Widerstandsbewegung *La Resistenza*. 1944 wurde er verhaftet und nach Auschwitz deportiert, überlebte aber. In seinem Buch schreibt er über die Opfer des Nationalsozialismus, die nicht überlebt haben, über die, die *untergegangen* sind. Sie seien die eigentlichen Zeugen der Katastrophe. Die *Geretteten*, die überlebt haben, haben nun die Pflicht, wie alle anderen Menschen und Völker auch, die Erinnerung an die Toten und ihr Schicksal wachzuhalten.

Vor diesem Hintergrund wird die Skulptur von Serra ein sehr eindringliches Mahnmal zur Erinnerung an die schreckliche Zeit des Nationalsozialismus. Und damit passt die Skulptur sehr gut in dieses Museum. Steht es nicht über den Ruinen einer durch den Krieg zerstörten Kirche? Wurden nicht mit dem Krieg außer den zerstörten Häusern und Kirchen auch die menschlichen Werte, die Kultur und vor allem viele Menschenleben vernichtet? Beginnen wir also unseren Rundgang durch Kolumba mit ein bisschen Nachdenklichkeit.

Ein beeindruckendes Symbol: Das Kreuz

___ Unser Streifzug startet mit dem Symbol aller Christen schlechthin: dem Kreuz. Allerdings: Das Kreuz ist keine Erfindung der Christen. Schon lange bevor Jesus lebte, wurde das Kreuz als Zierform und Symbol benutzt. Im präkolumbianischen Amerika beispielsweise wurden Steinkreuze für den Regengott aufgestellt, in Babylon dienten Kreuze als Licht-, Glücks- und Himmelssymbole. Im alten Ägypten gab es eine Hieroglyphe in Kreuzform, das jüdische wie das griechische Alphabet beinhalten ebenfalls einen Buchstaben in Kreuzform.

Für die ersten Christen war das Kreuz noch kein besonderes Zeichen. Der Fisch symbolisierte ihre Religion. Mit dem Kreuz verbanden sie den Tod, die Kreuzesstrafe, die Schmach und die Schande. Erst allmählich, seitdem Konstantin das Christentum tolerierte und seine Mutter Helena glaubte, das Heilige Kreuz gefunden zu haben, wuchs die Bedeutung des Kreuzes für das Christentum. Es wurde zum Symbol für den Sieg Christi über den Tod und für die Erlösung der Menschheit durch Christus.

Dieses Symbol ist wirklich beeindruckend. Überall auf der Welt ist das Kreuz als Zeichen der Christen bekannt. Aus werbestrategischer Sicht könnte man sagen: Es ist ein geniales, einfaches, sofort wiedererkennbares Markenzeichen. Vor diesem Hintergrund sind die **Siebdrucke mit Kreuzen** von **Andy Warhol** (1928–1987) aus den Jahren 1981 und 1982 eine äußerst konsequente und pointierte Auseinandersetzung mit dem Kreuz. Warhol, der selbst aus der Werbebranche kam, *vervielfältigt* mithilfe des Siebdrucks dieses *vielfältig* vorkommende, unverwechselbare religiöse Symbol der Christen.

Seine Hochzeit erlebte die Kreuzdarstellung im Mittelalter. Überlebensgroße Kruzifixe gehörten zu den ersten Monumentalplastiken der Christen. Erinnern wir uns nur an das eindrucksvolle Gerokreuz aus dem Dom (um 980). In Kolumba begegnen wir dem ebenfalls sehr alten **Kreuz aus Erp**, das um 1150 entstanden ist. Der Körper des Gekreuzigten steht leicht geschwungen als siegreicher Erlöser mit den Füßen auf einem kleinen Absatz. Statt eines Lendenschurzes trägt Christus hier ein langes Gewand. Die Stofffalten verlaufen gerade, symmetrisch und gleichmäßig. Er scheint fast zu schweben. Nur der leicht zur Seite verrutschte Bauch und ein Oberschenkel sind durch das Gewand hindurch sichtbar. Im Gegensatz zu diesem entspannten Körper steht der Kopf. Das Gesicht zeigt deutlich die Leiden und Schmerzen, die Jesus ertragen musste. Aufgrund dieses Gegensatzes zwischen dem entspannten Körper und dem leidenden Gesicht scheint es denkbar, dass der Kopf später überarbeitet worden ist. Das könnte damit zusammenhängen, dass sich die Vorstellung davon, wie man Christus darstellen soll, im Laufe der Zeit geändert hatte. Im frühen Mittelalter dominierte der siegreiche Typus, im späteren der leidende. Offenbar gefiel den Menschen damals der Körper der Christusfigur in diesem klas-

> **Überall auf der Welt ist das Kreuz als Zeichen der Christen bekannt. Es ist das Symbol für den Sieg Christi über den Tod und für die Erlösung der Menschheit durch Christus.**

Kreuz aus Erp, um 1150

Kunst und Religion im Dialog

Seit jeher sucht der Mensch nach Orientierung im Leben und fragt nach dem Sinn des Lebens. Im Mittelalter gab es ein einheitliches Weltbild und nur eine Wahrheit, nur eine Religion und auch nur einen Sinn. Die mittelalterliche Kunst hatte lediglich die Funktion, der Religion zu dienen. Entweder wurden in den Gemälden die Heiligen, Maria oder Christus verherrlicht, oder es waren kleinere Andachtsbilder oder Beschreibungen von Szenen aus der Bibel. Dabei waren die Motive, die Proportionen und die Farben voller Symbole. Die mittelalterliche Malerei war immer belehrend und symbolisch.

Das änderte sich in der Renaissance. Die Naturaneignung und Welterforschung ließen die Menschen aus dem engen Rahmen, der von der Kirche festgelegt war, hinausschauen. Der Mensch bekam eine neue Bedeutung. Die Beobachtung der Natur führte zu naturalistischen Darstellungen, der neue Blick auf den Menschen führte zu Darstellungen von lebendigen, gestikulierenden und realistischen Figuren in den Bildern. Der religiöse Inhalt wurde nun in einer erzählerischen, lebensnahen Art vermittelt.

Noch anders wurde es im Barock, einer Zeit, die von der Inszenierung des ganzen Lebens geprägt war. Von der Kleidung und den Perücken der Menschen über die prachtvollen Paläste und die rauschenden Feste, die darin gefeiert wurden, bis hin zur illusionistischen Architektur und Malerei war alles mehr Schein als Sein. Die Illusion stand ganz oben. Barocke religiöse Bilder und Skulpturen wollen den Betrachter mitreißen, ihn bewegen, ihn emotional erregen, ihn in eine unwirkliche Welt entführen.

Im 19. Jahrhundert verlor die religiöse Kunst an Bedeutung. Bis auf einige sentimentale Rückblicke ins Mittelalter beherrschten nun andere Themen die Kunst. Noch deutlicher wurde das im 20. Jahrhundert, in dem die Kunst von den Erlebnissen zweier Weltkriege, von einer extremen Nüchternheit oder vom aufblühenden bunten Konsum geprägt war, um nur ein paar wenige Facetten zu benennen.

Aber die anfangs erwähnte Suche des Menschen nach Orientierung hat bis heute nichts von ihrer Aktualität verloren. Immer wieder haben Künstler sich mit diesem Thema auseinandergesetzt. Dabei sind moderne christliche Kunstwerke entstanden, aber auch Werke, die eine Antwort nicht im Christentum suchen, sondern auf einer anderen transzendenten, spirituellen Ebene.

Kunst und Religion sind eng miteinander verknüpft. Auch wenn die Religion nicht immer die einzige Grundlage für Kunst war und ist, ist sie doch eine der wichtigen Triebfedern des Kunstschaffens, zu manchen Zeiten mehr, zu anderen Zeiten weniger.

sischen Gewand so gut, dass sie nur das Gesicht veränderten. So etwas kam im Mittelalter öfter vor.

Ein weiteres beeindruckendes Kreuz ist das **Elfenbeinkruzifix** aus der zweiten Hälfte des 12. Jahrhunderts. Erst seit 1999 gehört es dem Museum. Es zeigt einen weichen, entspannten, fein gezeichneten Christuskörper, der die Leiden des Sterbens bereits überwunden hat.

Die Geschichte des Kreuzes in Kolumba wäre nur unvollständig erzählt, würde ich nicht auf ein vergoldetes, silbernes **Reliquienkreuz** hinweisen, das doch tatsächlich Partikel des Kreuzes Christi enthalten soll.

Ein Kosmos der Kostbarkeiten: Das Armarium

___ Wenn wir diesen abgedunkelten Raum betreten, spüren wir sofort den Zauber einer Schatzkammer. Hier werden Monstranzen, Vortragekreuze, Reliquiare und alte Handschriften mit ausgezeichneten Buchmalereien präsentiert. Die Stücke stammen teils aus dem Kirchenschatz von Sankt Kolumba, teils vom Museum und aus Privatsammlungen. Es strahlt, es funkelt, es leuchtet und glitzert in diesem Kosmos der Kostbarkeiten.

Von seinem Ursprung her bedeutet Armarium eine Aufbewahrung in einem Schrank oder einer Kammer für Waffen und Rüstungen (lat. *arma* = Waffe). Im Mittelalter bezeichnete man auch die Räume und Schränke als Armarium, in denen Reliquien, Kirchengeräte und Hostien aufbewahrt wurden. Aber vor allem sollten darin Bücher gesammelt und geschützt werden, die im übertragenen Sinn die *Waffen des Glaubens* waren.

Unerschöpfliches Thema in der Kunst: Die Maria

___ Das Kolumba besitzt einige besonders schöne Mariendarstellungen. Ich möchte drei davon vorstellen, die aus ganz unterschiedlichen Zeiten stammen. Fangen wir mit der **Madonna mit dem Veilchen** von **Stefan Lochner** (um 1400/10–1451) an.

Wie eine Königin steht sie vor uns, überlebensgroß. Umso kleiner erscheint uns die Stifterin dieses Bildes, die Äbtissin des Cäcilienstifts Elisabeth von Reichenstein (gestorben 1486). Für ein Andachtsbild ist dieses Gemälde eindeutig zu groß. Wofür war es dann gedacht? Vielleicht ließ die Äbtissin die Tafel als Grabbild für ihr eigenes Grab anfertigen. Nun, das spräche nicht gerade von Bescheidenheit. Dabei ist das Veilchen, das diese Madonna in den Händen hält, doch das Symbol für Demut.

Wir können viele Symbole in diesem Bild finden, zum Beispiel die Erdbeerpflänzchen für die Fruchtbarkeit, die Maßliebchen für Bescheidenheit. Es sind

Muttergottes mit Kind, um 1650, Jeremias Geisselbrunn

unter anderem diese Pflanzen, die von der Meisterschaft Lochners zeugen. Die liebevolle, detailgetreue Darstellung der Blumen, der Engel, des Brokatvorhangs, der Taube und der Schmuckstücke machen das Gemälde zu einem typischen Lochnerbild.

Etwa 200 Jahre später ist die **Muttergottes mit Kind** von **Jeremias Geisselbrunn** (um 1594/96–um 1659/64) entstanden. Barocke Kunst finden wir nicht viel in Kolumba. Beim Ausbau der Sammlung regierte ein anderer Geschmack. Mittelalterliche Kunst ja, barocke Kunst nein! Sie galt als pompös und dekadent.

Glücklicherweise hat diese Madonna mit Kind, die früher zur Ausstattung von Sankt Kolumba gehörte, den Weg ins Museum gefunden.

Jeremias Geisselbrunn war um 1620 nach Köln gekommen und führte hier eine eigene Werkstatt. Die Jesuiten beauftragten ihn mit der Ausstattung ihrer Kirche Sankt Mariae Himmelfahrt. Dort hat er die deutlichsten Spuren in Köln hinterlassen. Aus seiner süddeutschen Heimat brachte er italienische Einflüsse mit.

Die Madonna mit Kind erinnert uns an die italienische Barockskulptur. Sie ist ganz zart und fein gearbeitet. Die Gewänder scheinen jeden Moment weggeweht zu werden. Würde sich das Jesuskind nicht am Zipfel des Kopftuchs seiner Mutter festhalten, würde es von ihrem Schoß rutschen. Diese Augenblicklichkeit und die meisterhafte Bearbeitung des Alabasters, der uns weismachen will, er sei kein Stein, sondern ein feiner Seidenstoff, machen dieses Werk zu einer besonders schönen und bemerkenswerten, typischen Barockskulptur.

1945 brach die Madonna bei der Zerstörung der Kirche in über 70 Einzelteile auseinander. Mühsam wurde sie wieder zusammengesetzt. Welch ein Glück!

Schließlich treffen wir noch auf eine Maria aus dem frühen 20. Jahrhundert: auf **Maria und Joseph** von **Gerhard Marcks** (1889–1981). Wann sehen wir Joseph in der bildenden Kunst? Bei der Geburtsszene in Bethlehem oder als Eselsführer bei der Flucht nach Ägypten. Auch bei der Darstellung der Heiligen Familie darf er natürlich nicht fehlen.

Aber so allein mit Maria wie in dieser Skulptur von Marcks begegnen wir ihm höchst selten. Joseph ist sonst nur *Begleitperson*, steht im Hintergrund, ist keine Hauptfigur. Anders hier: Maria und Joseph werden als liebendes Paar gezeigt. Er stützt seine schwangere Frau und gibt ihr Halt. Ohne ihn würde diese Figurengruppe umkippen. Allerdings ist Maria größer und steht auch höher. Sehen wir da die alte Proportionshierarchie, die fordert, dass bedeutendere Figuren auch entsprechend größer dargestellt werden müssen? Oder steht Maria einfach dem Himmel näher, während Joseph stärker auf dem Boden der Erde steht? Marcks zeigt uns hier eine besondere, intime Interpretation des Elternpaares von Jesus.

Eine bürgerliche Tragödie

___ Wie oft habe ich erlebt, dass dieses Kunstwerk von **Jannis Kounellis** (geboren 1936) mit dem etwas merkwürdigen Titel **Bürgerliche Tragödie** beim Besucher Unverständnis oder Spott hervorruft. Wenn sich dann aber die einzelnen Teile des Gesamtwerks zusammenfügen, ein paar einfache Fragen dazu gestellt werden, ändert sich die Meinung über die Qualität ins pure Gegenteil. Begeisterung und Anerkennung sind die Folge.

Was sehen wir hier? Zunächst fällt uns der Garderobenständer auf, der den Anstoß zu diesen Missverständnissen gibt. Was soll das? Habe ich doch auch zu Hause. Was hat das mit Kunst zu tun? Soll ich meine Jacke daranhängen?

Diese Äußerungen zeigen uns schon, worum es geht. Der Garderobenständer ist ein Alltagsgegenstand. Er beschreibt unser Leben in einem einfachen Symbol. Wir sind in Bewegung, kommen irgendwo an, gehen weiter. Zwischendurch hängen wir unsere Jacke an einen Haken, bis wir weiterziehen. Ein simples, aber treffendes Symbol für unseren Lebensweg.

Und hinter dem Garderobenständer? Was ist das? Eine goldene Wand. Gold ist in allen Religionen die Farbe des Besonderen, des Transzendenten, der Hoffnung, des Himmels. Die goldene Wand, aus vielen Kulträumen bekannt, spiegelt uns das, was hinter dem Alltag liegt, was es auch noch gibt. Mit diesen beiden Elementen, Goldwand und Garderobenständer, wird das Spannungsfeld zwischen der menschlichen Existenz einerseits und der übermenschlichen Sphäre andererseits verdeutlicht. Und dann gibt es da noch die Öllampe, die an der linken Wand hängt, das Licht, das nie ausgeht, das Zeichen der Hoffnung als Grundprinzip des menschlichen Überlebens.

Ist es nicht faszinierend, mit welchen einfachen Mitteln Jannis Kounellis uns hier den Kern des Menschseins vor Augen führt?

Bürgerliche
Tragödie, 1975,
Jannis Kounellis

Heimkino im Mittelalter

___ Dieses **Hausaltärchen der Verkündigung Mariens**, ein kleiner Holzkasten, in den Tonfiguren hineingesetzt sind, entstand um 1440. Er muss für die Menschen damals so etwas Ähnliches gewesen sein wie heute für uns der Fernseher. Wenn sie die Türen öffneten, wurde ihnen eine Geschichte vorgeführt. Dann sahen sie, wie Maria vor einem Pult kniet, auf dem ein Buch liegt – vermutlich die Bibel. Sie scheint sich gerade dem Engel zugewendet zu haben, der vor ihr niederkniet, um ihr die frohe Botschaft zu überbringen, dass sie bald Gottes Sohn zur Welt bringen wird. Maria lächelt sanft und hält die Hände zum Gebet. In der linken oberen Ecke sieht man Gott selbst auf einer Wolke, wie er eine Taube als Symbol des Heiligen Geistes aus seinen Händen fliegen lässt. Die Gewänder der Maria und des Engels sind als wertvolle Brokatstoffe dargestellt. Der Hintergrund und die Türinnenseiten sind mit Teppichmustern bemalt. Die ganze Szene wird sehr liebevoll erzählt. Solche kleinen Altäre dienten sowohl der Andacht als auch der Erzählung und Beschreibung der biblischen Geschichten.

Zwei faszinierende und rätselhafte Künstlertypen des 20. Jahrhunderts: Beuys und Thek

___ **Joseph Beuys** (1921–1986) zählt zu den bedeutendsten deutschen Künstlern des 20. Jahrhunderts. Er ist nicht immer einfach zu verstehen, hat aber – oder gerade deswegen – stets eine große Faszination auf seine Umwelt ausgeübt. Beuys hat sich intensiv mit Religion und Spiritualität auseinandergesetzt. Für ihn bestand ein Zusammenhang zwischen schmerzhaftem Erleiden und künstlerischem Schaffen.

Um das zu verstehen, müssen wir kurz in die Biografie von Beuys hineinschauen. Während des Zweiten Weltkriegs stürzte er mit einem Kampfflugzeug auf der Krim ab. Er erlitt einen doppelten Schädelbasisbruch, Rippen-, Bein- und Armbrüche, schlimmste Verbrennungen und hatte überall Splitter im Körper. Es war ein Wunder, dass er überhaupt überlebte. Diese Grenzsituation hat ihn geprägt, sein Engagement für den Frieden, aber auch seine Sicht auf das Wirken und Tun des Menschen. Das Leiden, das er erlebt hat, hat ihm neue spirituelle und schöpferische Kraft gegeben, sagt er, durch einen solchen Leidensprozess würden enorme geistige Fähigkeiten freigesetzt.

Betrachten wir seine **Bodenskulptur** aus dem Jahr 1971, die keinen Titel trägt. Sie besteht aus einer Munitionskiste, einem Kreuz mit einer Sonne, einem Fichtenstamm und einer Berglampe.

Die Munitionskiste erklärt sich von selbst als Symbol der Zerstörung. Ebenso das darauf befestigte Kreuz mit der Sonne. Mit dem Kreuz wird auf das Leiden Christi und die damit verbundene Erlösung der Menschen hingewiesen, mit der Sonne auf das Licht, die Ewigkeit und die alles beherrschende Energie.

Der abgestorbene Fichtenstamm ist ein Hinweis auf die Vergänglichkeit, und die Berglampe kann als Symbol für das Licht in der Dunkelheit, aber auch als Hinweis auf die menschliche Aktivität gedeutet werden. Hier ist ein eindringliches und intensives Werk über Zerstörung, Überleben und Neuanfang entstanden.

Ich gebe zu, dass das Wissen über sein Leben, seine Anschauungen und sein Engagement den Zugang zum Werk von Beuys deutlich erleichtern. Er hatte den Menschen viel zu sagen, und er hat jedem Einzelnen viel zugetraut, an Kreativität und schöpferischer Kraft. Aus der Katastrophe heraus entstand ein neues, zweites Leben. Die Parallelität mit Jesus sei im weitesten, im künstlerischen Sinn erlaubt.

Ein ähnlicher Typ wie Joseph Beuys ist der amerikanische Künstler **Paul Thek** (1933–1988). Auch er faszinierte zeit seines Lebens seine Mitmenschen. Mit Charisma und sozialem Engagement überzeugte er nicht nur als Künstler, sondern auch als Mensch. Seine Kunst ist »mystisch, religiös, kritisch und politisch zugleich«, wie es in einer Ausstellungskritik treffend formuliert wurde. Für seine Zeitgenossen und die nachfolgenden Generationen war und ist Thek eine Kultfigur.

> Aus der Katastrophe heraus entstand ein neues, zweites Leben. Die Parallelität mit Jesus sei im weitesten, im künstlerischen Sinn erlaubt.

Neben seinen Zeichnungen und Malereien sind es besonders die Skulpturen und Installationen, die Thek berühmt gemacht haben. Dabei machte er gern Anleihen in der christlichen Kunst, verfremdete diese aber gleichzeitig, sodass irritierende, bewegende Objekte entstanden. Er baute beispielsweise *Reliquienschreine* aus Plexiglas und füllte diese mit echt wirkenden, aber künstlich aus Wachs geformten Fleischteilen, abschreckend und skurril zugleich.

Die Arbeit **Fishman in Excelsis Table** von 1970/71 beruht auf eben dieser Technik, menschliche Körperteile zu verfremden. Der Tisch samt Körper hängt über uns an der Decke. Soll das ein Fischer sein, der gerade im Begriff ist, ins Wasser zu springen? Nein, die Art und Weise der Darstellung lässt uns eher an einen toten Körper denken. Wir erschrecken beim Anblick des Körpers, der sich da unter dem Tisch befindet. Er sieht aus wie ein verwesender Leichnam. Glücklicherweise ist es aber auch hier nur die täuschend echte Naturnachahmung, die Thek aus einem Körperabguss, Wachs und roten Kabeln erreicht hat. Das Ganze ist eine krasse und zugleich irritierende Darstellung. Wir assoziieren Tod, auch den Übergang von Leben zu Tod und Vergänglichkeit. Es würde uns nicht wundern, wenn im nächsten Moment vier Männer um die Ecke kämen, die die vier Tischbeine in die Hand nähmen und mit dem Tisch und dem darunter befestigten Leichnam eine Prozession veranstalten würden. Thek selbst benutzte gern den Begriff der Prozession. Damit spielte er auf die Nähe seiner Werke zur Religion an. Die Reliquienverehrung und der Hang des Menschen zur Ritualisierung des Todes haben ihn in seinem Schaffen immer wieder beschäftigt. Dabei stellt das eine oder andere Werk durchaus eine ironische Auseinandersetzung mit der Frömmigkeit und den Riten des einfachen Volks dar.

Ist Kunst eine Ersatzreligion?

___ Auf diese Frage hat **Antoni Tàpies** (geboren 1923) einmal mit einem klaren *Ja* geantwortet. Tàpies gesteht ein, dass er von der Kirche und ihren Vertretern enttäuscht ist. Ihn interessieren die Religionsphilosophie und die Psychoanalyse, er spürt Ritualen, Mythen und Symbolen nach. In seinen Werken setzt er sich mit der Suche des Menschen nach einem Sinn und mit dem Geheimnis der Erkenntnis auseinander. Sein Werk **Spuren auf weißem Grund** von 1965 verbildlicht das sehr deutlich. Wir sehen die Spuren eines Menschen, der im Kreis gegangen ist. Hat er ein Problem umkreist? Hat er eine Frage von allen Seiten beleuchtet? Hat er sich womöglich bei der Lösung im Kreis gedreht? Wir können unseren Assoziationen freien Lauf lassen und uns selbst auf den Prozess der Erkenntnis einlassen.

Es ist gut vorstellbar, dass **Rebecca Horn** (geboren 1944) auf die oben gestellte Frage auch mit einem *Ja* geantwortet hätte. Auch sie versucht, den Betrachter mit ihren Objekten im Innersten zu berühren. Da ist auf einmal dieses merkwürdige Geräusch. Ein Geräusch, das wir kennen, das uns aber auch unheimlich ist. Langsam wird uns klar: Es ist das Tacken und Abtasten eines Blindenstabs. Wir stehen vor dem **Blindenstab** von Rebecca Horn. Der Stab selbst ist an einer Eisenstange befestigt, die, mit einem Motor verbunden, senkrecht im Raum steht. Die Mechanik, die den Stab bewegt, ist – und das ist Rebecca Horn wichtig – offen zu sehen. In regelmäßigen Abständen fängt der Stab, wie von unsichtbarer Hand geführt, an, den Boden abzutasten: tack, tack, tack – monoton und eindringlich. Die Konfrontation mit dem Blindsein und Nichtsehenkönnen berührt jeden.

Aber es geht bei diesem Kunstwerk noch um mehr. Wenn wir Sehen nicht nur als Erfassen der sichtbaren Welt, sondern auch als Erkennen und Begreifen von Zusammenhängen und Strukturen verstehen, dann weist uns der Blindenstab nicht nur auf die Suche nach dem richtigen Weg hin, sondern steht gleichsam als Metapher für die Sinnsuche des Menschen.

Der Blindenstab von Rebecca Horn sensibilisiert und irritiert zugleich. Er verdichtet noch einmal eindringlich die Thematik der sakralen und spirituellen Kunst, bei der es immer wieder um Suche, den richtigen Weg, Erkenntnis und Wahrnehmung geht.

45

1866

Domschatzkammer

Ursprung, Eigenart und Aufbewahrung des Domschatzes

Schatzkammer oder Museum?

___ Der Domschatz beziehungsweise Teile des Domschatzes sind schon sehr alt. Aber können wir den ersten Aufbewahrungsort des Domschatzes schon als Museum bezeichnen?

Doch noch einmal zurück zu den Anfängen. Die Geschichte des Domschatzes ist eng mit der des Doms verknüpft. Zur Zeit der Erbauung des ersten Doms, des sogenannten *Alten Doms*, im 9. Jahrhundert existierte bereits ein Schatz. Der wurde in den folgenden Jahrhunderten ständig vergrößert. 1212 war erstmals die Rede von einer *Goldenen Kammer*, in der die wertvollen Stücke aufbewahrt wurden.

> Die Geschichte des Domschatzes ist eng mit der des Doms verknüpft. Zur Zeit der Erbauung des ersten Doms, des sogenannten Alten Doms, im 9. Jahrhundert existierte bereits ein Schatz.

1248 wurde der Grundstein für den gotischen Dom gelegt. Als 1277 die Sakristei geweiht wurde, überführte man gleichzeitig den Schatz in die neue Sakristei. Heute ist das die Sakramentskapelle. Damals wurden einzelne Stücke des Domschatzes den Menschen bei Prozessionen und auch bei Feiertagen auf den Altären gezeigt.

Im Zuge der Vollendung des Doms im 19. Jahrhundert fand der Domschatz 1866 ein neues Zuhause in Räumen an der Ostseite des nördlichen Querhauses. Dort war er nun für jeden zugänglich.

Seit 2000 wird der Domschatz in den alten Kellergewölben des Doms, in der *Domschatzkammer*, präsentiert.

Zurück zu meiner Anfangsfrage. Der Ursprung der europäischen Museen liegt genau in solchen Schatzkammern. Hier wurden wertvolle Dinge gesammelt, und dann und wann zur Schau gestellt. Allerdings reden wir von Museen erst, wenn eine Sammlung, welcher Art auch immer, theoretisch allen Menschen zugänglich ist.

Regelmäßigen Zugang zum Domschatz bekam die Öffentlichkeit erst 1866. Deshalb möchte ich die Domschatzkammer vorsichtig unter dem Gründungsdatum 1866 als Museum einordnen, wobei sie in erster Linie natürlich immer eine Schatzkammer bleibt und daher auch ein ganz besonderes Museum ist.

Schatzkammer des Kölner Domes

Die Unterwelt des Domes

___ Mindestens ebenso spektakulär wie die Schätze, die hier aufbewahrt und ausgestellt werden, ist die Schatzkammer selbst.

Der unterirdische Bau bringt uns mitten hinein in spannende zweitausend Jahre Kölner Geschichte. Kern der Domschatzkammer ist ein unterirdischer Raum, der über zehn Meter hoch ist und dessen Gewölbe auf zwei mächtigen Säulen ruht. Allerdings können wir den Raum nicht in seiner ganzen Großartigkeit erleben, da Ende des 16. Jahrhunderts eine Zwischendecke eingezogen wurde. Die Säulen und das Gewölbe sind aber noch gut erkennbar und lassen uns erahnen, welche Wirkung der frühere große, unzertrennte Raum gehabt haben muss.

Dieses historische Kellergewölbe wurde im 13. Jahrhundert, also zur Zeit der Errichtung des gotischen Domchors, als Unterbau und Stütze für die darüber gelegene Sakristei, die heutige Sakramentskapelle, gebaut, da das Baugelände hier stark zum Rhein hin abfiel.

Wie an vielen anderen Orten in Köln auch, nutzte man damals die Fundamente aus römischer Zeit. So erkennen wir im zweiten Untergeschoss Reste der römischen Stadtmauer.

Die Geschichte dieser Kellerräume ist abwechslungsreich und vielfältig. Im Zweiten Weltkrieg wurden sie beispielsweise als Luftschutzkeller genutzt. 75 Personen fanden hier Platz. Der Luftschutzkeller war schnell vom Bahnhof aus zu erreichen und daher sehr günstig gelegen.

Hier tauchen wir in eine faszinierende, irgendwie unwirkliche, sehr ruhige, fast andächtige Atmosphäre ein, die ein idealer Ort ist, Ruhe und Erholung vom Alltag zu finden und gleichzeitig Faszination und Genuss für die Augen zu erleben.

Heute können wir mit einem gläsernern Aufzug hinabfahren und ein eindrucksvolles Raumerlebnis genießen. Das Treppenhaus mit seinen etwas verwinkelten, teils quer zueinander verlaufenden schwarzen Steintreppen, die teils wie Brückenwege den Raum durchschneiden, tut sein Übriges dazu.

Hier tauchen wir in eine faszinierende, irgendwie fast unwirkliche, sehr ruhige, fast andächtige Atmosphäre ein, die ein idealer Ort ist, Ruhe und Erholung vom Alltag zu finden und gleichzeitig Faszination und Genuss für die Augen zu erleben.

Was gehört zum Domschatz?

___ Bevor wir uns die einzelnen Schätze genauer anschauen, sollten wir noch kurz klären, was die eigentlichen Schätze sind.

Wir sehen kostbare liturgische Geräte aus Gold und Silber, fein gewebte Gewänder wie auch Stein- und Holzskulpturen. Aber, wie wertvoll und teuer die verwendeten Materialien auch sein mögen, diese Gegenstände sind nicht der eigentliche Schatz.

Das, was hier im besonderen Maß bewahrt, verehrt und bewundert wird, sind die Reliquien!

Trotzdem rufen natürlich auch die aufwendigen und kostbaren Stücke des Kirchenschatzes, die entweder zur Umhüllung der Reliquien dienen oder eine ganz andere liturgische Funktion haben, unsere besondere Bewunderung hervor.

Bleibt noch die Frage, was liturgische Geräte sind: Mit Liturgie wird der feste Ablauf des Gottesdienstes bezeichnet. Seit dem 3. beziehungsweise 4. Jahrhundert hatten sich die Christen auf eine festgelegte Form des Gottesdienste geeinigt. Für diesen Ablauf, die *Liturgie*, wurden verschiedene, spezielle Geräte benötigt wie beispielsweise ein Kelch, ein Weihrauchgefäß oder eine Monstranz.

Und so kommt es, dass es in jeder Kirche auf der Welt die gleichen liturgischen Geräte gibt, mal mehr, mal weniger wertvoll.

Der Schatz

Die Heiltumskammer

___ Neben der Kasse liegt der Eingang zur Heiltumskammer. Hier werden die *Heiltümer* aufbewahrt. Was damit gemeint ist? *Heilbringende* Reliquien! In kostbaren **Monstranzen** werden allerlei Knöchelchen bewahrt und meistens durch ein Glas auch sichtbar gemacht. Die Reliquien des heiligen Sebastian werden beispielsweise in einer neogotischen Monstranz aus dem 19. Jahrhundert gezeigt, die von einer kleinen aus Silber gearbeiteten und vergoldeten Figur des Heiligen bekrönt wird. Aus der Kirche Sankt Maria ad Gradus, die direkt hinter dem Domchor stand, stammen gleich zwei bedeutende Reliquien: zum einen das Kreuzreliquientriptychon aus dem 12. Jahrhundert, eine Mischung aus Monstranz und Klappaltärchen mit Kreuzpartikeln, die in Form eines Kreuzes befestigt sind, zum anderen ein kleines Reliquiar mit einem Nagel vom Kreuz, das fast aussieht wie eine vornehme Zigarrenhülle. Als Sankt Maria ad Gradus 1817 abgerissen wurde, kamen die beiden Reliquien in den Domschatz.

Über Kopfhöhe hängen hier in diesem Raum die **Reliquienschränke** aus dem 13. Jahrhundert, die schon in der Sakristei, als diese noch den Domschatz beherbergte, befestigt waren. Aber noch haben wir nicht die wichtigsten Reliquien der Heiltumskammer angeschaut.

Zwei ganz besondere Reliquien: Petrusstab und Petrusketten

___ In der zweiten Vitrine von links befindet sich die vielleicht wertvollste Reliquie des Domschatzes: der **Petrusstab**. Es ist einer der ältesten Bischofsstäbe überhaupt. Kaiser Konstantin (272–337) erlaubte den Bischöfen, diese Stäbe als Zeichen ihrer Würde zu benutzen. Der Holzstab und der Elfenbeinknauf stammen auch tatsächlich aus dem 4. Jahrhundert, die Metallfassungen wurden zwischen dem 10. und 16. Jahrhundert hinzugefügt.

Die Legende erzählt, dass dies der Stab des heiligen Petrus war, mit dem er seinen Schüler Maternus aus dem Tod zurück ins Leben geholt haben soll. Maternus war der erste Bischof von Köln. Auch wenn Maternus um 300 und somit deutlich später als Petrus lebte und damit die Legende vor dem prüfenden Blick des Wissenschaftlers nicht standhält, so wird uns doch deutlich, dass der Petrusstab für die Kölner immer etwas ganz Besonderes war. Diese Legende wurde auch als ein Beweis für die enge Verbindung zwischen Köln und Rom angesehen.

Der Vollständigkeit halber soll noch erwähnt werden, dass der Petrusstab in Köln nicht vollständig ist. Ein Teil des Stabes wurde bereits im 10. Jahrhundert nach Trier abgegeben. Von dort gelangte schließlich ein weiterer kleiner Teil nach Prag. Alle Teile zusammengefügt würden einen Stab mit einer Länge von circa 3,20 Meter ergeben!

Neben dem Petrusstab sehen wir in derselben Vitrine eine Monstranz aus dem 15. Jahrhundert. Aber die goldene, mit einem Bergkristall geschmückte Monstranz interessiert uns nicht so sehr, sondern das, was wir im Inneren, in der Mitte erkennen können. Da werden drei Glieder der **Petrusketten** sichtbar. Die kompletten eisernen Ketten, mit denen Petrus gefesselt war, werden in San Pietro in Vincoli in Rom aufbewahrt. Es ist sehr selten, dass sich an einem anderen Ort gleich drei große Kettenglieder befinden.

Beide Petrusreliquien brachte Erzbischof Bruno (925–965) nach Köln. Bruno war einer der bedeutendsten Erzbischöfe Kölns im Mittelalter. Er war der Bruder von Otto dem Großen und ein großer Stadtplaner. Unter seiner Regierung erlebte Köln einen sagenhaften Aufschwung. Mit den beiden Petrusreliquien mehrte Bruno den Ruf Kölns als heilige Stadt.

Die Bedeutung von Reliquien

Reliquien sind Überreste von Heiligen wie Knochen, Haare, aber auch Kleiderreste oder Gegenstände. Für viele Menschen galten Heilige als Vorbilder, die ganz im Zeichen ihres Glaubens lebten und manchmal sogar ihr Leben für ihren Glauben hingaben. Die Gläubigen verehrten die Reliquien, weil sie die Heiligen verehrten. Sie glaubten, dass Reliquien Wunder vollbringen könnten und sie beschützen würden. Außerdem glaubten die Menschen im Mittelalter an die Echtheit der Reliquien und deren Kraft, die sie in schwierigen Situationen unterstützen sollte. Die Verehrung der Heiligen und der Reliquien gehörte zum täglichen Leben. Besonders kostbar waren die Behältnisse, in denen die Reliquien aufbewahrt wurden, die sogenannten *Reliquiare*. Mit ihnen wurde ein schwungvoller Handel in ganz Westeuropa betrieben. Die Kölner Handwerker konnten mit der Herstellung der Reliquiare viel Geld verdienen.

Verspätete Ehre für einen Kölner Heiligen

___ Die Geschichte des Kölner Erzbischofs Engelbert führt uns zurück ins 13. Jahrhundert.

Engelbert hatte einen Neffen, mit dem er einen heftigen Streit hatte. Auslöser für den Konflikt war ein Frauenstift in Essen, an dem sich sein Neffe Friedrich Graf von Isenburg persönlich bereicherte. Engelbert versuchte Friedrich dazu zu bewegen, sein verbrecherisches Verhalten einzustellen. Doch da hatte Engelbert seinen Neffen unterschätzt. Auf einem gemeinsamen Weg nach

Petrusstab, 4. Jahrhundert, Metallfassung 10.–16. Jahrhundert

Schwelm lockte Friedrich seinen Onkel in einen Hinterhalt und ließ ihn brutal ermorden. 47 Messerstiche und Axthiebe sollen Engelbert getötet haben. Das geschah im Jahr 1225. Engelberts Leiche wurde zunächst nach Altenberg gebracht, wo man dem Toten seine *edlen Weichteile* entnahm, die bis heute im Altenberger Dom aufbewahrt werden. Die restlichen Überreste wurden im Kölner Dom beigesetzt.

Im 17. Jahrhundert erlangte Engelbert erneut Beachtung. Erzbischof Ferdinand von Bayern ließ die Knochen 1622 aus dem Steingrab im Dom entnehmen und in einen neu angefertigten, kostbaren Schrein legen. Der **Schrein des heiligen Engelbert** hatte, bis er in die Domschatzkammer kam, einen hervorgehobenen Platz im Dom, nämlich hinter dem Hochaltar.

Vor uns steht ein Meisterwerk der barocken Goldschmiedekunst. An den beiden Schmalseiten sehen wir die Anbetung der Heiligen Drei Könige und Christus zwischen Petrus und Maternus. Das sind Themen, die wir im Kölner Dom an vielen Stellen immer wieder finden. Die Längsseiten werden von Kölner Bischöfen bestückt, die heiliggesprochen wurden. Auf den Reliefs wird das Leben von Engelbert erzählt. Engelbert selbst liegt gemütlich, entspannt, seitlich mit aufgestütztem Oberkörper auf dem Deckel als Bekrönung. Die Figuren sind bewegt und dynamisch, lebensecht und individuell dargestellt, besonders die drei Könige der Anbetung.

Die Schatzkammer und zwei Symbole geistlicher und weltlicher Macht

___ Entlang des alten Mauerwerks steigen wir nun hinab in das erste Kellergeschoss und gelangen in den oberen Sakristeikeller, die sogenannte *Schatzkammer*. Hier befinden sich kostbare und wertvolle liturgische Geräte, teils noch aus dem Mittelalter, teils aus dem Barock. Alles glänzt und glitzert, wir werden regelrecht geblendet. Da gibt es Kelche, Altarkreuze, Kerzenhalter, Monstranzen, Reliquiare, Bischofsstäbe und Bischofsringe.

Als Erstes fällt unser Blick auf den **gotischen Bischofsstab** von 1322. Das Datum lässt uns vermuten, dass dieser Stab für die Weihe des gotischen Domchors gefertigt wurde. In der oberen Krümmung erkennen wir, wie ein Erzbischof vor Maria kniet. Die kleinen Figuren sind kunstvoll gearbeitet, genauso wie der Engel, der die Krümmung zu stützen scheint. Auf den gotischen Dom nehmen die zierlichen Architekturmotive Bezug, und der Stab ist wirklich ein hervorragendes Beispiel für die hohe Kölner Goldschmiedekunst zu dieser Zeit.

Neben dem Bischofsstab steht das **Kurschwert**, das den Kölner Erzbischöfen als Symbol ihrer weltlichen Herrschaft verliehen wurde. Denn seit dem Mittelalter gehörten die Kölner Erzbischöfe zu denjenigen, die den Kaiser *küren*, also wählen durften. Damit waren die Kölner Erzbischöfe nicht nur mächtige

Prunkmonstranz, 1657/1658, Christian Schweling
(Rekonstruktion 1978–1987 von Peter Bolg)

Männer innerhalb der Kirche, sondern auch im Kaiserreich. Bei Feierlichkeiten wurde das Kurschwert, das um 1480/1490 entstanden ist, den Erzbischöfen vorangetragen.

Die Geschichte von der geklauten Monstranz

___ Eine goldene Monstranz fällt besonders auf. Sie funkelt und strahlt kräftiger als die anderen Ausstellungsstücke hier in diesem Raum. Sie besteht aus reinem Gold und ist über und über mit Edelsteinen besetzt. Diese **Prunkmonstranz** wurde um 1657 von **Christian Schwelling d. Ä.** geschaffen. Und weil sie so überaus wertvoll und kostbar ist, weckte sie auch das Interesse von Dieben. Bei dem Raub in der Domschatzkammer 1975 wurde sie geklaut und in der Folge weitgehend zerstört. Die Diamanten wurden einzeln entfernt, um sie besser verkaufen zu können. Aber dieser Diebstahl ging selbst man-

Heilige Katharina, um 1310

chem Verbrecher in Köln zu weit. Im Laufe der Zeit wurden nicht zuletzt mit der Unterstützung von Größen der Kölner Unterwelt, die an das Gewissen ihrer Kollegen appellierten, einige Edelsteine zurückgegeben, sodass die Monstranz in den Jahren 1978 bis 1987 in mühevoller Kleinarbeit wieder rekonstruiert werden konnte.

Eine hinreißende Heilige aus Marmor: Katharina

___ Erst vor Kurzem tauchte eine kleine circa 30 Zentimeter große Figur aus weißem Carraramarmor auf, die schnell einer Gruppe gleichartiger Marmorfiguren zugeordnet werden konnte, die früher zum **Hochaltar des Doms** gehörte. Der Hochaltar, der 1310 in dem neu gebauten gotischen Domchor geweiht wurde, muss einer der größten und eindrucksvollsten Altäre seiner Zeit gewesen sein. Allein die Altarplatte hatte die unglaublichen Maße von 4,53 mal 2,12 Metern und war 25 Zentimeter dick. Rund um den Altar standen die Marmorfiguren, zu denen auch die wiedergefundene Katharina gehört. 1770 war der Altar im Zuge einer Modernisierung verändert und alle Figuren entfernt worden. Die meisten Figuren befinden sich heute im Museum Schnütgen, drei jedoch hier in der Domschatzkammer.

Die Marmorfiguren erzählen uns Geschichten aus dem Leben Marias und zeigen einzelne Heilige. Die als **heilige Katharina** bezeichnete Figur ist eine der schönsten dieses Ensembles. Es ist eine lebendige, anmutige Figur im typischen sogenannten weichen Stil dieser Zeit. Viele aufwendige Falten umspielen weich und fließend den geschwungenen Körper Katharinas.

Der Dreikönigenraum

___ Blicken wir kurz, bevor wir uns den hier ausgestellten **Holzkern** des Dreikönigenschrein genauer anschauen, zurück ins 12. Jahrhundert nach Mailand. Damals versuchte Kaiser Friedrich I. Barbarossa (um 1122–1190) mit mehr oder weniger Erfolg, die norditalienischen Städte zu unterwerfen. Der Kölner Erzbischof Rainald von Dassel (1114/1120–1167) war ein enger Berater des Kaisers, und mit seiner Hilfe gelang schließlich der Sieg über Mailand. Als Dank schenkte Barbarossa dem Kölner Erzbischof die Gebeine der Heiligen Drei Könige, die bis dahin in Mailand aufbewahrt worden waren. Seit 1164 befinden sie sich im Kölner Dom.

Als wahrhaft königliches Grab entstand zwischen 1180 und 1225 der kostbare **Dreikönigenschrein**, den der Goldschmied **Nikolaus von Verdun** mit der Unterstützung anderer Goldschmiede geschaffen hat. Er zählt zu den kostbarsten und schönsten Goldschmiedearbeiten des gesamten Mittelalters.

Als 1794 die Franzosen die Herrschaft in Köln übernahmen, wurde der wertvolle Schrein ausgelagert, um ihn vor Zerstörung und Raub zu schützen. Allerdings brachte diese Auslagerung auch einige Verluste mit sich. Denn als der Schrein 1807 restauriert wurde, waren einige Teile verloren gegangen. Nach den Vorschlägen von Ferdinand Franz Wallraf wurden die verlorenen Reliefs durch bemalte Kupfertafeln ersetzt.

1961 bis 1973 wurde der Schrein nochmals restauriert, diesmal aber mit dem Interesse, den ursprünglichen mittelalterlichen Zustand wiederherzustellen. Dazu war es notwendig, den alten Holzkern zu entfernen und dafür eine neue Eichenholzkonstruktion als Unterbau anzufertigen.

Der Kölner Erzbischof Rainald von Dassel brachte 1164 die Gebeine der Heiligen Drei Könige nach Köln. Als wahrhaft königliches Grab entstand zwischen 1180 und 1225 der kostbare Dreikönigenschrein.

Hier im Dreikönigenraum stehen wir nun vor dem alten Holzkern aus dem Mittelalter mit der Ausschmückung des 19. Jahrhunderts. Die Gemäldetafeln von 1807 mit Darstellungen aus dem Alten Testament und von den Heiligen Drei Königen erinnern uns in ihrer Art an Illustrationen von Märchen- und Sagenbüchern des 19. Jahrhunderts. Sie zeigen einen erzählerischen, gestenhaften, stimmungsvollen Charakter.

In einer Vitrine neben dem Holzkern des Dreikönigenschreins ist ein Stück Stoff ausgestellt, das schon sehr alt ist. Untersuchungen haben ergeben, dass es bereits im 2. oder 3. Jahrhundert, vermutlich im Vorderen Orient, in Palmyra angefertigt wurde. Es ist ein **Seidengewebe**, das mit Goldfäden durchwirkt ist. 1864 wurde es dem Dreikönigenschrein entnommen. In diesen kostbaren Stoff waren die Reliquien eingewickelt. Dadurch wissen wir heute, dass die Reliquien schon damals sehr verehrt worden sind, auch wenn bis heute nicht geklärt ist, ob es sich bei den Gebeinen tatsächlich um die Knochen der drei biblischen Könige handeln könnte.

Das Lapidarium

___ Ein Lapidarium ist eine Steinsammlung. Und wo sonst, wenn nicht bei dem größten Steinkunstwerk der Stadt, dem gotischen Dom, sollte es eine Sammlung mit kunstvoll behauenen Steinen geben?

Was hohe Steinmetzkunst ist, sehen wir an den Kapitellen, die direkt neben der Tür stehen. Sie gehörten vermutlich zum Alten Dom und werden einem Meister, der auch in Maria Laach tätig war, zugeschrieben. Fantastische Tier- und Fabelwesen lassen den toten Stein lebendig werden.

Ganz anders, aber nicht weniger eindrucksvoll sind die großen **Apostelfiguren** vom Petersportal des Doms, die zwischen 1375 und 1390 entstanden sind. Die Apostel Andreas, Petrus, Paulus und Johannes zeigen alle einen üppigen Faltenwurf, wie er zu dieser Zeit üblich war. Nur die Spitze eines Fußes ragt jeweils unter den Stoffmassen hervor. Außerdem fallen ihre aufwendigen Haar- und Barttrachten auf.

Die fränkischen Fürstengräber

___ In zwei Vitrinen sehen wir Nüsse, Glasgefäße, Schmuck, Waffen und andere Dinge, die auf den ersten Blick nichts mit einem Domschatz zu tun haben. Diesen Schatz hat tatsächlich der Dom selbst freigegeben, als 1959 bei Erdarbeiten unter dem Chor des gotischen Doms zwei fürstlich ausgestattete Gräber entdeckt wurden, von denen bis dahin keiner etwas geahnt hatte. Erstaunliche Dinge kamen da zum Vorschein, wie beispielsweise kostbare Armbänder und Ringe, aufwendig gearbeitete Waffen, Trinkhörner, eine Nadel mit Wollfaden, ein Holzkästchen mit Nüssen, Stoffreste mit Goldbrokat und sogar ein Kindertotenbett. Allem Anschein nach waren hier eine Frau und ein Junge aus einer adeligen fränkischen Familie begraben worden. Vielleicht waren es sogar Mitglieder der Königsfamilie.

Paramentenraum

___ Mit *Paramenten* bezeichnet man kirchliche Gewänder. Das können Gewänder und Chormäntel, Umhänge und Überzüge sowie Kopfbedeckungen sein. Die haben jeweils alle wieder eigene Namen wie *Dalmatik, Stola, Pluviale* oder *Kasel*. Der Paramentenraum zeigt uns einen Teil der umfangreichen Sammlung der Domschatzkammer mit Stücken vom 15. bis ins 20. Jahrhundert. Eines haben alle gemeinsam: Sie sind alle sehr ausgefallen und kostbar gestaltet. Da sehen wir Gewebe aus Silber, Goldstickereien oder auch mit Perlen und Edelsteinen bestickte Gewänder. Diese Paramente zeichneten ihre Träger als hervorgehobene Personen aus. Und genau das sollten sie auch!

1888

Kölnisches
Stadtmuseum

Das Gedächtnis der Stadt

Was heute passiert, ist morgen Geschichte!

___ Für die Identität einer Stadt und ihrer Bewohner ist es wichtig, die eigenen Wurzeln zu kennen. Vieles von heute erklärt sich besser oder erschließt sich erst durch den Blick in die Vergangenheit. Darum hat ein Stadtmuseum auch eine besondere Bedeutung für die Stadt und die Menschen, die dort leben. Im Kölnischen Stadtmuseum werden Dokumente von besonderen historischen und politischen Ereignissen gezeigt, Modelle präsentiert, die die Entwicklung der Stadt verdeutlichen, Objekte und Kunstwerke ausgestellt, die uns von der Lebenskultur, der Arbeit und dem Alltag der Menschen erzählen. Manche Ausstellungsstücke rufen ein Staunen hervor, manche ein Lächeln. Andere ermahnen uns, Dinge nicht zu vergessen und sie in Zukunft besser zu machen. Wieder andere Objekte zeigen uns, dass wir uns manchmal durchaus auf die Vergangenheit besinnen und uns sogar an ihr orientieren können. Die Vergangenheit und die Geschichte von Köln und den Kölnern ist so vielfältig und facettenreich, dass sie die unterschiedlichsten Empfindungen und Beurteilungen hervorrufen kann.

Die Geschichte des Kölnischen Stadtmuseums

___ 1888 wurde in der damals frisch restaurierten Hahnentorburg das *Historische Museum* erstmals eröffnet. Seinen heutigen Namen *Kölnisches Stadtmuseum* erhielt es erst 1958, als es in das Zeughaus und in das danebenstehende preußische Wachgebäude umzog, wo anfangs auch noch Teile des Römisch-Germanischen Museums untergebracht waren. Seit 1984 ist das Kölnische Stadtmuseum (kurz: KSM) in der heutigen Gestalt zu besichtigen. Das Zeughaus wurde zwischen 1594 und 1606 errichtet, die Alte Wache 1840.

Wie das Stadtmuseum erkundet werden kann

___ Das Konzept, nach dem die Objekte und Themen des Kölner Stadtmuseums angeordnet sind, ist erst auf den zweiten Blick zu erschließen. Das liegt sicher auch daran, dass eine große Menge von Ausstellungsstücken auf viel zu wenig Platz und Raum ausgestellt wird. Es braucht dringend neuen Platz und Raum.
Im Erdgeschoss wird ein Weg durch die Kölner Stadtgeschichte seit dem Mittelalter beschrieben, der allerdings nicht chronologisch verläuft, sondern mit den jüngeren Ereignissen des Zweiten Weltkriegs beginnt, die Zeit zurück-

verfolgt bis zum Ersten Weltkrieg, dann ins Mittelalter springt, um auf dem Rückweg wieder bis ins 19. Jahrhundert zu gelangen.

Das zweite Stockwerk widmet sich einzelnen, zeitübergreifenden Themen wie dem Handel, dem Alltag und den Lebensgewohnheiten der Menschen. Wir werden zunächst dem historischen Weg im Erdgeschoss folgen – mal *vorwärts*, mal *rückwärts* – und bei einzelnen Stationen verweilen, um sie etwas genauer anzuschauen. Anschließend werden wir die Themenschwerpunkte im Obergeschoss betrachten.

Typisch Kölsch

___ An dieser Stelle möchte ich noch auf eine Besonderheit Kölns und der Kölner aufmerksam machen: Es gibt kaum eine andere deutsche Stadt, in der es so viele Produkte oder Ereignisse gibt, die in ihrem Namen als Zusatz das Adjektiv des Städtenamens tragen – *kölsch*. Das Kölner Bier verzichtet sogar auf jeden weiteren Zusatz und nennt sich einfach *Kölsch*. Die einen sprechen von der unerträglichen Selbstverliebtheit der Kölner, die anderen von der großartigen Identifikation der Kölner mit ihrer Stadt. Ich möchte hier nicht über die Besonderheit und Eigenart des Kölners an sich urteilen, nur festhalten, dass er wirklich eigenartig und besonders ist. Da ich selbst Kölnerin bin, wird man sich vorstellen können, dass mir die Kölsche Mentalität sehr nahe ist.

Wenn wir die große Ausstellungshalle im Erdgeschoss betreten, finden wir eine Vitrine mit **Kölschgläsern,** ein paar sehr schöne Objekte zum **Kölner Karneval,** Ausstellungsstücke zum **Kölnisch Wasser** (siehe auch *Karnevalsmuseum* und *Duftmuseum*), die typisch kölschen Stockpuppen des **Hänneschen-Theaters**, und schließlich sehen wir noch das Modell eines **Ford Taunus 17 M**, der zwischen 1960 und 1964 in Köln gebaut wurde. Ford gehört eben auch zu Köln wie der Lappenclown zum Kölner Karneval. Das vermutlich bekannteste Kölner Markenzeichen heutzutage ist der **Kölner Dom**. Schade, dass die wunderbaren, teils etwas skurrilen Dom-Souvenirs, die sich im oberen Stockwerk befinden, nicht hier unten neben Kölsch, Karneval, Hänneschen und Eau de Cologne zu sehen sind.

Köln in zwei Kriegen

___ Unter der Überschrift *Soweit wir uns erinnern* werden wir in die Geschichte der zwei Weltkriege eingeführt. Von der Nachkriegszeit in den Vierziger- und Fünfzigerjahren, dem Zweiten Weltkrieg und der Judenverfolgung, der Machtübernahme durch die Nationalsozialisten und der Weltwirtschaftskrise geht der Weg zurück bis zum Ersten Weltkrieg. Der Titel *Soweit wir uns erinnern* soll deutlich machen, dass dies eine Zeit ist, aus der wir noch Berichte von Augenzeugen haben. Dabei sollten wir uns bewusst sein, dass sich die Grenze der Zeit *Soweit wir uns erinnern* immer weiter nach vorn verschieben wird.

Zerstörung und Neuanfang

___ Als Erstes blicken wir auf die Nachkriegszeit, die von der Zerstörung durch den Zweiten Weltkrieg geprägt war. Alles war kaputt. Das große Foto vom zerstörten Köln rechts an der Wand macht uns das deutlich. Köln war die am meisten bombardierte Stadt in Deutschland. Im Kölner Zentrum waren über 90 Prozent aller Gebäude zerstört. Auch sonst lagen weit mehr als die Hälfte aller Häuser und Kirchen, Schulen und Krankenhäuser im gesamten Stadtgebiet in Schutt und Asche. Die beeindruckend inszenierte **Vitrine mit Trümmern und Fragmenten zum zerstörten Köln** mahnt und erinnert uns an die Schrecken und die Zerstörungen des Krieges.

Nun musste aufgeräumt und die Trümmer weggeschafft werden. Die **Kipplore**, die zu einer Trümmerbahn gehörte, und das **Modell einer Aufbereitungsanlage** für Trümmer sind stumme Zeugen dieser ungeheuren Kraftanstrengung, die die Menschen damals vollbrachten. Wir finden aber auch Beispiele für die Kreativität der Menschen, die aus Nichts Dinge für ihren Alltag *bastelten*, um allmählich wieder normal leben zu können. Dazu gehörte auch Kinderspielzeug, wie beispielsweise der **Holztraktor** mit Anhängern, der mit Teilen von Gasmasken zusammengebaut wurde. In der gleichen Vitrine befindet sich ein **Carepaket**, das von der Unterstützung der Amerikaner nach dem Krieg erzählt. Ohne diese Carepakete, in denen Nahrungsmittel und Kleidung waren, wären manche Kölner sicher verhungert oder erfroren. Außerdem ist da noch eine **Wahlurne** zu sehen, die zwischen 1945 und 1957 für Wahlen in Köln benutzt wurde. Sie dokumentiert den Neuanfang der Demokratie, der ebenso wichtig war wie der Wiederaufbau der Häuser.

Die Nationalsozialisten in Köln

___ Die **Veröffentlichung der Wahlergebnisse** der Reichstagswahl 1932, die wir hier ausgestellt sehen, führt uns deutlich vor Augen, dass die Nationalsozialistische Deutsche Arbeiterpartei (NSDAP) damals in Köln wie auch andernorts die meisten Stimmen bekommen hatte.

Damit möglichst viele Menschen der Ideologie der Nationalsozialisten folgten und damit das ganze System überhaupt funktionieren konnte, gab es verschiedene Objekte und Mittel, mit denen die Menschen beeinflusst wurden. Das fing bei den Kindern an, denn auch die sollten treu und kritiklos hinter der NS-Regierung stehen. Eine **Uniform der Hitlerjugend** liegt da in einer Vitrine, als ob sie gerade ausgezogen worden wäre. Im Biologieunterricht wurde den Kindern eingetrichtert, dass es unterschiedliche Menschenrassen gäbe, die unterschiedlich viel wert seien. Dazu liegen ganz unten in derselben Vitrine **Rassekundetafeln**.

Außerdem wird uns hier ein **Volksempfänger** gezeigt, mit dem die Nationalsozialisten ihre Propaganda unter den Deutschen verbreiteten. Denn nach der Verstaatlichung des deutschen Rundfunks gab es nur noch die von der Regierung gebilligten beziehungsweise propagierten Sender. Für möglichst viele Deutsche sollten diese Sender zu empfangen sein, mit ihnen wurde schließlich Politik gemacht. Der Volksempfänger wurde extra für diesen Zweck konstruiert und über vier Millionen Mal verkauft.

Der Terror der Nationalsozialisten

___ An den Terror der Nationalsozialisten erinnert uns eindringlich das EL-DE-Haus (Appellhofplatz 23–25), das zum Stadtmuseum gehört. Hier hatte die Geheime Staatspolizei, kurz Gestapo genannt, ihren Sitz. Seinen Namen hat das EL-DE-Haus von den ausge-sprochenen Initialen seines ur-sprünglichen Besitzers, dem ka-tholischen Kaufmann Leopold Dah-men. Dahmen wurde gezwungen, sein Haus an die Gestapo zu ver-mieten, die dort ein Gefängnis er-richtete. Im Keller können wir die Zellen besichtigen, in denen die Gefangenen ihre Qualen in die Wände geritzt haben.

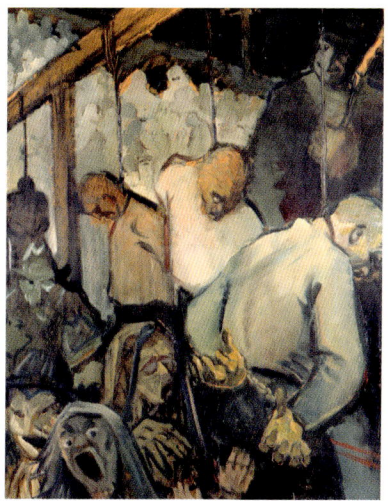

Die Härte und Grausamkeit, mit der die Gestapo vorging, wird uns auch in dem Gemälde von **Bert May** drastisch vor Augen geführt, in dem eine **Öffentliche Hinrich-tung durch die Gestapo** darge-stellt ist. May war selbst Augen-zeuge einer Hinrichtung in Köln-Ehrenfeld gewesen. Ebendort wur-den am 10. November 1944 sechs

Öffentliche Hinrichtung durch die Gestapo, 1945, Bert May

jugendliche Edelweißpiraten öffentlich gehängt. Der Jüngste unter ihnen war gerade 16 Jahre alt. Die *Edelweißpiraten* waren Jugendliche und junge Erwachsene, die sich dem Einheitsdrill und den Einschränkungen durch die Nationalsozialisten widersetzten.

Eine kurze Geschichte der Juden in Köln

___ Schon sehr früh lebten Juden in Köln. Bereits 321 erlaubte ihnen der römische Kaiser Konstantin, sich in den Kölner Senat wählen zu lassen. Damit ist sicher, dass es in Köln die älteste jüdische Siedlung in Deutschland gab. Im Laufe des Mittelalters wuchs die jüdische Gemeinde deutlich an. Aber das Zusammenleben von Juden und Christen war nicht einfach. Die Christen versuchten, ihre jüdischen Mitbürger auszugrenzen und zu diskriminieren, wo es nur ging. In Bildern, Glasfenstern oder Wandbildern wurden Darstellungen gezeigt, die Juden als *Kobolde* oder *Schweine* lächerlich machten. Das Stadtmuseum besitzt ein altes Kapitell mit einer sogenannten **Judensau**. Diese Art der Verunglimpfung verstehen wir, wenn wir uns bewusst machen, dass Schweine in der jüdischen Speiseordnung als unreine Tiere gelten. Doch damit nicht genug!

Die Gewalt gegen Juden nahm zu. 1096 wurde das jüdische Viertel erstmals zerstört. Nach einer Erholungsphase, in der sich die jüdische Gemeinde in Köln zur wichtigsten deutschen Gemeinde entwickelte, brachte das 14. Jahrhundert erneut Zerstörung und Schrecken für die Juden in Köln. Zuerst wurde das Viertel zu einem Ghetto ummauert, dann, in der *Bartholomäusnacht* im Jahr 1349, von aufgehetzten Kölnern total zerstört und die dort lebenden Juden fast alle ermordet. Danach gab es nur noch wenige Juden in Köln, die zudem eine bestimmte Kleidung tragen mussten, um als Juden erkannt zu werden. Im Jahr 1424 mussten schließlich diese letzten noch in Köln lebenden Juden die Stadt verlassen.

Mit dem Einzug der Franzosen in Köln 1794 kam auch die Glaubensfreiheit zurück in die Stadt. Unter den ersten Juden, die 1798 in die Stadt kamen, war der Bankier Salomon Oppenheim, der 1801 sein Bankhaus in Köln gründete.

Unter den Nationalsozialisten erlebten die Juden ihre schlimmste Zeit. Sie wurden für die schlechte wirtschaftliche Lage verantwortlich gemacht, ihre Geschäfte wurden boykottiert, sie wurden verhöhnt, beraubt und grundlos verhaftet.

Widerstand regte sich kaum. Die meisten Kölner nahmen die Veränderungen in ihrer Stadt einfach hin oder machten bei der Hetzjagd auf die jüdischen Mitbürger mit. Viele Juden wurden vom Bahnhof Deutz aus in die Konzentrationslager im Osten des Reichs gebracht. Weniger als 50 Juden überlebten diese schlimme Zeit in Köln.

Heute leben wieder mehr Juden in Köln, und die jüdische Gemeinde ist wieder ein wichtiger Bestandteil der Kölner Kultur geworden. Das Kölnische Stadtmuseum besitzt eine schöne Sammlung mit wertvollen jüdischen Kultgegenständen aus dem 18. und 19. Jahrhundert. Sie sind unter dem Stichwort **Judaica** im zweiten Geschoss zu sehen.

Eine Erinnerung an den Ersten Weltkrieg: *Der Kölsche Boor*

___ Der Erste Weltkrieg begann im August 1914. Während die Soldaten an der Westfront gegen Frankreich kämpften, brach in Köln die Wirtschaft zusammen. Die Fabriken produzierten nur noch Waffen und anderes Kriegsmaterial. Es fehlte an allem. Die Lebensmittel, vor allem Brot, mussten *rationiert* werden. Dazu kamen Krankheiten wie die Tuberkulose und die Grippe. Als der Krieg im November 1918 zu Ende ging, waren allein in Köln 15.000 Menschen gestorben. Langsam kehrten auch die erschöpften und teilweise verwundeten deutschen Soldaten heim. Die Arbeitslosigkeit stieg, die Versorgung war extrem schlecht. Hunger, Elend und Not waren die Folge.

An die Not dieser Zeit erinnert uns diese merkwürdige Figur, die uns direkt nach Betreten des Stadtmuseums in die Augen sticht, denn sie ist fast vier Meter hoch. Zuerst glaubt man sich einer Bronzestatue gegenüber. Beim zweiten Blick erkennen wir, dass unzählige Nägel in der Figur stecken.

Aber warum? Als die Not so groß war, wurde die Holzfigur des Bauern angefertigt. Dann wurden die Kölner aufgefordert, für eine Mark, die sie spendeten, einen Nagel hineinzuschlagen. Das gespendete Geld war für die Waisen und Witwen bestimmt. Wie wir sehen, war die Spendenbereitschaft der Kölner sehr groß, denn von dem Holz ist heute nichts mehr zu sehen.

Aber warum wählte man einen Bauern? Wir kennen den Bauern auch aus dem Dreigestirn im Kölner Karneval. Der *Kölner Bauer* oder *Boor* ist eine Symbolfigur. Er verkörpert die Wehrhaftigkeit und Unabhängigkeit der Stadt.

Stationen der Stadtgeschichte – Lebendige Geschichte

___ Wenn wir den Kölsche Boor rechts *stehen lassen* und uns nach links wenden, dann laufen wir geradewegs auf das große Stadtmodell zu. Hier lässt sich der Rückweg durch das Erdgeschoss mit den spannenden Zeugnissen und Gegenständen vom Mittelalter bis 1900 bestens beginnen.

Machen wir uns ein Bild vom mittelalterlichen Köln

___ Das große **Stadtmodell** zeigt uns Köln, wie es in der zweiten Hälfte des 16. Jahrhunderts ausgesehen hat. Im Zentrum erkennen wir den damals noch unvollendeten Dom. Er ist umgeben von unzähligen Häusern und Kirchen. Köln war eine der größten Städte des Mittelalters und von einer mächtigen, großen Stadtmauer umgeben.

Das Stadtmodell wurde nach dem ersten Kölner Stadtplan angefertigt. 1571 beauftragte der Kölner Rat den Kartografen Gerhard Kremer (1512–1594), der sich selbst – der lateinischen Version seines Namens entsprechend – *Mercator* nannte, damit, einen Stadtplan von Köln zu erstellen. Das Vermessen von Städten und Ländern, die sogenannte *Kartografie,* war damals noch eine ganz neue Methode. Den Stadtplan nannten die Kölner den **Mercatorplan**.

Etwas versteckt hängt noch eine weitere Illustration vom mittelalterlichen Köln im Museum, die **Große Stadtansicht** von Anton von Woensam, die uns Köln als mächtige und reiche Handelsstadt zeigt. Diese Stadtansicht wurde aus Anlass des Besuchs von Kaiser Karl V. 1531 angefertigt.

Über die selbstbewussten und selbstständigen Kölner Bürger

___ Die Kölner Stadtgeschichte ist gespickt mit Geschichten und Legenden von mutigen Kölner Bürgern, die sich gegen die Erzbischöfe zur Wehr setzten. Davon erzählen unter anderem das Gemälde mit der Legende des **Hermann van Grien** und das Relief mit der **Schlacht von der Ulrepforte**. Auch das **Modell des Rathauses** können wir in diesem Zusammenhang als Symbol für den Freiheitsdrang und das Streben nach Unabhängigkeit der Kölner Bürger gegenüber der Kirche und dem Erzbischof verstehen.

Aber das eindrucksvollste Zeugnis dieses Bestrebens ist ohne Zweifel der **Verbundbrief**, die erste Kölner Stadtverfassung, die wir hier im Orginal mitsamt der Lade, einer länglichen Kiste, in der der Verbundbrief aufbewahrt wurde, sehen können. Wie es zu ihm kam? Die Machtverhältnisse waren im mittelalterlichen Köln schon immer sehr kompliziert gewesen. Den Erzbischof, der das Sagen hatte, vertrieben die Kölner 1288 bei der legendären *Schlacht von Worringen* aus der Stadt. Nun regierten die 15 reichsten Adelsfamilien. Dann aber meldeten sich die Handwerker und Kaufleute zu Wort und wollten einen direkten Einfluss auf die Stadtgeschäfte haben. Um ihre Interessen besser vertreten zu können, gründeten sie in der Mitte des 14. Jahrhunderts die sogenannten *Gaffeln*. Schließlich gab es 22 Gaffeln. Der Begriff *Gaffel* stammt von den Zusammenkünften, bei denen die Gaffelmitglieder gemeinsam speisten und dabei große Vorlegegabeln – die Gaffeln – benutzten, die damals noch sehr selten waren. Doch zurück zu den Ereignissen Ende des 14. Jahrhunderts:

Verbundbrief, 1396

Ritterrüstungen, 16. + 17. Jahrhundert

Als den Handwerkern und Kaufleuten in den Gaffeln die Macht- und Geldgier der Adeligen zu viel wurde, übernahmen sie im Sommer des Jahres 1396 die Herrschaft in der Stadt.

Damals entstand die erste Kölner Stadtverfassung, der *Verbundbrief,* der festschrieb, dass die Stadt von nun an allein von den Gaffeln und Zünften regiert werden sollte.

Ritter, Rüstungen und Kanonen

___ Auf einem Podest stehen ein Pferd mit Reiter und zwei Menschen aus Holz, die in alten schweren Ritterrüstungen stecken. Natürlich ist dieses Podest der absolute Anziehungspunkt für die kleinen Besucher. Vor allem die Jungen werden wie von einem Magneten angezogen. Die Rüstungen sind um die 500 Jahre alt.

Nach neuesten Erkenntnissen sind nicht nur die Rüstungen alt, sondern auch das Holzpferd, das die Rüstung trägt. Es stammt vermutlich aus dem frühen 16. Jahrhundert. Der Besitzer dieses Holzpferdes wollte seine prachtvolle Rüstung seinen Gästen und Bekannten präsentieren, ohne sie jedes Mal selbst anlegen zu müssen.

Nicht nur die Ritter hatten vor fünfhundert Jahren an den eisernen Rüstungen schwer zu tragen, auch die Schlachtrosse hatten kein leichtes Los.

Neben den Rittern steht auf dem Boden die beeindruckende, kleine, aber wirkungsvolle **Bombarde** aus dem 14. Jahrhundert. Damals wurden die ersten Kanonen erfunden – auch *Bombarden* genannt –, mit denen man Kugeln aus Eisen oder Stein abschießen konnte. Diese alte Kanone mit der etwa 45 Kilo schweren Steinkugel, die danebenliegt, wurde 1377 gebaut und zählt zu den ältesten Kanonen in Deutschland.

In der oberen Etage können wir übrigens die originale **Rüstung des Jan van Werth**, dem großen Helden des Dreißigjährigen Kriegs, bewundern.

Die Geschichte des Nikolaus Gülich

___ Etwas unerwartet und überraschend blickt uns plötzlich ein dunkler schwarzer Kopf, der auf einer Lanze aufgespießt ist, düster an. Dieser bronzene Kopf birgt eine finstere, tragische Geschichte in sich. Wir befinden uns im 17. Jahrhundert: Köln erlebt schlechte Zeiten. Viele Menschen leben in Armut, die Stadt ist dreckig und stinkt, die Wirtschaft liegt brach. Korruption und Klüngel stehen auf der Tagesordnung. Die Stadt wird ausschließlich von der reichen Oberschicht regiert.

Da trat ein angesehener und wohlhabender Kaufmann mit Namen Nikolaus Gülich (1644–1686) auf den Plan, der öffentlich das Verhalten der Ratsherren verurteilte. Er übergab 1680 dem Rat eine Klageliste mit allen Kritikpunkten. Zunächst taten die Ratsherren so, als ob sie die Klageliste ernst nähmen und die Vorwürfe untersuchen würden. Da sich aber nicht viel änderte, stürzte Gülich mit seinem Gefolge den Rat und übernahm 1683 die Stadtgeschäfte. Kurze Zeit später jedoch führte Gülich sich selbst wie ein Stadtfürst auf, womit er die Unterstützung seiner Anhänger verlor. Schnell wendete sich das Blatt zuungunsten von Gülich. Die alten Ratsherren ließen ihn gefangen nehmen, verurteilen und 1686 hinrichten. Sein abgeschlagener Kopf wurde auf einer Stange aufgespießt und öffentlich ausgestellt. Keiner sollte es jemals mehr wagen, sich gegen den Rat zu stellen! An der Stelle seines Hauses, was abgebrannt wurde, wurde die **Schandsäule** aufgestellt, an der ein Bronzeabguss von Gülichs Kopf befestigt war, der Bronzekopf, dem wir hier gegenüberstehen.

Mal französisch, mal preußisch

___ Weiter geht es auf unserem Weg durch die Kölner Stadtgeschichte ins 18. Jahrhundert. 1794 kamen die Franzosen nach Köln und machten es zu einer französischen Stadt. Damals sollen die **Stadtschlüssel**, die sich in einer Vitrine gemeinsam mit alten **Richtschwertern** und dem **Stadtsiegel** aus dem 13. Jahrhundert befinden, den Franzosen als Zeichen der Aufgabe übergeben worden sein. In der *Franzosenvitrine* werden uns unter anderem **Gewichte**, **Maßleisten** und **Maßbecher** gezeigt, die die Franzosen damals den Kölnern mitbrachten. Seitdem waren *Liter* und *Meter* auch in Köln gebräuchliche Maßeinheiten.

An anderer Stelle erfahren wir etwas über die Revolution von 1848, die in Köln eine entscheidende Entwicklung nahm, aber leider ohne größere Wirkung blieb. Natürlich dürfen unter den Ausstellungsstücken nicht die Andenken an die Preußen fehlen, die Köln seit 1814 vom fernen Berlin aus regierten. Die **preußischen Polizeihelme** sind ein Hinweis auf die starken Kontrollen und strengen Gesetze durch die preußische Polizei, die den Kölnern das Leben nicht immer einfach machte.

Das sicher größte Andenken an die Preußen steht groß und erhaben mitten in Köln: der Dom. Denn schließlich hat Köln den Preußen, besser dem preußischen König Friedrich Wilhelm IV. zu verdanken, dass nach dreihundert Jahren Baupause der Kölner Dom endlich vollendet wurde (1842–1880). Zu diesem Ereignis gibt es im oberen Geschoss des Museums ein Gemälde von **Carl Georg Hasenpflug**, auf dem der Dom in seiner vollendeten Form gezeigt wird, obwohl zum Zeitpunkt der Entstehung des Gemäldes (1834–1836) die Vollendung des Doms noch gar nicht beschlossen war.

Kunstvolles Ratssilber

___ Schließlich gelangen wir bei unserem Rundgang durch das Erdgeschoss zu den wertvollen Pokalen und Tafelaufsätzen des Kölner Ratssilbers. Ein Stück ist ganz besonders interessant und soll deshalb hier genauer betrachtet werden: **Vater Rhein**.

Dieser Tafelaufsatz (= Schmuckstück für eine Essenstafel) ist das wertvollste Stück aus dem Kölner Ratssilber. Wir sehen einen Felsen aus einem Halbedelstein, umgeben von vielen kleinen Figuren und Bauwerken, die alle etwas mit dem Rhein zu tun haben, wie Winzer, Fischer, Kaufleute, Sagengestalten, mittelalterliche Kirchen, Schlösser und Burgen, die entlang des Rheins gebaut wurden, und Personifikationen der Nebenflüsse. Darüber erhebt sich kraftvoll *Vater Rhein* als Flussgott mit einem Ruder als Zepter. Sein rechter Arm hält ein Schiff, das aus einem einzigen, großen Bergkristall gearbeitet ist.

Diese Verherrlichung des Rheins hat ihre Wurzeln in der deutsch-französischen Geschichte. 1870 war es einmal mehr zum Krieg zwischen den beiden Nationen gekommen. Der sogenannte *Deutsch-Französische Krieg* von 1870–1871 endete mit dem deutschen Sieg über Frankreich. Der damalige preußische König Wilhelm I. wurde anschließend im Schloss der französischen Könige in Versailles zum deutschen Kaiser ausgerufen. Nachdem Preußen Frankreich besiegt hatte, gehörte das Rheinland mit Elsass und Lothringen zum deutschen Kaiserreich, und der Rhein war ein deutscher Fluss. Er wurde zum Symbol für Deutschland. Und noch mehr: Die Deutschen fühlten sich an ihre große Vergangenheit als deutsches Kaiserreich im Mittelalter erinnert.

Handel, Verkehr, Arbeit, Alltag

Schifffahrt und Handel im Mittelalter

___ Köln gehörte im Mittelalter ohne Zweifel zu den wichtigsten Handelszentren. Das hing damit zusammen, dass Köln am Rhein lag, an einer der größten Verkehrsadern in Europa. Deshalb ist auch der Schifffahrt und den Schiffen viel Platz im Obergeschoss gewidmet. Das große Modell von einem **Holländerfloß** sticht uns direkt ins Auge. Diese Flöße dienten dem Holztransport, denn das Holz selbst, aus dem das Floß gebaut war, wurde bei seiner Ankunft in Holland dort verkauft. Diese Flöße fuhren stromabwärts – vorneweg immer ein Warnschiff, das den Rhein frei halten sollte.

Ein weiteres Modell erregt hier unsere besondere Aufmerksamkeit. Es ist die kleine Hafenszene mit Schiffen, Kränen und einem Hafengebäude. Die Schiffe weisen eine ungewöhnliche Form auf. Es sind sogenannte **Oberländer** und **Niederländer**. Diese unterschiedlichen Schiffstypen waren nötig, weil der Rhein bei Köln seine Wassertiefe veränderte. Auf dem Oberrhein (Richtung Süden) konnten nur die sogenannten *Oberländer* mit ihrem hochgezogenen Heck fahren, in dem Waren über dem Wasserspiegel verstaut werden konnten. Auf dem Niederrhein (Richtung Norden) verkehrten die sogenannten *Niederländer*, die einen großen Rumpf hatten und so die Waren unterhalb des Wasserspiegels transportieren konnten. Das Hafengebäude in dem Modell ist das **Stapelhaus**, in dem alle Waren, die Köln passierten und umgeladen wurden, nach dem Stapelrecht für drei Tage nur den Kölnern zum Verkauf angeboten werden mussten.

> Das Stapelrecht besagte, dass alle Waren, die Köln passierten und hier umgeladen wurden, für drei Tage nur den Kölnern zum Verkauf angeboten werden mussten.

Die Kölner prüften bei den Waren, die aus anderen Städten hier ankamen und umgeladen werden mussten, auch die Qualität. War alles in Ordnung, bekamen die Waren ein Gütesiegel. So konnten sich alle weiteren Stationen und Verkaufsorte darauf verlassen, dass es sich um gute Ware handelte. Auch die Mengen wurden überprüft. Die **Eichgefäße** mit dem Kölner Stadtwappen von 1660 zeugen von der alten Tradition, dass in Köln Mengenangaben auf ihre Rechtmäßigkeit hin kontrolliert wurden. Übrigens waren die Kölner Maßeinheiten wie beispielsweise die **Kölner Elle** oder die **Kölner Mark** im ganzen Reich bekannt. Für alle Waren, die geprüft und umgeladen, ausgestellt und verkauft wurden, nahmen die Kölner Steuern und Zölle ein. Und wo landeten die Steuern und Zölle? In den großen, schweren **Holztruhen**, die sich neben den Schiffsmodellen befinden. Sie standen ehemals in der Rentkammer der Stadt Köln, in der die Finanzen verwaltet und das Stadtvermögen aufbewahrt wurden.

Das physikalische Kabinett

___ Das ist wirklich eine schöne, kleine, aber feine Sammlung mit allerlei physikalischen und astronomischen Geräten. Die faszinierenden **Himmels- und Erdgloben** aus dem 16. und 17. Jahrhundert gehören zu den kostbarsten Stücken dieser Sammlung. Wir dürfen nicht vergessen, dass die gesamte Kartografie (= Zeichnen und Ausmessen von Land- und Seekarten) und Weltvermessung, die Erkundung von Himmel und Erde zu dieser Zeit noch sehr jung waren. Umso erstaunlicher sind diese frühen Zeugnisse der Geografie und Astronomie. Aber auch andere Gegenstände und Messgeräte wie Uhren, Fernrohre oder Hohlspiegel zeugen von der Experimentierfreude und dem Wissensdurst der Menschen damals.

Die meisten Stücke dieses physikalischen Kabinetts gehörten zur Sammlung des alten Dreikönigsgymnasiums. Die wurde unter anderem von **Georg Simon Ohm** (1789–1854) betreut, der von 1817 bis 1827 Mathematik- und Physiklehrer an dem Gymnasium war. Die Sammlung physikalischer Geräte war für den Unterricht bestimmt, um Prinzipien und Wirkmechanismen aus der Physik zu verdeutlichen. Nehmen wir zum Beispiel den kleinen **Dampfrückstoßwagen**: Wenn die kleinen Flammen das Wasser in dem Kessel erhitzen und der Wasserdampf nach hinten austritt, setzt sich der kleine Wagen aufgrund der Dampfkraft nach dem Prinzip des Rückstoßes in Bewegung. Dieses und vielleicht auch manch anderes Gerät hat Ohm vermutlich mithilfe eines Schlossers selbst entworfen und gebaut.

Handelsgüter und Arbeitswelten im 19. Jahrhundert

___ Von den vielen erfolgreichen Waren, die im 19. Jahrhundert in Köln gehandelt wurden, möchte ich nur zwei herausgreifen. Beginnen wir mit einer auf den ersten Blick etwas kurios wirkenden Gruppe von gleichartigen Gefäßen: Wir sehen eine ganze Vitrine voll mit Heringsdosen. Nun ja, es sind eher **Porzellangefäße für eingelegte Heringe**. Die gab es nämlich im 19. Jahrhundert zuhauf in Köln, sowohl die eingelegten Heringe als auch die dazugehörenden Porzellangefäße. In einer anderen Vitrine finden wir die unterschiedlichsten Utensilien des Tabakgenusses, der schon seit dem 17. Jahrhundert in Köln für gute Geschäfte sorgte.

Wenn wir nun wissen wollen, *wie* die Menschen damals ihrer Arbeit nachgingen, dann lohnt sich der Blick in die Vitrinen, in denen Räume der Arbeitswelt um 1900 nachgestellt sind. Da sind der **Werkraum eines Goldschmieds** oder der **Arbeitsplatz eines Angestellten in einem Büro** und schließlich der **Salon eines gut verdienenden Unternehmers** zu sehen.

Symbol der Industrialisierung in Köln: Der Ottomotor

___ Die Industrialisierung in Köln wird uns mit dem Viertaktgasmotor von Otto und einer riesigen Kabelwinde der Chemischen Fabrik Kalk vorgestellt. Ohne die Tüftler und Erfinder des 19. Jahrhunderts hätte es die Industrialisierung nicht gegeben. Neue Techniken und Fabrikationsmethoden waren die Voraussetzungen für die Gründung der vielen Fabriken und Unternehmen. Eine der bedeutendsten Erfindungen war der **Ottomotor**, der nach seinem Erfinder Nikolaus August Otto (1832–1891) benannt wurde. Otto und sein Freund Eugen Langen (1833–1895), der als Sohn eines reichen Zuckerfabrikanten das nötige Geld mitbrachte, experimentierten so lange an dem neuen Motor herum, bis ihnen 1876 die bahnbrechende Entwicklung des *Viertaktmotors* gelang. Das bedeutet, dass ein Gemisch aus Gas und Luft im *Viertakt* gezündet wird. Diese schnell aufeinanderfolgenden Zündungen garantierten eine schnelle und zuverlässige Funktion.

Die Welt der Kinder um 1900

___ Ganz weit hinten, in der linken, hinteren Ecke im Obergeschoss, befindet sich eine raumhohe Vitrine, in der es viel zu entdecken gibt. Es ist die wunderbare Sammlung von Spielzeug aus bürgerlichen Familien aus der Zeit zwischen 1871 und 1918. Vergessen wir dabei nicht, dass Kinder aus Arbeiterfamilien kaum Zeit zum Spielen hatten, mussten sie doch selbst arbeiten und unter Umständen sogar das Spielzeug für die reicheren Kinder anfertigen. Erst 1903 gab es ein Gesetz, nach dem Kinder unter zehn Jahren nicht mehr arbeiten durften – wohlgemerkt: nur die Kinder unter zehn Jahren betreffend.

Schauen wir uns nun das Spielzeug etwas genauer an. Da lassen sich ganz eindeutig die unterschiedlichen Spielsachen den Mädchen oder den Jungen zuordnen. Die Anziehpuppen aus Papier sowie Puppenherd und Puppennähmaschine waren das typische Spielzeug für Mädchen, um sie auf ihre spätere Rolle als Mutter und Hausfrau vorzubereiten. Hingegen waren die Zinnsoldaten, Experimentierkästen oder der Adler-Steinbaukasten, an dem man die Konstruktion von Brücken im Kleinen erproben konnte, für Jungen gedacht. Auch der Holzsäbel und der Teller mit dem Bild eines Kindersoldaten sind wohl eher in die Jungenschublade zu sortieren.

Auf ein Gesellschaftsspiel möchte ich noch besonders hinweisen. Das Spiel mit dem Namen *Die fliegenden Hüte* könnte ein Vorläufer unseres »*Fang den Hut*«-Spiels sein. Allerdings ist die Spieltechnik deutlich raffinierter als ein einfaches Würfeln. Kleine aus Pappe gefertigte Hände dienen als Katapulte, um die Papierhütchen auf das Spielbrett zu werfen.

Lebensraum und Lebensumstände der Reichen

___ Verschiedene Einrichtungsgegenstände und Möbelgruppen zeigen uns, wie die reichen Leute früher lebten und mit welchen Möbeln sie sich im 16., 17., 18. oder 19. Jahrhundert umgaben. Im Einzelnen werden die unterschiedlichen Epochen im Kapitel zum Museum für Angewandte Kunst genauer besprochen.

Ein Barockschrank gefällt mir besonders gut, auch wegen des Namens: Es ist der sogenannte **Susannenschrank**, den **Melchior von Rheidt** 1605 vermutlich für eine Hochzeit anfertigte. Im linken oberen Feld mit Holzeinlege-

Teddy, Anfang 20. Jahrhundert

arbeit sehen wir die Szene mit Susanna im Bade, die im Alten Testament davon erzählt, wie die schöne Susanna von zwei lüsternen Alten bedrängt wird, aber standhaft keusch bleibt und dafür schließlich auch belohnt wird, während die Alten ihre Strafe erhalten.

Schauen wir uns auch noch den krassen Gegensatz von der nachgestellten **Arbeiterküche** um 1900 und dem eleganten, gemütlichen **Empirezimmer** vom Anfang des 19. Jahrhunderts an. Auch wenn hier einhundert Jahre dazwischenliegen, wird uns doch der Unterschied zwischen arm und reich deutlich bewusst.

Musizieren war natürlich ein Privileg der Reichen. Das Stadtmuseum besitzt eine schöne Sammlung alter Musikinstrumente. Darunter befinden sich Blasinstrumente aus dem 18. und 19. Jahrhundert sowie einige merkwürdige Saiteninstrumente wie die **Chitarrone** von 1920 mit einer Doppelsaitenbespannung und zwei Hälsen oder die **Viola d'amore** aus Paris von 1856, die gleich mit unglaublichen 14 Saiten bespannt ist.

Was zum Leben auch dazugehört

___ Sterben und Krankheit, Lernen und Lehren, Religion und Glaube gehören zum Leben dazu wie die tägliche Nahrung. Und so ist auch diesen Themen jeweils ein kleiner Bereich beziehungsweise eine Vitrine gewidmet, wo wir beispielsweise das alte **Siegel der Kölner Universität** von 1392 oder eine 300 Jahre alte **Hausmadonna** sehen können, die in feine Kleider gehüllt ist, Krone und Zepter trägt und über und über mit Schmuck behangen ist.

Krankheit und Tod waren früher die ständigen Begleiter der Menschen. Immer wieder gab es Epidemien wie Cholera oder die Pest. Die Heilungschancen waren sehr gering. Kinder starben oft an Infektionen oder Kinderkrankheiten. Eine schreckliche Krankheit war Lepra (sie ist es in manchen Ländern heute noch). Da man früher kein Heilmittel gegen Lepra kannte und die Krankheit ansteckend war, verbannte man die Kranken aus der Stadt. Sie lebten in Leprosenhospitalen, mussten spezielle Kleidung und laute Klappern tragen, damit sie von Weitem erkennbar waren, und sie galten für die Gesellschaft gleichsam als Tote. Das größte Leprosenhospital in Köln befand sich dort, wo heute der Melatenfriedhof ist, dessen Name noch an die Kranken von damals erinnert. *Melaten* kommt von dem französischen Wort *malade*, was krank bedeutet. Das **Leprosenmännchen** mit der Klapper in der rechten Hand erinnert an das furchtbare Leid der Leprakranken in Köln wie auch andernorts. Vermutlich hing es am Melaten-Hospital, um dort vorbeigehende Passanten zum Spenden für die Kranken aufzufordern.

Viola d'amore, 1856, Paris

1888

Museum für Angewandte
Kunst

Kunst zum Gebrauch

Ein besonderer Museumsbau mit einer besonderen Sammlung

___ Das Museum für Angewandte Kunst (kurz: MAK) befindet sich in einem Gebäude, das von Rudolf Schwarz (1897–1961) und Josef Bernard zwischen 1953 und 1957 ursprünglich für das Wallraf-Richartz-Museum errichtet wurde.

Es gehörte seinerzeit zu den aufsehenerregendsten Neubauten in Köln. Noch heute wird der Entwurf mit dem zentralen, großen Treppenhaus und den um diese Mitte herumführenden Ausstellungsräumen als gelungene Museumsarchitektur gelobt und gewürdigt.

Als das Wallraf-Richartz-Museum 1986 in das Doppelmuseum am Rhein umzog, richtete sich das MAK hier ein, das erst seit seiner Eröffnung im Jahr 1989 diesen Namen trägt.

Schauen wir noch einmal zu den Anfängen des Museums zurück. 1888 war der Kölnische Kunstgewerbeverein mit dem dazugehörigen Kunstgewerbemuseum gegründet worden. Werke aus den Sammlungen von Ferdinand Franz Wallraf (1748–1824) und Matthias Joseph de Noël (1782–1849) bildeten den Grundstock.

Immer wieder kamen später neue Schenkungen dazu. Die Liste der Sammler und Stifter ist zu lang, um sie hier vollständig aufzuführen.

Das Museum bezog 1900 einen prachtvollen Museumsbau am Hansaring, der von zwei großzügigen Geldgebern finanziert wurde, dem Textilfabrikanten Otto Gustav Andreae (1833–1910) und dem Möbelfabrikanten Jacob Pallenberg (1831–1900). Dieser Bau am Hansaring wurde im Zweiten Weltkrieg zerstört.

Seitdem hatte das Kunstgewerbemuseum überwiegend im Depot verbracht, und nur manchmal waren Stücke in kleinen Ausstellungen im Overstolzenhaus zu sehen gewesen. Glücklicherweise änderte sich diese traurige Situation mit dem Einzug in den Museumsbau *An der Rechtschule*.

Hier treffen wir nun auf Ausstellungsstücke aus verschiedenen europäischen Ländern und aus unterschiedlichen Epochen, die in irgendeiner Weise von Menschen gebraucht oder benutzt wurden. Aber dieses Museum ist noch viel mehr.

Es sammelt und bewahrt Dinge, die uns die Entwicklung unserer Kultur in vielerlei Hinsicht veranschaulichen. Wir erfahren Interessantes über die Entwicklung neuer Techniken, neuer Alltagssituationen, über Geschmäcker und Lebenskulturen und können dadurch die Lebensgewohnheiten unserer Vorfahren sehr gut studieren.

Was ist *angewandte Kunst?*

Kunst zum Anwenden? Tatsächlich geht es in diesem Museum um die Dinge, die Menschen in ihrem Alltag brauchen und benutzen und die außerdem einen gewissen künstlerischen Wert aufweisen. Man könnte auch sagen: Es sind Gegenstände, die irgendwie künstlerisch interessant sind und trotzdem eine Funktion haben.

Angewandte Kunst kann beispielsweise Kleidung und Schmuck sein, auch Möbel und technische Geräte gehören dazu, wie auch alles, was mit Essen zu tun hat, wie Bestecke, Gläser oder Geschirr, und natürlich auch Arbeitsgeräte, wie zum Beispiel Schreibzeug, Haushaltsmaschinen oder Werkzeuge. Manchmal sind es tatsächlich einfache Gebrauchsgegenstände, manchmal aber auch wahre Luxusgüter.

In die Beurteilung von Werken des Kunsthandwerks fließen unterschiedliche Kriterien ein: der ästhetische Wert, die Schönheit der Formen und Farben, die technische Fertigung und natürlich der Gebrauchswert, die Funktionalität. Während die Funktionalität und die technische Fertigung eines Gegenstands eher zeitlos sind, kann das Urteil über die Ästhetik, das, was gefällt oder als schön erachtet und empfunden wird, je nach Zeit und Epoche sehr unterschiedlich aussehen.

Es gibt Zeiten, in denen es bunt und bewegt zugeht, andere Zeiten, die es grau und gerade lieben. Meistens wechseln sich diese Zeiten immer wieder ab, weil die Menschen des einen Extrems überdrüssig werden und sich wieder auf das andere stürzen. Diese immer wiederkehrenden Stilwechsel sind sehr spannend zu beobachten.

Der Antrieb für alle diese Gegenstände der angewandten Kunst ist das Bedürfnis des Menschen, es sich selbst und seine Umgebung schön machen zu wollen. Wie sonst ließen sich Verzierungen und Dekorationen an Geräten erklären, die nicht der Funktionalität dienen, sondern ausschließlich dem Aussehen. Schon die Menschen der Bandkeramikzeit verzierten ihre Tonkrüge mit dekorativen Bändern, wie wir im Römisch-Germanischen Museum sehen können.

Aber wo ist dann die Grenze zwischen einfachen Geräten und Kunsthandwerk?

Oft ist die Grenze zwischen Kunst und Kunsthandwerk fließend. Nehmen wir beispielsweise Teppiche. Die eigentliche Funktion von Teppichen ist das Wärmen und Isolieren des Wohnraums, ob sie auf den Fußböden liegen oder an den Wänden hängen. Im Laufe der Zeit wurden die Teppiche immer kunstvoller geknüpft und gewebt, sodass die unglaublichsten Kunstwerke entstanden, die weit über die ursprüngliche Funktion hinausgingen.

Alles, womit sich der Mensch das Leben angenehmer macht: Vom Mittelalter bis heute

___ Als Erstes betreten wir die große Halle mit dem imposanten Treppenlauf auf der linken Seite und dem Blick in den Innenhof mit den Resten des ehemaligen Kreuzgangs. Hier ist das Zentrum des MAK. Die Sammlung teilt sich in zwei auch räumlich getrennte Ausstellungsbereiche. Im ersten Obergeschoss können wir uns auf einen Rundgang durch die Zeit vom Mittelalter bis zum Jugendstil begeben. Im Erdgeschoss finden wir den Eingang zum Ausstellungsbereich des 20. Jahrhunderts mit der Sammlung Winkler. Im zweiten Obergeschoss finden zeitlich begrenzte Sonderausstellungen statt.

Wohnraum und Alltag im Mittelalter

___ Der erste Ausstellungsraum im ersten Stock vermittelt uns einen guten Eindruck, wie ein Kaufmann des Mittelalters gelebt haben könnte. Seine Einrichtung bestand aus massiven, eher zurückhaltend geschmückten, robusten Holzmöbeln. Die Schränke, Truhen und der alte **Scherenstuhl** könnten uns heute auch noch gefallen, sie sind fast zeitlos schön.

Der Wohnraum unseres mittelalterlichen Kaufmanns war gegen die Kälte mit Wandteppichen gedämmt, sein Getränk nahm er aus Messing- und Zinnkannen, seine Goldstücke hob er in kunstvoll gearbeiteten kleinen Holzkästchen auf. In einer Zimmerecke stand vielleicht eine Holzfigur des heiligen Georgs, um den Geschäften sozusagen seinen Segen zu geben. An den Wänden hingen Madonnen oder Heiligenbildchen, dem mittelalterlichen religiösen Weltbild entsprechend.

Besonders schön ist die **Madonna mit Kind** von **Tilman Riemenschneider** (um 1460–1531) aus dem Jahr 1495. Obwohl wir bei dieser Figur von *Kunst* sprechen, steht sie hier im Museum für *Angewandte* Kunst. Das können wir verstehen, wenn wir uns die mittelalterliche Vorstellung von Kunst vor Augen führen. Denn die Menschen unterschieden damals nicht zwischen Kunst und Kunstgewerbe oder Kunsthandwerk. Künstler in unserem Sinn gab es für sie nicht. Ein Bild oder eine plastische Figur wurden von Handwerkern angefertigt, nicht von Künstlern. Erst mit dem Ende des 15. Jahrhunderts wuchs das Selbstverständnis und Selbstbewusstsein der Künstler. Riemenschneider war einer der Ersten, der sich als Künstler verstand, seine Werke mit seinem Namen signierte und auch entsprechende Anerkennung für seine Arbeiten erwartete.

Scherenstuhl, um 1500, Oberitalien

Holzmöbel der Renaissance und des Barocks

___ In den nächsten Ausstellungsräumen begegnen wir dem Lebensgefühl und der Wohnraumgestaltung der Renaissance und des Barock. Hier stehen aufwendig gearbeitete, mit Schnitzereien und kunstvollen Intarsienarbeiten dekorierte Schränke und Kommoden. Da wurden mit Perlmutt, Elfenbein oder sogar Knochen Inkrustrationen und Intarsien geschaffen, die uns glatt den Atem verschlagen.

Oder das **Drechselmeisterstück**! Hier wurde gedrechselt, geschnitzt und eingelegt. Von wem könnte wohl dieser Tisch stammen, bei dessen Anblick einem fast schwindelig werden kann? So viele Drehungen und Spiralen! Tatsächlich wurde dieser Tisch von einem Drechslermeister geschaffen, der seinen Zeitgenossen zeigen wollte, was er alles kann.

Alle diese Möbel sind aus Holz gearbeitet. Holz ist ein sehr alter Werkstoff, aus dem nahezu alles gefertigt werden kann: Möbel, Waffen, Schmuck, Trink- und Essgefäße, Kunstwerke und viele andere nützliche Geräte, sogar Häuser und Autos. Heute wird Holz als ökologischer, umweltbewusster Baustoff eingesetzt, und mit Holzpellets wird umweltfreundlich geheizt. Aber Holz ist nicht nur gut zu verarbeiten und praktisch, sondern auch sinnlich. Es wird kaum jemanden geben, der bei der Berührung von einem glatten Stück Holz nicht auch Wärme und Ruhe empfindet oder der einen Holzfußboden nicht als gemütlich ansieht. Eins ist sicher: Holzmöbel werden immer ihren Platz in der Wohnkultur behalten.

Geschichte des Essens und Trinkens – und über alles, was man dazu braucht

___ Während unseres Rundgangs durch die Zeit vom Mittelalter bis zum Jugendstil begleiten uns viele Vitrinen mit Gefäßen, Schüsseln, Gläsern, Geschirr und Besteck. Allein an diesen Dingen können wir die Entwicklung unserer Kultur sehr schön nachvollziehen. Natürlich könnten wir unsere Suppe aus der Schüssel trinken, das Fleisch mit den Händen nehmen, um hineinzubeißen, oder die Nudeln genüsslich mit dem Mund vom Teller schlürfen. Aber schon früh haben die Menschen damit angefangen, ihr Essen mit entsprechenden Geräten zu sich zu nehmen und gewisse Tischsitten einzuhalten. Und offensichtlich sollten diese *Essgeräte* mit der Zeit immer schöner und aufwendiger werden. Dabei ließ sich schon immer anhand des Geschirrs und der Art und Weise, *wie* die Menschen aßen, etwas über die Rangordnung der Essenden ablesen.

Im Mittelalter waren Geschirr und Besteck noch überwiegend der Funktionalität unterworfen und noch sehr sparsam verteilt. Das Messer war neben dem Holzlöffel, später auch Zinklöffel, sozusagen die *Allzweckwaffe* des Es-

Madonna mit Kind, 1495, Tilman Riemenschneider

Drechselmeisterstück, um 1700

senden. Gabeln gab es nur in großer Ausführung: eine für alle! Übrigens, war es bis ins 18. Jahrhundert üblich, dass jeder sein eigenes Besteck bei sich *gesteckt* hatte, das mit der Zeit mehrteiliger wurde und schließlich aus Messer, Gabel, großem und kleinem Löffel bestand. Teller waren zumindest in den einfacheren Haushalten nicht üblich. Gegessen wurde direkt vom Tisch oder von alten Scheiben Brot. Getrunken wurde im Mittelalter überwiegend aus einfachen Ton- oder Holzbechern. Das Rheinische Steinzeug, das mit der Zeit immer mehr verziert und verschönert wurde, war besonders beliebt.

Das MAK besitzt eine umfangreiche Sammlung verschiedenster Gläser. Besonders schöne Stücke sind die seinerzeit weltberühmten venezianischen Gläser aus dem 15. Jahrhundert und die grünen Weingläser aus dem 16. und 17. Jahrhundert, die *Römer* genannt werden.

> Teller waren zumindest in den einfacheren Haushalten nicht üblich. Gegessen wurde direkt vom Tisch oder von alten Scheiben Brot.

Natürlich dürfen bei unserer Betrachtung der Esskultur all die Teller, Tassen und Schüsseln nicht fehlen. 1709 wurde das erste Mal in Deutschland im Auftrag von August dem Starken Porzellan hergestellt. Seitdem begann das Porzellan von Meißen aus seinen Siegeszug durch Deutschland und Europa. Im MAK können wir nicht nur unterschiedlichstes Geschirr aus Porzellan bewundern, sondern auch farbenfrohe, verspielte, zerbrechliche Porzellanfiguren, die sich vor allem im Barock großer Beliebtheit erfreuten.

Ein Hängeleuchter aus dem Rokoko

___ Irgendwann, wenn wir über das 18. Jahrhundert sprechen, kommt die Rede auf das *Rokoko*, diesen Kunststil zwischen 1719 und 1760. Und dann kommt die Frage, worin unterscheidet sich eigentlich das Rokoko vom Barock? Das ist gar nicht immer so eindeutig. Sicher, Barock ist protziger und öffentlicher, Rokoko eleganter und privater. Aber es gibt auch eine ganz spezielle Ornamentform, die charakteristisch für das Rokoko ist und diesem Stil den Namen gab: die *Rocaille*. Das sind wellenartige Formen mit bewegten Rändern und eingerollten Enden. Und tatsächlich finden wir hier im MAK einen **Hängeleuchter** mit geschwungenen, runden, eingedrehten Formen, die sich an dem Leuchter entlangranken.

Deutlicher könnte man das Rokoko nicht zeigen und erklären. Es war eine heitere, spielerische und genussvolle Zeit, natürlich nur für die Reichen und Adeligen. Aber gleichzeitig war es auch der Abschied von der unbeschwerten, heiteren Welt der Reichen und Adeligen. Schließlich kam es 1789 zur Französischen Revolution, und das prunkvolle Leben hatte erst einmal ein Ende.

Die Vielfalt der angewandten Kunst im 17., 18. und 19. Jahrhundert

___ In den Ausstellungsräumen des 17., 18. und 19. Jahrhunderts gibt es eine Vielfalt von unterschiedlichen Gegenständen zu entdecken. Neben Möbeln und Geschirr finden wir hier beispielsweise Spiele, Uhren, kleine Waagen, Schmuckkästchen oder Jagdwaffen. Da gibt es einen wunderbaren **Spieltisch** von 1720/30, der aus Ebenholz und Elfenbein gearbeitet ist. Hier würde man sich gern einfach hinsetzen, verweilen und ein wenig spielen.

Mein absolutes Lieblingsstück auf dieser Etage ist das **Hammerklavier** von 1820. Denn wer denkt, dass es sich hier lediglich um ein Instrument handelt, der irrt sich gewaltig. Unter dem Deckel verbirgt sich nämlich das ganze Panoptikum einer bürgerlichen Frau des Biedermeiers. Hier finden sich Näh- und Malutensilien und sogar Toilettenutensilien. Wie wunderbar praktisch und gleichzeitig verspielt!

Aus derselben Zeit und im selben Raum befindet sich auch ein Sekretär, eine Sofaecke und eine Wanduhr. Wir können uns also bildhaft vorstellen, wie angenehm unsere Biedermeierbürgerin Anfang des 19. Jahrhunderts in Wien gelebt hat.

Die Kleidersammlung

___ Das MAK verfügt auch über eine große Kleidersammlung. Leider können diese Stücke nicht dauerhaft ausgestellt werden, weil sie dann durch das Licht und die Luft kaputtgehen würden.

Kleidung diente neben dem praktischen Zweck des Wärmens und Verdeckens immer auch der Selbstverschönerung. Der Mensch sah sich als Objekt und war bemüht, seine eigene Attraktivität zu steigern. Die Geschichte der Kleidung ist sehr interessant, wenn wir etwas über das Leben der Menschen in früheren Zeiten erfahren wollen. Wenn wir sehen, was die Menschen früher trugen, dann werden diese Menschen vor unseren Augen lebendig, sie bekommen ein Aussehen.

Das Museum besitzt unter anderem einige schöne Stücke der französischen Seidenweberei aus dem 17. und 18. Jahrhundert. Das ist auch deshalb bemerkenswert, weil die Seidenweberei in Köln immer schon einen besonderen Stellenwert hatte.

Im Mittelalter gab es sogar eine Zunft der Seidenweberinnen, eine der wenigen Frauenzünfte in Deutschland überhaupt. Und wenn wir über das Sichschmücken der Menschen reden, dann soll natürlich auch der Schmuck erwähnt werden, der keine andere Funktion hat, außer zu schmücken. Im MAK können wir die unterschiedlichsten Schmuckstücke bewundern.

Der Jugendstil als Gesamtkunstwerk

___ Der letzte große Saal im ersten Obergeschoss ist dem Jugendstil gewidmet, einer Kunstrichtung und Lebenskultur um 1900. Eine besonders wichtige Rolle spielte im Jugendstil die Natur, die als energiespendend, kraftvoll und ständig im Wachsen begriffen und als Vorbild für den Menschen gesehen wurde. Die geschwungene *Linie* als formales Element von Pflanzen und Wachsen wurde von den Künstlern des sogenannten *floralen Jugendstils* zum beherrschenden Stilmittel erhoben. Andere Künstler des Jugendstils arbeiteten eher mit strengeren formalen Ornamenten. Aber eins war immer gleich: Alle Gegenstände und Raumstrukturen, von Möbeln über Lampen bis zur Wandgestaltung, waren in der gleichen Art und Weise gestaltet.

Hier im MAK können wir verschiedene Zimmereinrichtungen sehen, bei denen alles zusammenpasst. Es sind kleine *Gesamtkunstwerke*, bestehend aus Sitzgarnituren, Ess- und Schreibtischen, Gläsern, Vasen, Leuchtern, Geschirr, Bildern und Teppichen, aus allem, was zum Wohnen dazugehört – vom Sessel bis zur Kaffeetasse, und alles von *einem* Künstler entworfen. Ein schönes Beispiel für ein solches Gesamtkunstwerk ist das Zimmer von **Hans Christiansen** aus dem Jahr 1911.

Design und Kunst im Dialog

___ Seit 2008 befindet sich die Sammlung des 20. Jahrhunderts in einem eigenen Bereich. Den Eingang dazu finden wir im Erdgeschoss an der rechten hinteren Ecke der großen Halle. Ein großes überdimensionales Regal mit den Klassikern des modernen Sitzmöbeldesigns stimmt uns auf das 20. Jahrhundert ein. Diese Inszenierung im *großen* Stil ist wirklich gelungen.

Ohne die Sammlung von Richard G. Winkler könnte dieses letzte Jahrhundert nicht so umfassend dargestellt werden. Winkler wurde in Köln geboren, studierte Architektur und lebt seit 20 Jahren in den USA. Durch Immobiliengeschäfte kam er zu Geld, das er dazu nutzte, eine große Sammlung zusammenzutragen. Darin finden sich Möbel, Lampen, Haushaltsgeräte, Radios, Fotoapparate, Plakate und Gemälde. Die Stücke stammen überwiegend aus den Zwanziger- und Dreißigerjahren des letzten Jahrhunderts.

Mit der Gegenüberstellung von Gemälden und Skulpturen einerseits und Werken der angewandten Kunst andererseits können wir hier einen guten Gesamteindruck des 20. Jahrhunderts bekommen und sehen, wie Kunsthandwerk und Kunst sich gegenseitig ergänzen, befruchten und beeinflussen. In der Abteilung für das 20. Jahrhundert wird also das fortgesetzt, was wir beim Durchwandern der früheren Epochen auch schon sehen konnten: die Zusammenführung und Gegenüberstellung von Kunst und angewandter Kunst – erinnern wir uns an die Riemenschneidermadonna inmitten der mittelalterlichen Möbel.

Heute sprechen wir meist von *Design* und nicht mehr von *Kunsthandwerk* oder *angewandter Kunst*. Deshalb heißt es im Museum auch: *Design und Kunst im Dialog*.

Dabei ist es sehr schön, aber auch hilfreich, dass die Präsentation der Ausstellungsstücke durch eine an den Außenwänden umlaufende Zeitleiste ergänzt wird. Hier sind Informationen aus Geschichte, Politik und Design zusammengefasst und übersichtlich dargestellt.

Alles, worauf man sitzen kann

___ Als Erstes treffen wir auf Büromöbeldesign vom Anfang des 20. Jahrhunderts. Damals setzte sich langsam die industrielle Produktion von Möbeln durch. Der **Büroschreibtisch**, den **Frank Lloyd Wright** (1867–1959) für ein Verwaltungsgebäude in New York entworfen hat, ist ein schönes Beispiel dafür. Der Schreibtisch mit dem festverbundenen Stuhl daran ist aus Metall und scheint auch nach jahrelanger Nutzung unverwüstlich und unzerstörbar zu sein. Genau so etwas brauchten die großen Büros in New York. Wenn uns dann noch die alten Telefone von 1918 bis 1928 ins Auge fallen, fühlen wir uns in alte amerikanische Filme versetzt, in denen eine kleine Sekretärin das große Los zieht und sich den großen Chef angelt.

Schreibtisch mit integriertem Stuhl, 1904, Frank Lloyd Wright

Tatsächlich entsprach die Leichtigkeit der alten Filme nicht der Realität. Für die Sekretärinnenarbeit wurden sogar extra starke und kräftige Frauen gesucht, denn das tägliche Maschineschreiben war eine große körperliche Anstrengung.

Es sind vor allem immer wieder die Stühle und Sessel, die Designgeschichte geschrieben haben. Ob wir den Sessel von **Mies van der Rohe** (1886–1969) betrachten oder den **Schwinger** von **Marcel Breuer** (1902–1981), diese Stücke sind uns allen irgendwie bekannt. Wir finden sie an den verschiedensten Orten, sie sind zeitlos, immer und überall gerne platziert.

Oder schauen wir uns den vielleicht bekanntesten aller Stühle an, den **Rot-Blau-Stuhl** von **Gerrit Rietveld** (1888–1964). In der Gegenüberstellung mit einem Gemälde von **Piet Mondrian** wird deutlich, wie eng die bildenden Künste und die Welt des Designs zusammenhängen. Geschwungen und frei von rechten Winkeln und geraden, geometrischen Formen ist die Liege von **Bruno Mathsson** (1907–1988). Diese organische Form scheint dem menschlichen Körper abgeschaut und angepasst zu sein. Auf dieser Liege wird sich jeder entspannen können.

Schließlich möchte ich aus den vielen anderen Stühlen und Sesseln im Museum noch einen Klassiker erwähnen, dem wir heute noch – oder wieder – bei vielen von uns zu Hause begegnen, bevorzugt in Kinderzimmern: dem Sitzsack mit dem Namen **Sacco**.

Geschirr im 20. Jahrhundert

___ Die Welt des Designs im 20. Jahrhundert ist sehr abwechslungsreich und vielfältig. Es gab Zeiten, in denen der Funktionalismus im Vordergrund stand, dann wiederum das spielerische Element. Einmal erkennt man den Nutzen und die Handhabung auf den ersten Blick, und das Objekt ist von allem Überflüssigen befreit und auf das Notwendigste reduziert. Dafür stehen die berühmten quadratischen und rechteckigen Glasschälchen von **Wilhelm Wagenfeld** (1900–1990), die er in den Dreißigerjahren entworfen hat. Ein anderes Mal hat das Äußere überhaupt nichts mehr mit der Funktion zu tun, wie beispielsweise das Tee- und Kaffeeservice von **Kazumasa Yamashita** von 1983. Da können wir nicht sofort erkennen, worum es sich handelt. Die Griffe und Henkel zeigen ein dynamisches, fast vibrierendes Eigenleben.

Gedanken über die Geschwindigkeit der Entwicklung

___ Das MAK erzählt uns viel über die Lebensgewohnheiten unserer Vorfahren. Wir können Haushaltsgeräte sehen, die unsere Urahnen benutzten, oder Sessel, in denen sie saßen. Wenn wir die alten Staubsaugermodelle betrachten, fühlen wir uns in eine heile Welt versetzt. Nostalgie kommt auf. Wenn wir aber die alten Transistorradios sehen – übrigens eine ausgezeichnete Sammlung – und daneben den **iPod** von Apple aus dem Jahr 2001, dann wird uns die rasante Entwicklung der letzten 50 Jahre bewusst. Dabei vollziehen sich die Veränderungen in immer kürzeren Abständen. Immer wieder werden neue Objekte für das Museum angeschafft, damit auch die jetzige Zeit repräsentiert und die Entwicklung der angewandten Kunst möglichst lückenlos sichtbar wird. Irgendwann werden sich unsere Enkel über die Gegenstände aus unserer Jugend wundern.

1906

Rautenstrauch-Joest-Museum
Kulturen der Welt

Fremde Kulturen nahegebracht

Das hat uns gerade noch gefehlt!

___ Und das meine ich ernst! Dieser Museumsneubau im Zentrum der Stadt, diese faszinierenden Einblicke in fremde Kulturen und der spannende Vergleich von Fremdem und Vertrautem, von Altem und Neuem, der Dialog zwischen den Kulturen macht das neue Rautenstrauch-Joest-Museum - Kulturen der Welt (kurz: RJM) zu einem echten Highlight in der Stadt und einem Museumserlebnis der besonderen Art. In der wahrlich nicht armen und nicht kleinen Museumslandschaft von Köln ist das neue RJM eine gute Ergänzung.

Der Neubau wird oder wurde - das hängt von dem Zeitpunkt ab, zu dem dieses Buch gelesen wird - 2010 eröffnet.

Alles in allem

___ In diesem Neubau ist nicht nur Platz für das RJM, sondern auch für den neuen Eingangsbereich des Museum Schnütgen, für verschiedene Veranstaltungs- und Vortragssäle, die auch von der Volkshochschule genutzt werden, für das Juniormuseum, eine große Bibliothek und natürlich für die üblichen Bestandteile eines modernen Museums, Cafeteria und Museumsshop, die gemeinsam vom Museum Schnütgen und dem RJM genutzt werden. Wir befinden uns im *Kulturquartier* am Neumarkt.

Vielleicht wird der neue, idyllische Platz mit den alten Bäumen, der zwischen dem Museumsneubau, der Cäcilienkirche, dem Glasbau, der die romanische Kirche mit dem Museumsneubau verbindet, und der Leonhard-Tietz-Straße entstanden ist, bald einer der attraktivsten Plätze der Kölner Innenstadt werden.

Die Geschichte des Museums und der Sammlung

___ Namensgeber und Ausgangspunkt für das RJM war Wilhelm Joest (1852–1897). Der Sohn einer wohlhabenden und angesehenen Familie in Köln war ein typischer Forschungsreisender des 19. Jahrhunderts und ein Sammler mit Herzblut. Er hatte Geografie und Ethnologie studiert und sich so ein wichtiges Grundlagenwissen für seine Reisen in die damals den Europäern noch ziemlich fremden Gegenden unserer Erde erworben.

Wenn er gerade mal nicht auf einer seiner Forschungsreisen war, lebte er in Berlin und plante schon wieder seine nächsten Abenteuerreisen. 1897 verstarb

Wilhelm Joest in der Südsee, erst 45 Jahre alt.

Joest hatte eine Schwester mit Namen Adele (1842–1903). Sie war mit dem Kommerzienrat Eugen Rautenstrauch verheiratet. Ihr vermachte Wilhelm Joest seine umfangreiche Sammlung außereuropäischer Kunst- und Kulturgegenstände, die er bei seinen Reisen zusammengetragen hatte. Es waren über 3.000 Objekte! Aber wohin damit? Adele fühlte sich verpflichtet, das Andenken an ihren Bruder zu bewahren und zu ehren, und ließ für seine Sammlung das Rautenstrauch-Joest-Museum am Ubierring bauen, großzügig finanziell unterstützt von den beiden großen und einfluss-

Wilhelm Joest (1852–1897)

reichen Familien Joest und Rautenstrauch. 1906 wurde das Museum eröffnet. Immer wieder kamen Sach- und Geldspenden von weltreisenden Kölner Bürgern dem Museum zugute. Die Liste der Stifter ist lang. Darunter befinden sich auch die uns gut bekannten Peter und Irene Ludwig.

Seit den Neunzigerjahren des letzten Jahrhunderts wurde über einen Museumsneubau nachgedacht. Das alte Haus am Ubierring war einfach zu klein geworden, um die mittlerweile unglaubliche 65.000 Objekte umfassende Sammlung zu beherbergen, von den rund 100.000 Fotografien und circa 40.000 Büchern gar nicht zu reden.

Eine gelungene Architektur im Zentrum von Köln

___ Der neue Museumsbau liegt zentral am Neumarkt. Es ist ein kastenförmiger, kubusartiger Bau mit geraden Linien. Besonders schön sind die dunklen, rötlichen Backsteine, mit denen die Außenwände verklinkert sind. Die Backsteinklinker wurden nach einem alten Verfahren gebrannt, in Anlehnung an die Römer, die vor 2.000 Jahren in Köln bereits solche Backsteine verwendeten. Bei genauerem Hinschauen sehen wir, dass alle Steine einen unterschiedlichen Farbton haben. Je nach Lichteinfall entstehen so wechselnde spannende Farbspiele. Diese Klinkerwände werden auch in das Foyer hineingezogen. Die Grenzen zwischen drinnen und draußen verlaufen. Apropos Foyer –

oder soll ich es besser einen Innenhof nennen – diese gigantische Eingangshalle! Sie ist 21 Meter hoch. Der Raumeindruck wird durch nichts gestört, keine eingebauten oder eingestellten kleinen Shops – nur der Reisspeicher steht
in der Mitte des Foyers.

Ein Rundgang durch die unterschiedlichen
Welten des Menschen

___ Die Präsentation der Objekte ist als Rundgang über drei Etagen angelegt.
Früher waren völkerkundliche Museen eigentlich immer gleich geordnet und
aufgebaut: Die Objekte wurden nach ihren Ursprungsländern sortiert und so
auch präsentiert. Heute werden mehr Vergleiche angestellt und übergreifende Fragen gestellt. Der *Museumsfachmann* spricht bei einem solchen Konzept
gern vom *Themenparcours*. Warum Parcours? Tatsächlich können wir selbst eine ganze Menge gestalten und aktiv in diesem Museum mitmachen.
    Die ersten Räume behandeln spannende Fragen zum großen Thema der Völ-
kerkunde. Danach wird es konkreter. Dann geht es um die Lebenswelten und
Lebensumstände fremder Kulturen.
    Ich folge gern der überzeugenden Konzeption des Museums. Machen wir
uns auf den (Rund-)Weg und suchen Antworten auf die Fragen: Wie leben Menschen in den unterschiedlichen Teilen der Erde und zu unterschiedlichen Zeiten? Wie erfahren sie ihre Umwelt? Wie leben sie miteinander? Wie gestalten
sie ihre Lebensräume, und wie schmücken sie sich selbst? An wen oder was
glauben sie? Welche Bedeutung haben Geburt und Tod in ihrem Leben?

Das Highlight

Der Reisspeicher der Sa'dan-Toraja von der Insel
Sulawesi in Indonesien

___ Dieses eindrucksvolle Werk ist nicht nur ein Symbol für die gesamte Ausstellung, für das soziale und religiöse Leben der Menschen, von der Geburt bis
zum Tod, das Kunstwollen und Kunstschaffen, alles, was die Kultur der Menschen ausmacht, sondern auch das neue Wahrzeichen des RJM.
    Das Volk der Toraja lebt als Reisbauern. Ein Teil lebt am Fluss Sa'dan, das
sind die sogenannten Sa'dan-Toraja. In einem typischen Toraja-Dorf stehen
sich zwei Häuserreihen gegenüber, auf der einen Seite die Wohnhäuser, auf
der anderen die dazugehörenden Reisspeicher. Besondere Kennzeichen der

Reisspeicher, 30er Jahre des 20. Jahrhunderts, Indonesien

Gebäude sind die auffallenden Dächer. Sie haben eine weit nach oben schwingende, schiffsähnliche Form, sind aus Bambus und ohne eine einzige Schraube oder einen einzigen Nagel zusammengebaut. Für die Toraja bilden die beiden Häuser jeweils eine Einheit. Das zeigt sich auch an den Namen, die sie den beiden Gebäuden geben: Sie nennen das Wohnhaus *Mutter* und den Speicher *Vater*. Beide sind meist reich verziert. Die Verzierungen der Häuser weisen auf den sozialen Status einer Familie hin.

Schauen wir uns den *Kölner* Reisspeicher nun einmal genauer an: Der aus Holz, Bambus und Rotang errichtete Pfahlbau ist elf Meter lang und 7,5 Meter hoch. Er wurde in den Dreißigerjahren errichtet. Wir können drei Ebenen unterscheiden. Sie stellen die Unterwelt, Menschenwelt und Oberwelt dar. Im unteren Bereich werden Büffel, auch Symboltiere für die Unterwelt, zwischen den Pfählen gehalten, im mittleren treffen sich die Menschen zu Ritualen und zur Arbeit, im oberen Dachgeschoss leben die Geister und Seelen der Ahnen, unter anderem durch Vögel symbolisiert. Diese Dreiteilung ist in der Vorstellung der indonesischen Völker weit verbreitet.

> Nun endlich, in diesem neuen Museum, hat dieses eindrucksvolle Werk seinen Platz gefunden. Hier in dem großen Foyer kann es seine ganze Wirkung entfalten.

Der Tod spielt eine wichtige Rolle. Wenn ein Mensch stirbt, verlässt nach den Vorstellungen der Toraja seine Seele den Körper, bleibt aber in der Nähe. Deswegen sind die Begräbnisse sehr aufwendige Feste und für die Familien durchaus auch hohe finanzielle Belastungen. Aus solch einem Grund gelangte auch dieser Reisspeicher in den Besitz des Kölner Museums. Er wurde 1984 auf der Insel Sulawesi entdeckt. Erstens war sein Dach marode und musste dringend erneuert werden, zweitens musste die Familie, der dieser Reisspeicher gehörte, ein aufwendiges Begräbnisfest ausrichten. Das Angebot des Museums, den Reisspeicher zu kaufen, kam gerade recht. Die Familie erhielt außerdem einen neuen Reisspeicher. So war allen Beteiligten geholfen.

Der Reisspeicher wurde in unzählige Einzelteile zerlegt und nach Köln transportiert. Dort landete er erst einmal im Depot, wo er lange Zeit, fast vergessen, lagerte. Nun endlich, in diesem neuen Museum, hat er seinen Platz gefunden. Hier in dem großen Foyer kann er seine ganze Wirkung entfalten. Allerdings musste zunächst noch das schon erwähnte marode Dach erneuert werden. Dazu wurden eigens Handwerker aus Indonesien eingeflogen, die noch die traditionelle Technik der Bambusdeckung beherrschen. Für die Dachdecker aus Indonesien war das eine ungewohnte Arbeit, arbeiten sie in ihrer Heimat doch unter freiem Himmel, barfuß und ohne Helm. Und anstatt auf festen Stahlgerüsten, arbeiten sie in Indonesien auf beweglichen Bambusgestellen. Auf Sicherheitsschuhe und Bauhelme durften sie nach einer Sonderregelung verzichten, ihre gewohnte Zigarette allerdings durften sie während der Arbeit nicht rauchen.

Völkerkunde: Kulturgeschichte und Kunstgenuss

Ein musikalisches Vorspiel

___ Viele Dinge beginnen mit Musik: Die Messe in der Kirche, der Film im Kino, der Krimi im Fernsehen oder die Geburtstagsfeier mit einem Ständchen. Und so werden wir auch hier im Museum mit Musik empfangen und eingeführt. Im sogenannten *Prolog* (= Vorspiel) sehen wir die **Gamelaninstrumente**. Das sind Instrumente, die aus Südostasien kommen: Gongs, Metallofone oder Xylofone, aber auch Trommeln, Zupfinstrumente und Flöten. Die Gamelanmusik ist anders als unsere europäische. Sie hat eine eigene Harmonie und einen eigenen Rhythmus. Sie ist fast meditativ, beruhigend, entspannend. Aber am besten sollte man sich in den Genuss begeben, diese Gamelaninstrumente selbst zu hören oder – auch das ist ab und an möglich – sie selbst zu bespielen.

Über die Anfänge der Völkerkunde

___ Nun begegnen wir zwei Personen, die für die Entstehung des RJM besonders wichtig waren und die auch für die Völkerkunde Wichtiges geleistet haben. Das waren schon merkwürdige Leute, die vor hundert Jahren aus lauter Bildungslust und Neugier die ganze Welt bereisten und fremde Kulturen *entdeckten*. Das Reisen war damals nicht so bequem wie heute und dazu viel gefährlicher. Vor allem exotische Krankheiten gefährdeten das Leben der Weltreisenden. Was trieb diese Leute zu diesen Abenteuern?

Es war noch nicht lange her, dass Mitte des 19. Jahrhunderts fremdartige, anders aussehende Menschen (!) in Käfigen neben Tieren aus aller Welt unter dem Deckmantel der Bildung ausgestellt wurden: *Kommt und schaut!*

Da waren *unsere* Weltenbummler und Sammler schon anders. Sie wurden nicht aus Sensationslust, sondern von ihrem Forscherdrang getrieben. Wilhelm Joest war Wissenschaftler. Von überall, wo er war, brachte er alle möglichen interessanten Objekte mit, um die fremden Kulturen besser zu verstehen, sie zu vergleichen und zu erforschen und natürlich auch, um davon in seiner Heimat berichten zu können. Ein anderer interessanter Sammler war Max von Oppenheim (1860–1946), der sich überwiegend mit der Kultur des Orients und Nordafrikas beschäftigte. Das kam daher, dass er selbst viele Jahre in Kairo und Konstantinopel als Diplomat gelebt hatte. Sein Nachlass umfasste um die 1.500 Objekte.

Wie ist das mit dem *Fremden*?

___ Viele Menschen begegnen dem Fremden und Unbekannten mit Unbehagen. Je weiter wir in der Geschichte zurückblicken, desto stärker ist die Angst und Ablehnung dessen, was fremd und unbekannt ist. Was wurde im Mittelalter nicht alles als Hexerei bezeichnet und verurteilt? Schnell beurteilt und bewertet der Mensch Dinge, die anders sind als er selbst, als schlechter. So wurden jahrhundertelang die fremden, andersartigen Kulturen als primitiv gering geschätzt, die eigene Kultur hingegen als die einzig Wahre und Richtige angesehen. Aus dieser Abwertung und Geringschätzung heraus entstanden Sklaverei und Missbrauch, auch Völkermorde und Ausbeutung. Die kleine Porzellanfigur **Dame mit Mohrknaben** ist ein markantes Beispiel für die Unterwerfung der schwarzhäutigen Menschen durch die Weißen, die sich als Herrenmenschen empfunden haben.

Heute sind die meisten Menschen weltoffener geworden, auch weil es durch die Globalisierung fast nichts Fremdes mehr gibt. Stellen wir dem jungen, dienenden Mohren den schwarzhäutigen amerikanischen Präsidenten gegenüber, dann können wir sehen, dass es eine große Entwicklung hinsichtlich der Gleich-

Kunst oder Gebrauchsgegenstand?

In fast allen Kulturen dieser Welt gibt es Darstellungen von Menschen oder von Göttern in Menschengestalt. Oft dienten solche Statuen einem bestimmten Zweck, waren rituelle Werkzeuge oder wurden verehrt und angebetet. Können wir diese Objekte aus anderen Kulturen mit dem, was wir *Kunst* nennen, vergleichen, oder haben sie eher etwas mit dem zu tun, was wir *angewandte Kunst* nennen? Was machen wir mit Objekten aus Ländern, die das Wort *Kunst* gar nicht kennen? Ist es erlaubt, eine Skulptur aus Afrika, etwa eine Frauenstatue, die ursprünglich als rituelles Werkzeug benutzt wurde, aus rein ästhetischem Augenwinkel heraus zu betrachten, ohne die ursprüngliche Funk-

berechtigung der unterschiedlichen Menschen gegeben hat, wenn auch noch längst nicht alle Vorurteile abgebaut sind und sich immer noch manche Menschen für besser und wertvoller als andere halten.

Dieses Museum bietet den Raum und die Möglichkeit, diese interessanten und kritischen Aspekte des Zusammenlebens der unterschiedlichen Menschen zu thematisieren. Schön, dass die Gelegenheit wahrgenommen wurde.

Drei ganz unterschiedliche Menschenkörper

___ Schauen wir uns nun drei Skulpturen an, die uns drei unterschiedliche Darstellungen der menschlichen Gestalt und drei unterschiedliche Körperauffassungen zeigen. Jede ist auf ihre Art faszinierend. Da ist der kraftvolle, aber gleichzeitig weich geformte Körper des **Stehenden Shiva** aus Sandstein. Dass es sich um den hinduistischen Gott Shiva handelt, erkennen wir an den kunstvoll turmartig drapierten Haaren. Die recht starke Taille, der leicht gewölbte Bauch, die breite Brust- und Schulterpartie, die kräftigen Beine und schließlich dieses breite, weich gezeichnete, zufriedene, glückliche Gesicht zeigen uns einen in sich ruhenden, in seiner ganzen Ausstrahlung beruhigenden Mann. Was soll diesen Gott schon umhauen – nichts!

Ganz anders wirkt der schmalgliedrige, schlaksige und biegsame Körper des **Schreitenden Buddha**. Diese fast lebensgroße Bronzefigur zeigt, anders als die meisten Buddhafiguren, die ruhig sitzen oder stehen, einen Buddha in Bewegung. Hier wird wohl Buddha gezeigt, wie er nach der Legende nach einem Aufenthalt im Himmel zurück zur Erde schreitet. Dieser geschwungene, gleichsam schwingende Körper hat nichts mit einem realen menschlichen Körper zu

(i)

tion zu berücksichtigen? Denken wir doch kurz einmal an die europäische Kunst des Mittelalters! Damals waren Bilder oder Skulpturen ausschließlich als religiöse Kultobjekte von Bedeutung. Heute betrachten wir Madonnen aus Holz, Gemälde mit Heiligen oder aus Elfenbein geschnitzte Kruzifixe natürlich auch als Kunstobjekte.

Und so lautet die Antwort auf die oben gestellten Fragen: Ja, wir können diese vielfältigen, ausdrucksstarken, meisterhaft gefertigten Statuen aus anderen Kulturen als Kunstwerke betrachten. Dass sie eine über den Kunstwert hinausgehende Bedeutung und Funktion hatten, macht sie nur noch interessanter.

tun. Eher denken wir an Pflanzen, die sich im Wind bewegen. Außerdem können wir nicht eindeutig sagen, ob wir eine männliche oder eine weibliche Gestalt vor uns sehen. Vielleicht wollte der Künstler uns mit seiner Darstellung darauf aufmerksam machen, dass Buddha in Keuschheit lebte.

Wieder eine andere Gestalt sehen wir in der **Anthropomorphen Figur**, die aus Nukuoro stammt. Wo liegt Nukuoro? Das ist eine kleine Insel im Pazifik, die bei Sammlern und Forschern durchaus bekannt ist, weil gerade auf dieser Insel einige dieser interessanten Holzstatuen entstanden sind. Die Figur ist bis auf die Grundform des menschlichen Körpers reduziert. Wir erkennen Arme, Beine, Kopf und Rumpf, aber individuelle Merkmale wie Gesichtszüge finden wir nicht. In dieser abstrakten Form erinnert uns die Figur an die europäischen Skulpturen aus dem Anfang des 20. Jahrhunderts, die mit solchen Reduzierungen die abstrakten Plastiken vorbereitet haben. Tatsächlich kannten die europäischen Künstler damals Zeichnungen und Abbildungen dieser ozeanischen Skulpturen und haben sich von diesen inspirieren lassen. Die geschlechtslosen, abstrahierten Körper stellten Götter oder Ahnen dar, die übrigens zu bestimmten Anlässen mit Kleidern und Schmuck dekoriert wurden.

Schreitender Buddha,
15. Jahrhundert, Thailand

Kunst aus Schwarzafrika

____ Die Geschichte und Kultur von Schwarzafrika, dem Afrika, das südlich der Sahara liegt, ist noch immer wenig bekannt. Das liegt auch daran, dass sich – so es sie überhaupt gab – kaum schriftliche Quellen erhalten haben. Die Entwicklung Schwarzafrikas verlief weitgehend unabhängig von Europa. Erst mit der Kolonisation begann der Austausch der Kulturen. Und einen Austausch hat es tatsächlich gegeben, zumindest zum Ende des 19. und Anfang des 20. Jahrhunderts. Damals waren viele europäische Künstler von der afrikanischen Kunst fasziniert. Sie fanden darin eine Ursprünglichkeit und Naturverbundenheit, die sie in der sogenannten *zivilisierten* Welt vermissten. Die Skulpturen aus Afrika hatten großen Einfluss auf die Entwicklung der europäischen Kunst im 20. Jahrhundert, genauso wie die Kunst aus Ozeanien.

Unter anderen besitzt das RJM eine **Weibliche Figur** aus dem ehemaligen Königreich Luba. Nach den Vorstellungen der Luba lebten die Geister verstorbener Herrscher in Frauenkörpern weiter. Frauen galten demnach als weise und stark. Sie verkörperten den Rückhalt der Gesellschaft und des ganzen Königreichs. Wir sehen hier eine Frauenfigur mit einem großen Kopf, markanten Geschlechtsteilen und eigenartigen Mustern an Bauch, Rücken und Oberschenkeln. Die Frau fasst sich mit beiden Händen an die Brüste. Warum? Für die Luba bedeuteten die Brüste, das prägnante Merkmal der Weiblichkeit schlechthin, Kraft und Ordnung, nach der das Volk geleitet werden sollte. Diese Frau schützt ihre Brüste und zieht gleichzeitig Kraft daraus. Und was bedeuten die vielen eingeritzten Muster? Das sind Narben von Wunden, die sich die Frauen zur Zierde und als Schmuck selbst zufügten. Je mehr Schmucknarben, umso höher ist der Rang der Frau.

> Nach den Vorstellungen der Luba lebten die Geister verstorbener Herrscher in Frauenkörpern weiter. Frauen galten demnach als weise und stark und verkörperten den Rückhalt der Gesellschaft.

Lebenswelten und Lebensumstände

Man kann so oder so wohnen

___ Sicher waren die meisten von uns schon einmal zelten. Das Zelten ist für uns ein Urlaubsvergnügen und ein bisschen Abenteuer im Vergleich zu unserem normalen Wohnen in festen Bauwerken. Hier aber sehen wir Zelte, in denen Menschen ihr ganzes Leben lang *wohnen*.

Schon mal was von den Sioux, den Irokesen oder den Blackfoot gehört? Das sind die sogenannten *Erstbesiedler* Amerikas. (*Indianer* sagt man heute nicht mehr, da das Wort einen abwertenden Charakter hat.) Sie waren Nomaden, zogen von einem Ort zum nächsten und lebten von der Jagd. Sie wohnten in Zelten, den sogenannten *Tipis*. Ihr Leben änderte sich grundlegend, als sie von den Europäern im 18. Jahrhundert *entdeckt* wurden. Die Geschäfte, die sie mit den Engländern und Amerikanern machten, waren nicht zu ihrem Vorteil. Sie verkauften Büffelfelle für Alkohol und Waffen. Außerdem nahmen die Weißen ihnen ihr Land weg. Aber ohne Land kein Jagdgebiet, und ohne Jagdgebiet keine Nahrung, kein Leben.

Hier im Museum können wir noch einmal in das ursprüngliche Leben der Erstbesiedler eintauchen und uns ein **Tipi der Blackfoot** von innen ansehen. Ein anderes Nomadenvolk sind die Tuareg, die im Wüstengebiet Nordwestafrikas zu Hause sind. Auch sie wohnen natürlich in Zelten. Wie sollten Nomaden auch anders wohnen! Ihre Zelte fertigen sie aus Schafs- und Ziegenfellen. Die **Zelte der Tuareg** sehen anders aus als die der Blackfoot. Sie müssen schließlich auch ganz anderen äußeren Bedingungen standhalten.

Ein ganz besonderes Haus

___ Das zweitgrößte Ausstellungsstück des Museums ist das **Männerhaus** aus Papua-Neuguinea. Diese Männerhäuser gibt es dort in vielen Dörfern, auch heute noch. Sie sind der Versammlungsort für das soziale, kulturelle und religiöse Leben. Aber sie sind nur für die Männer. Hier werden Konflikte zwischen Familien gelöst, Rituale vorbereitet, wichtige Themen besprochen und Politik gemacht. Auch die Ahnen werden in diesen Häusern verehrt. Die Männerhäuser sind enorm wichtig für die Identität der Dörfer, vielleicht ein wenig vergleichbar mit unseren Dorfkirchen. Da die gesamte männliche Bevölkerung eines Dorfes darin Platz finden muss, können die Männerhäuser recht groß sein: bis zu fünfzig Meter lang und zehn Meter breit.

Schöne Kleider und faszinierender Schmuck

___ Das RJM besitzt eine große Sammlung von Kleidern und Schmuck aus der ganzen Welt.

Von den vielen schönen Stücken möchte ich ein ganz Besonderes herausgreifen und etwas genauer betrachten. Schon von Weitem strahlt er gelb und rot, der große, fast drei Meter breite **Federmantel** aus Hawaii. Erst aus der Nähe sehen wir, was sich hinter den Farben verbirgt: Es sind unzählige kleine Federn, die kunstvoll zu einem Umhang ineinander verwoben wurden. Dieser prachtvolle Umhang wurde zu Beginn des 19. Jahrhunderts für einen der letzten Könige von Hawaii angefertigt. Das Knüpfen solcher Federmäntel war Männersache, und getragen wurden die Mäntel auch nur von Männern, genauer gesagt: von adeligen Männern.

Zunächst musste ein Netz geknotet werden, in das die kleinen Federn büschelweise eingefügt wurden. Hunderttausende gelber und roter Federn wurden hier verarbeitet. Die gelben Federn stammten von einem kleinen Vogel mit dem Namen Honigsauger. Der hatte nur einige wenige dieser gelben Federn am Schwanz. Nachdem sie dem Vogel ausgerupft worden waren, wurde er wieder freigelassen. Die Vögel aber, bei denen die roten Federn wuchsen, muss-

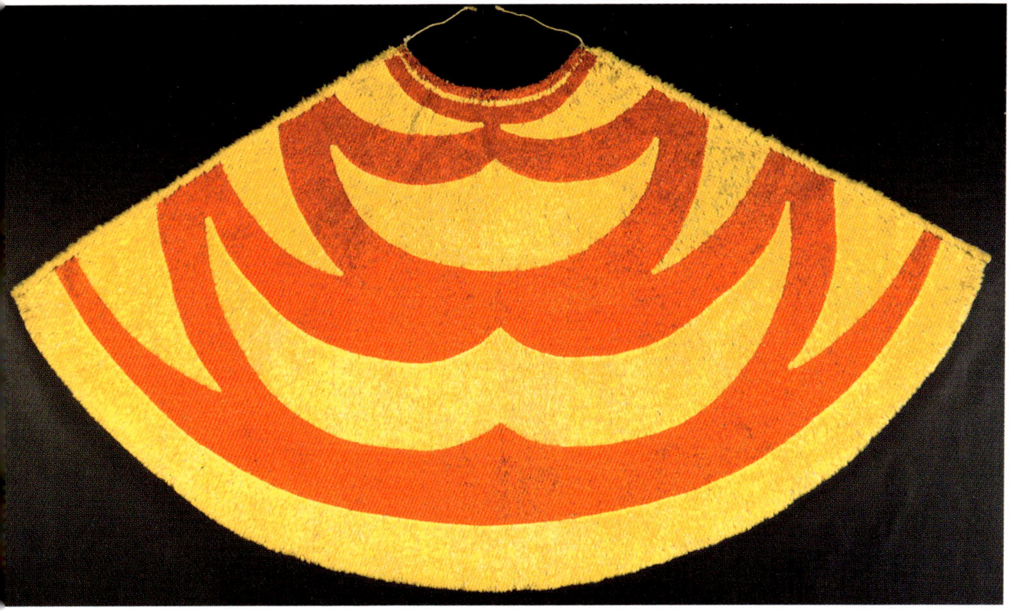

Federmantel, um 1820, Hawaii

ten sterben, da sie ihres kompletten Federkleides beraubt wurden. Beide Vogelarten gelten heute als ausgestorben.

Kunst und Religion

___ Die existenziellen Fragen nach dem Ursprung und Sinn des Lebens, nach dem, was nach dem Tod kommt, nach Moral und danach, was gut und böse ist, diese Fragen beschäftigen alle Menschen gleichermaßen. Die Antworten auf diese Fragen suchen die Menschen in den unterschiedlichen Religionen. Bildwerke und kunstvolle Objekte dienen der Sichtbarmachung und Begreifbarkeit der irrationalen, religiösen Ebene. Religion und Glauben haben viele Kunstobjekte hervorgebracht – ich möchte fast sagen, die meisten.

Schauen wir uns zum Beispiel die Sammlung der buddhistischen und hinduistischen Skulpturen an.

Der über tausend Jahre alte, steinerne **Buddhakopf** kann uns viel über Buddha und die buddhistische Lehre erzählen. Und das Faszinierende daran ist, dass wir dazu keine Fachliteratur lesen, sondern einfach nur diesen Kopf anschauen müssen.

Wir schauen in ein breitwangiges Gesicht mit gleichmäßigen Zügen, ebenfalls gleichförmigen Haarlocken und vollen Lippen. Die Augen sind ganz oder fast geschlossen. Ein leichtes Lächeln verbreitet den Eindruck einer tiefen Zufriedenheit. Dieser Buddha ist in sich ruhend, zufrieden, unaufgeregt und kennt keinen Stress. Dieser einzelne Kopf verdichtet die buddhistische Lehre, und wir können allein über die Betrachtung und Anschauung der Skulptur den

Kern des Buddhismus spüren und erkennen. (Wer noch mehr über den Buddhismus erfahren möchte, kann im Kapitel zum Museum für Ostasiatische Kunst weiterlesen.)

Und wie ist das mit dem **Elfköpfigen Bodhisattva**? Wenn wir die Figur genau betrachten, können wir auch hier viel über den Dargestellten erfahren. Dieser Bodhisattva hat elf Köpfe, 42 Arme und Hände. Er sieht alles und kann – im wahrsten Sinne des Wortes – überall eingreifen. Die im Kreis aufgespannten Arme wirken wie ein Schutzschild. Zehn der elf Gesichter schauen freundlich, strahlen Zuversicht und Trost aus. Für die Tibeter ist der Bodhisattva der Schutzpatron ihres Landes. Er hilft den Menschen und versucht ihr Leiden zu verringern. Die vergoldete Statue fasziniert auch durch ihren Glanz und die kostbare Gestaltung und vermittelt dem Betrachter etwas Zauberhaftes und Übernatürliches.

Das geht uns alle an: Tod und Jenseits

___ Wer kann sich diesem Thema schon entziehen? Spannend ist jedoch, wie die einzelnen Gruppen und Völker mit dem Tod umgehen. Die meisten Menschen glauben an ein irgendwie geartetes Weiterleben im Jenseits. Die Maori aus Neuseeland schicken die Seelen ihrer Verstorbenen mit einem **Totenboot** in das Reich der Vorfahren. Die Sicán, ein Volk, das im 10. Jahrhundert in Peru lebte, schmückten ihre Verstorbenen kostbar aus, wie beispielsweise mit der goldenen **Totenmaske**. Sie stellten sich das Jenseits ähnlich wie das Diesseits vor. Kostbarer Schmuck würde hier wie dort die Menschen zieren und schmücken.

Oft spielen die Ahnen eine wichtige Rolle. Sie sollen die Verstorbenen schützen und ihre Seelen in das jenseitige Reich aufnehmen. Das **Opfergestell** von der Insel Leti in Indonesien zeugt von dieser Vorstellung. Dargestellt ist die Urmutter einer kleinen Volksgruppe, die wir uns als Großfamilie vorstellen können. Die Verwandten legten Opfergaben in den kleinen Kasten, um die Urahnin freundlich zu stimmen, damit sie die Seelen der Verstorbenen gut ins Jenseits geleite. Es scheint so, als ob aus dieser Urahnin Zweige erwachsen. Sie ist die Wurzel des Lebensbaumes der Familie.

Sehr beeindruckend ist auch der **Weiße Stier**, der als Sarg für einen Brahmanen (= Priester und Gelehrter im Hinduismus) angefertigt wurde. Dieser aufwendig gestaltete Sarg wäre, wenn er nicht im Museum gelandet wäre, mit dem Toten verbrannt worden.

Wir sehen, wie unterschiedlich in den einzelnen Völkern und Religionen die Toten bestattet werden.

Aber eines ist allen gemeinsam: Alle wünschen ihren Verstorbenen einen guten Start in das jenseitige Leben und erhoffen sich den Schutz der Verstorbenen in der Zukunft.

Rituale gibt es überall auf der Welt

___ Hinter jedem Ritual steckt die Frage, ob es bestimmte Handlungen von Menschen gibt, die das Übernatürliche oder Göttliche beeinflussen können. Die einen versuchen es mit Tanzen, andere mit Gottesdiensten und Gebeten, Opfergaben oder Feiern, Verkleidungen oder Maskierungen. Mit Masken soll beispielsweise das Böse abgewehrt oder Schutz von Göttern oder Ahnen erbeten werden. Hinter Masken kann man sich verstecken, mit einer Maske kann man jemand anderes sein.

Das RJM besitzt eine umfangreiche und beeindruckende Sammlung von Masken aus Ceylon (heute Sri Lanka). Es sind circa 275 Stück. Schauen wir uns eine etwas genauer an: Die sagenhafte **Maske der achtzehn Krankheitsdämonen**. Sie soll vor Krankheiten schützen. Hinter der Maske verbirgt sich eine Sage, die ich kurz erzählen möchte. Wir befinden uns im 5. Jahrhundert v. Chr. in der ceylonesischen Stadt Visala. Dort regiert König Sankapal. Durch üble Nachrede wird der König dazu verleitet, seine hochschwangere Frau hinrichten zu lassen. In dem Moment, als die Königin getötet wird, gebärt sie ihren Sohn Maha Kola, der fortan auf dem Friedhof unter Dämonen aufwächst und sich von Leichen ernährt. Eines Nachts erzählen ihm die Dämonen die Geschichte seiner Mutter, und er schwört Rache. Er formt achtzehn Bälle aus Gift, wirft sie im Palast seines Vaters auf den Boden. Im selben Moment werden aus den Giftbällen achtzehn krankheitsbringende Dämonen. Zusammen mit ihnen verursacht der Prinz fortan großes Leid, Krankheit und Tod im ganzen Land. Die Maske zeigt uns in der Mitte den Leichen verzehrenden Maha Kola, umgeben von seinen achtzehn Dämonen, eingerahmt von Kobras, deren Gift er für die achtzehn Bälle verwendete.

Zum Schluss noch ein Tipp

___ Im großen Museumsgebäude befindet sich auch das **Juniormuseum**, das vom RJM bestückt und vom Museumsdienst geführt wird. Dort geht es um das Erwachsenwerden von Kindern, um die Jugendzeit und um die Aufnahmeriten der Kinder in die Erwachsenenwelt. Dieser Vorgang wird an den verschiedenen Orten der Welt unterschiedlich gefeiert beziehungsweise begangen. Hier können wir uns anschauen, wie zum Beispiel in Japan, Nordamerika, Sierra Leone oder Deutschland Jungen zu Männern und Mädchen zu Frauen werden.

1910

Museum Schnütgen

Alles Mittelalter!

Das mittelalterliche Köln

___ Das Museum Schnütgen gehört zu den älteren Kölner Museen und beheimatet die mittelalterliche Kunst. Man könnte auch sagen: Es ist ein Spiegel des Mittelalters. Ein Besuch im Museum Schnütgen gleicht einer Zeitreise in die große Vergangenheit Kölns. Vergessen wir nicht: Köln war im Mittelalter eine der bedeutendsten Metropolen nördlich der Alpen.

Das Herzstück vom Museum Schnütgen ist die romanische Kirche Sankt Cäcilien aus der Mitte des 12. Jahrhunderts. So können die mittelalterlichen Ausstellungsstücke gemeinsam mit der ebenfalls mittelalterlichen Architektur eine fast vollkommene Einheit bilden.

Bei unserem Rundgang durch das Museum tauchen wir ein in eine Welt von tiefem Glauben an die Existenz der Heiligen, von lebendigen Vorstellungen von Himmel und Hölle und in eine Welt der großen Kunstfertigkeiten. Wir treffen auf eine der schönsten und reichsten Mittelaltersammlungen in ganz Europa.

Wieso das Museum *Schnütgen* heißt

Alexander Schnütgen (1843–1918)

___ Wie so oft in Köln hatte einmal mehr ein spezieller Sammler und Kunstkenner im wahrsten Sinne des Wortes seine Hände im Spiel: Alexander Schnütgen. Mit seinen bloßen Händen soll er die Dachböden und Speicher der Kirchen Kölns und der Umgebung durchwühlt haben, immer auf der Suche nach alten religiösen Kunstschätzen. Alexander Schnütgen wurde 1843 nahe Essen geboren. Mit 23 Jahren kam er nach Köln, wurde hier zum Priester geweiht und zunächst Domkaplan, später sogar Domkapitular. Damit gehörte er zu den wichtigsten Kirchenmännern in Köln. Im Laufe seines Lebens wurde er zu einem anerkannten Kunstkenner und zu einem großen Kunstliebhaber. Seine Sammelleidenschaft kannte keine Grenzen. Er kaufte auf Versteigerungen, fragte bei Privatpersonen nach alten Kunstobjekten und war immer auf der Suche. Seine Sammlung umfasste Skulpturen des Mittelalters, Kirchenmöbel, ganze Chorgestühle, Gewänder, Gemälde und vieles mehr.

1918 starb Alexander Schnütgen. Wenn wir uns seine Porträts anschauen, dann sehen wir einen lebensfrohen und fröhlichen Menschen, der offensichtlich auch den leiblichen Genüssen nicht abgeneigt war.

Über 100 Jahre Museum Schnütgen

___ 1906 bot Schnütgen die Sammlung der Stadt Köln an, allerdings mit der Bedingung, dass sie ein Museumsgebäude bauen müsste. 1910 war es dann so weit: Die Sammlung wurde in einem angegliederten Bau des bereits seit 1888 existierenden Kölner Kunstgewerbemuseums (= Vorgänger des heutigen Museums für Angewandte Kunst) am Hansaring ausgestellt. Als 1932 die Kölner Sammlungen neu sortiert wurden – das Wallraf-Richartz-Museum erhielt alle Gemälde, das Museum Schnütgen alle Skulpturen –, zog das Museum Schnütgen ins alte Heribertkloster in Köln-Deutz um, jedoch nur für kurze Zeit. Denn 1939 wurden die Kölner Museen wegen des Kriegs geschlossen. 1956 wurde das Museum Schnütgen in der romanischen Kirche Sankt Cäcilien als erstes der Kölner Museen wieder eröffnet.

Mit dem Neubau des Kulturzentrums am Neumarkt, in dem sich auch das Rautenstrauch-Joest-Museum – Kulturen der Welt befindet, erfährt das Museum Schnütgen eine wirklich notwendige und gewinnbringende Erweiterung.

Begegnung mit Maria, Jesus und den Heiligen

___ Wir betreten das Museum Schnütgen durch den dunkelrotbraun verklinkerten Neubau, der nun den gemeinsamen Eingangsbereich für das Rautenstrauch-Joest-Museum – Kulturen der Welt und das Museum Schnütgen beheimatet.

Von hier aus führt uns der Weg durch zwei neue große Ausstellungssäle, die die Verbindung des neuen mit dem alten Gebäude markieren, dann durch einen leicht verdunkelten Raum, der früher als Foyer diente, bis hin zum Ausstellungsbereich in der alten Basilika Sankt Cäcilien.

Steinerne Zeugen des 12. Jahrhunderts

___ Der erste Saal empfängt uns mit alten romanischen Steinskulpturen, unter anderem dem **Tympanon von Sankt Cäcilien** und der **Siegburger Madonna**. Beide Stücke sind um 1160 entstanden und gehören damit zu den ältesten Steinplastiken, die wir in Köln sehen können.

Das Tympanon hing ursprünglich über dem Nordportal der romanischen Kirche. Die heilige Cäcilie, Namenspatronin der Kirche, empfing die Gläubigen, wenn sie die Kirche betraten. Dabei wurden sie an das Schicksal der Heiligen erinnert. Cäcilie musste genauso wie ihr Ehemann und dessen Bruder, die wir rechts und links von Cäcilie erkennen können, den Märtyrertod sterben. Wenn man sich die Rückseite des Tympanons anschaut, erfährt man einiges über die Herkunft diese Reliefs. Es wurde aus alten römischen Steinplatten zusammengesetzt, wie man unschwer an einer rückseitigen römischen Grabinschrift erkennen kann – heidnische Steine im christlichen Dienst.

Das Tympanon mit der heiligen Cäcilie empfing die Gläubigen, wenn sie die Kirche betraten. Das Relief wurde aus alten römischen Steinplatten zusammengesetzt – heidnische Steine im christlichen Dienst.

Die Siegburger Madonna heißt so, weil der Stein bei Restaurierungsarbeiten an der Siegburger Abteikirche *Sankt Michael* entdeckt wurde. Dort war er früher einmal als normales Baumaterial verbaut worden, sodass man ihn nicht mehr sehen konnte. Heute gilt sie als eine der bemerkenswertesten Steinskulpturen des 12. Jahrhunderts. Maria ist frontal auf den Betrachter ausgerichtet, so wie es in dieser Zeit üblich war. Hinter ihr scheint ein geflügeltes, tierisches Wesen zu kauern. Vielleicht war dieser Stein früher einmal der Teil einer Rückenlehne von einem Abtstuhl?

Die Parlerbüste

___ Im zweiten Saal hängt leicht erhöht die Parlerbüste. Auf ihrem Kopf befindet sich ein Podest aus Pflanzenranken für eine Statue. Vermutlich stand dort früher eine Marienstatue. Diese Büste wurde um 1390 von einem Bildhauer gearbeitet, der aus einer sehr berühmten Baumeister- und Bildhauerfamilie kam. Es war die Familie Parler. Deren Mitglieder waren an vielen Bauwerken im östlichen Europa beteiligt. Die Parlers arbeiteten auch in Köln und wirkten an den Figuren des Petersportals am Dom mit. Der Meister der Parlerbüste war vermutlich **Heinrich Parler d. Ä.** Er schuf ein lebensnahes, feines und liebliches Frauengesicht, das sich von den sonst so einheitlichen und

Parlerbüste, um 1390, Köln

gleichmäßigen Gesichtern der Kölner Büsten deutlich unterscheidet. Es könnte vielleicht nach dem Vorbild einer wirklich lebenden Frau angefertigt worden sein. Auch die Schnitzerei in den Blättern und Ranken über dem Gesicht sind eine herausragende künstlerische Arbeit.

Farbige Erzählungen auf Glas

___ Zur Ausstattung von Kirchen und Klöstern gehörten immer auch farbige Fenster. Das Museum Schnütgen besitzt einige hervorragende Glasscheiben aus dem Mittelalter und der Renaissance.

Schauen wir uns ein paar Fenster an, die aus Altenberg stammen. Ursprünglich war mit diesen Scheiben der Kreuzgang des Altenberger Klosters verglast gewesen. Anfang des 19. Jahrhunderts, als das Kloster nicht mehr von Mönchen bewohnt wurde, wurden die Glasscheiben aus dem Kreuzgang ausgebaut. Einzelne Scheiben gelangten nach England und Amerika, und einige kamen über verschiedene Sammler schließlich in das Museum Schnütgen.

Der heilige Bernhard war für viele Gläubige ein großes Vorbild – vor allem weil er nicht nur predigte, sondern selbst danach lebte.

Die Glasscheiben aus Altenberg erzählen vom Leben und Wirken des heiligen Bernhard. Bernhard wird hier unter anderem gezeigt, wie er auf einer Reise durch Deutschland für den Kreuzzug warb und predigte. Immer wieder soll es damals passiert sein, dass er auf wunderbare Weise Kranke heilte oder Tote wieder zum Leben erweckte. Auf den Scheiben sieht man Figuren mit ausdrucksstarken Gesichtern und Gesten und mit naturalistischen Pferde- und Landschaftsdarstellungen. Die Fenster entstanden zwischen 1520 und 1530, sind also typische Renaissanceglasmalereien.

Bernhard von Clairvaux – ein vorbildhafter Prediger

Der heilige Bernhard von Clairvaux (um 1090 bis 1153) war eine der faszinierendsten Persönlichkeiten des Mittelalters. Als junger Mann trat Bernhard in den Orden der Zisterzienser ein, den er fortan maßgeblich prägte. Die Zisterzienser wollten das Mönchsleben wieder zu seinen ursprünglichen Aufgaben zurückführen: Arbeiten und beten! In vielen Klöstern dieser Zeit hatte das Leben nicht mehr viel mit Armut, Demut und auch nicht mit Keuschheit zu tun. Die Zisterzienser waren ein strenger, aber auch ein überaus fleißiger und erfindungsreicher Orden. Sie machten aus Sümpfen

Marmorfiguren vom Hochaltar aus dem Dom

___ Die kleinen Marmorfiguren gehörten ursprünglich zum Kölner Dom. Dort waren sie Teil des Hochaltars. Sie standen an den Seiten um den großen Altarblock herum.

Als sie im 18. Jahrhundert nicht mehr gefielen und der Hochaltar in der damals modernen, barocken Form umgestaltet wurde, mussten die Marmorfiguren weichen. Niemand anderes als Wallraf erwarb die Figuren für seine Sammlung.

Zu den schönsten Darstellungen gehören die **Heiligen Drei Könige**. Sie sind so lebendig und erzählfreudig dargestellt, dass man sich die Szene der Anbetung lebhaft vorstellen kann.

Denn nach dieser Darstellung ging es gar nicht still und andächtig zu. Nein, da spielt das Jesuskind mit seinen Gästen und greift voller Lust und Neugierde in das Gefäß mit den Goldmünzen.

Spezielles Klima für spezielle Stoffe

___ Im alten Foyer, dass nun zu den neuen Sälen mit großen Durchgängen geöffnet ist, werden uns Werke präsentiert, die man selten zu sehen bekommt. Das hat etwas mit ihrer Beschaffenheit zu tun. Sowohl alte Kleider und Gewänder als auch alte Handschriften und Bücher sind sehr licht- und luftempfindlich.

Deshalb herrschen in diesem Raum spezielle klimatische Bedingungen, die uns einen Blick auf die außergewöhnlichen Schätze ermöglichen. Darunter befindet sich auch die **Kasel des heiligen Anno**, ein kostbares Messgewand aus byzantinischer Purpurseide, um 1000 entstanden, das dem heiligen Anno mit ins Grab gelegt worden sein soll.

Bauland, bauten fantastische Kirchen und waren in der Fischzucht sowie dem Anbau von Nutzpflanzen sehr erfolgreich.

Bernhard war aber nicht nur ein Reformer des Klosterlebens, sondern auch politisch sehr aktiv. Er beriet die französischen Könige und warb intensiv für die Kreuzzüge, bei denen die Christen ins Heilige Land zogen, um dort heilige Stätten zu erobern.

Bernhard war für viele Gläubige ein großes Vorbild – vor allem weil er nicht nur predigte, sondern selbst danach lebte.

(i)

So viele Madonnen!

___ Wenn wir nun auf unserem Weg in das linke, nördliche Kirchenschiff gelangen, dann stoßen wir auf eine große Ansammlung von Madonnen mit Jesuskindern. Eine besonders schöne davon möchte ich hier stellvertretend herausgreifen und vorstellen: die **Muttergottes mit dem Bergkristall**. Ihren Namen bekam die Marienfigur von dem großen Bergkristall, der auf ihrer Brust angebracht ist. Einen etwas kleineren Kristall finden wir auf der Brust des Jesusknaben und viele weitere kleine Edelsteine auf den Bordüren der Gewänder. Außerdem wurden die Gewänder vergoldet, sodass uns die Muttergottes mit dem Knaben in prunkvoller Kleidung gegenübersitzt. Maria sitzt auf einem breiten Thron und lächelt uns an. Sie sitzt ganz gerade, frontal ausgerichtet. Sogar die Falten ihres Umhangs hängen symmetrisch geordnet hinunter.

> Maria ist die Vermittlerin zwischen den Gläubigen und Gott. Sie wird um Hilfe gebeten, ihr werden geheime Wünsche und Sorgen anvertraut, sie ist dem Gläubigen sehr nahe.

Immer schön die Fassung bewahren (i)

Auf dem kleinen Schild hinter der Muttergottes steht unter anderem geschrieben: *Eiche, Nussbaum.* Stehen wir also vor einer Holzskulptur? Im Kern stimmt das, und zwar im wirklichen Kern. Denn die Skulptur wurde aus Holz geschnitzt. Aber die oberste Schicht, der äußere Anschein, hat wenig mit Holz zu tun. Denn über dem Holz trugen die Handwerker noch eine Schicht aus Gips auf, um Fehler oder Risse im Holz zu verkitten. Dann imprägnierten sie die Figuren mit einer Leimlösung. Anschließend überzogen sie diese mit einer Mischung aus Kreide und Lehm, um Kleinigkeiten, wie Haarlocken, Augenlider, Fingernägel oder Stoffbordüren feiner ausformen zu können. Zum Schluss kamen die Farben. Dies alles war die sogenannte *Fassung,* und die Handwerker wurden die *Fassmaler* genannt. Alle mittelalterlichen Skulpturen waren farbig und manche wurden sogar von Goldschmieden vergoldet und mit Edelsteinen besetzt.

Wenn wir uns nun die *Muttergottes mit dem Bergkristall* noch einmal genau anschauen, können wir erkennen, wie vielfältig die Arbeiten an einer solchen Marienskulptur waren und wie Bildhauer, Fassmaler und Goldschmiede Hand in Hand arbeiteten.

Muttergottes mit dem Bergkristall, um 1220/1230, Köln (Fassung aus der 1. Hälfte des 14. Jahrhunderts)

Ihr Sohn macht es ihr nach. Auch er schaut uns direkt an. Auch sein Gewand ist gleichmäßig gestaltet. Mit seiner rechten Hand segnet er den Betrachter. Seine linke ruht auf einem Apfel, den seine Mutter hält. Warum ein Apfel? Und warum hält Maria gleich in jeder Hand einen Apfel? Um die Fragen zu beantworten, müssen wir in die Symbolwelt des Mittelalters abtauchen. Der Apfel deutete einerseits auf das Paradies hin und darauf, dass Maria und Jesus die Menschen von den Sünden erlösen sollten, die Adam und Eva seinerzeit auf sich geladen hatten, als sie verbotenerweise den besagten Apfel gegessen hatten und umgehend aus dem Paradies vertrieben worden waren. Andererseits war der Apfel immer ein Symbol der Herrschaft, so der Reichsapfel. Wenn auch nicht für uns, so war diese Symbolsprache für die Menschen damals leicht zu verstehen. Die thronende Muttergottes mit dem Bergkristall weist einerseits auf die Weltherrschaft ihres Sohnes hin, andererseits auf seinen Opfertod, mit dem er die Menschen von ihren Sünden erlöste. Neben aller Symbolhaftigkeit sehen wir hier eine prunkvolle, zugleich sehr liebevolle, nahe Muttergottes, die zu den schönsten Goldschmiedearbeiten ihrer Zeit zählt.

Viel verehrt und viel gehandelt: Die heilige Ursula

___ Die heilige Ursula hat in Köln einen ganz besonderen Stellenwert. Der Legende nach war sie eine besonders schöne Prinzessin aus der Bretagne, die vom englischen König als Frau für seinen Sohn ausgesucht worden war. Ursula aber wollte den englischen Prinzen nur heiraten, wenn dieser sich taufen ließe. Außerdem wollte sie mit elf Jungfrauen nach Rom reisen, um sich dort vom Papst segnen zu lassen. Als der Prinz einwilligte, zog Ursula mit ihrem Gefolge nach Rom. Immer mehr Menschen schlossen sich ihr an und ließen sich taufen. Die römischen Herrscher sahen das mit Sorge. Als Ursula auf ihrer Rückreise von Rom nach Köln kam, wurde sie gemeinsam mit ihrem Ge-

Warum gibt es so viele Mariendarstellungen?

Marienbilder gehören zu den häufigsten Darstellungen in der christlichen Kunst. Woher kommt diese besondere Stellung? Maria ist eine greifbare Person, anders als Gott. Sie ist die Gottesmutter und spricht in den Menschen die intimen und herzlichen Muttergefühle an. Sie ist aber auch die Himmelskö-nigin und Jungfrau. Maria ist die Vermittlerin zwischen den Gläubigen und Gott. Sie wird um Hilfe gebeten, ihr werden geheime Wünsche und Sorgen anvertraut, sie ist dem Gläubigen sehr nahe.

In den früheren mittelalterlichen Darstellungen (bis circa 1230) wurde Maria frontal

folge von Hunnen ermordet, die von den Römern zu dieser Tat angetrieben worden waren. Dies alles erzählt uns die Legende. Historische Quellen geben uns keinerlei Hinweise dazu, dass es die heilige Ursula wirklich gegeben hat. Die Legende ist aus unterschiedlichen Ereignissen und Erzählungen so zusammengesetzt worden, wie sie im Mittelalter publik wurde. Aber der Wahrheitsgehalt der Legende hat die Menschen damals wenig interessiert. Sie kamen von überall her, um in Köln zu der Heiligen zu beten und *Reliquien* der Ursula oder ihrer Begleiterinnen zu kaufen. Besonders die Ursulareliquiare, die *Verpackungen* der Knochen, waren ein großer Verkaufsschlager. Das waren meist Holzbüsten, die entweder über ein Türchen im Rücken oder einen aufklappbaren Kopf zu öffnen waren. Manchmal konnte man auch von vorn durch eine Öffnung die Reliquien sehen. Die Holzbüsten, deren Gesichter sich immer ähneln (hohe Stirn, breite Wangen, schmale Nase und kleiner Mund), wurden mit leuchtenden Farben angemalt und mit Gold verziert.

Mehr als nur ein Kamm zum Kämmen

___ Wenn wir rechts und links die Madonnen und Ursulabüsten passiert haben, dann gelangen wir nördlich des Kirchenchors zu ein paar Stufen, die uns in einen kleinen dunkleren Raum führen: die Schatzkammer. Hier werden wertvolle Kelche, Kreuze und allerlei Kirchengerät gezeigt: die liturgischen Geräte für den Gottesdienst und die Messfeier.

Mitten im Raum steht eine Vitrine mit einem der schönsten Werke des Museums: dem **Kamm des heiligen Heribert**! Wie dieser Kamm in den Besitz von Heribert gekommen ist, ist nicht ganz geklärt. Jedenfalls erkennen wir schnell, dass dieser Kamm mehr ist als nur ein *Werkzeug*, um die Haare zu ordnen. Wir sehen eine kunstvoll geschnitzte Kreuzigungsszene, die von Pflanzenmotiven umgeben ist. Mit diesem besonderen Kamm sollte sein Besitzer

und irgendwie gefühllos gezeigt, mit gleichmäßig verlaufenden Gesichtszügen und Gewandfalten. Auch das Jesuskind saß frontal auf dem Schoß der Mutter, nicht ihr zugewandt, sondern dem Betrachter. Diese romanischen Darstellungen ähnelten noch antiken und byzantinischen Statuen. Mit der Zeit veränderte sich die Mariendarstellung. Die Maria wurde immer bewegter, sowohl innerlich als auch äußerlich. Ihr Körper geriet in Schwung, und sie begann, ihr Kind liebevoll, ihm zugewandt im Arm zu halten.

sich vor dem Gottesdienst nicht nur die Haare kämmen, sondern gleichzeitig – symbolisch – seine Gedanken ordnen.

Großartige Schnitzkunst: Die Meister vom Niederrhein

___ Es ist schon eine ebenso interessante wie faszinierende Erscheinung: Zu irgendeinem Zeitpunkt an irgendeinem Ort treten plötzlich geballt hervorragende Künstler auf die Bildfläche. Meist hängt das mit einem florierenden Handel und mit selbstbewussten Bürgern, die als Auftraggeber wirken, zusammen. Genauso war es am Niederrhein in der Zeit von 1480 bis circa 1550.

Gehen wir noch einmal zurück in das Kirchenschiff. Dort treffen wir auf einige schöne Kunstwerke der niederrheinischen Schnitzmeister, wie beispielsweise auf den Unterbau eines Altars aus Kalkar, die sogenannte **Predella**, die dem Bildschnitzer **Arnt van Tricht** (gestorben um 1570) zugeschrieben wird.

Die Vielfalt und die Lebendigkeit sind atemberaubend. Ständig gibt es neue Details zu entdecken. Das ist auch das Geheimnis dieser Schnitzereien: die Detailfreudigkeit und Detailgenauigkeit. Damit zeigt sie das neue Interesse an der Realität, gelöst von der symbolischen Weltsicht des Mittelalters. Die Kalkarer Schnitzereien stehen an der Schwelle zwischen Mittelalter und Neuzeit. Wir können die Mode der Zeit entdecken, wie die Haare getragen wurden, welche Kopfbedeckungen die Damen bevorzugten, wie die Hosen der Männer gehalten wurden und vieles mehr. Wie auf einer Bühne in einem Theater wird hier die Geschichte vom Tod Jesu erzählt. Alles ist dicht gedrängt. Keine Ecke darf frei bleiben. Diese *Angst* vor der freien Fläche wird in der Kunstgeschichte auch als *Horror vacui* bezeichnet.

Nikodemus, 1480/1490, Niederrhein

Dann sollten wir auch noch einen Blick auf den **heiligen Nikodemus** werfen, der ebenfalls vom Niederrhein stammt. Nikodemus war ein angesehener Bürger, der mit Jesus befreundet war. Er trug gemeinsam mit Joseph von Arimathea den Leichnam Jesu in das Felsengrab.

Dieser Nikodemus, wie er so mit seinen gefalteten Händen und in der eleganten, schwungvollen Haltung dasteht, hat etwas Provozierendes und Anziehendes an sich. Ist es der fast schon übertrieben zur Seite gewendete Kopf mit dem vielschichtigen Gesichtsausdruck und der wilden Lockenpracht, die unter der Beutelmütze herausschaut? Oder ist es seine Haltung mit dem deutlich vorgeschobenen Knie und dem spitzen Schuh, der unter dem Gewand hervorlugt? Irgendwie wirkt er in sich zurückgezogen und nachdenklich, aber gleichzeitig entsteht der Eindruck, als ob dieser Nikodemus mit uns flirten möchte.

Gleich geht die Prozession los!

___ Im mittleren Kirchenraum ist eine etwas sonderbare, sehr echt wirkende Figur des **Christus auf dem Palmesel** zu sehen. Um 1500 entstand dieses Werk für die Pfarrkirche Sankt Kolumba. An wichtigen Kirchentagen veranstalteten die Gläubigen im Mittelalter besonders gern Prozessionen durch ihre Gemeinde. Dabei gingen sie singend und betend durch die Straßen. Am Palmsonntag zogen sie ihren Christus auf dem Palmesel hinter sich her. Er sollte möglichst lebendig wirken. Und tatsächlich sehen wir auf den Füßen und Händen Jesu sogar die Adern durch die Haut scheinen.

Tod und Teufel: Barocke Schnitzereien

___ Wie schön gruselig und skurril sind doch diese kleinen Kostbarkeiten! Unter der Empore im Westen der Kirche finden wir ein Kabinett mit kleinen barocken Darstellungen von Tod und Teufel. Dort können wir ein Skelett mit Umhang sehen, das in der rechten Hand eine Sense und in der linken eine Grabplatte hält, einen richtigen *Sensenmann*. Oder wir stehen staunend vor einem tanzenden Tod, der in Ekstase zu sein scheint. Das gruseligste kleine Kunstwerk ist aber das **Skelett** im Minisarkophag. Ein langsam verwesender Leichnam wird von allerlei Getier zerfressen. Dazu stellt die kunstvolle Anfertigung aus Elfenbein und Ebenholz einen sehr merkwürdigen Kontrast dar. Solche Bildwerke dienten der Ermahnung, dass der Tod stets eintreten könne. Die Lebenden sollten erinnert werden, dass alles Leben vergänglich ist und ein Ende hat. Könnte unser Rundgang durch das Museum Schnütgen einen passenderen Abschluss finden?

1913

Museum für Ostasiatische Kunst

Ein Haus für den unbekannten fernen Osten

Ein Ort der Ruhe

___ Wenn wir den großen Eingangsbereich des Museums betreten, spüren wir sofort ein Gefühl der Ruhe und Gelassenheit. Das mag an den klaren Formen der Architektur liegen oder an den freundlichen Mitarbeitern des Museums. Oder liegt es an dem Innengarten und dem Ausblick auf den See? Ein Teil des Foyers wird als Café genutzt. Dort sitzen auch Leute, die nicht das Museum besichtigen, sondern nur diesen Ort der Ruhe suchen. Während man auf der einen Seite durch die großen Glasscheiben die Autos auf der Inneren Kanalstraße vorbeirauschen sieht, kann man auf der anderen Seite Joggern zusehen, die unmittelbar vor dem Museum über einen Steg laufen und den Aachener Weiher umrunden. Und wenn es warm ist, kann man draußen sitzen.

1977 wurde der Museumsbau am Aachener Weiher eröffnet. Der japanische Architekt Kunio Maekawa (1905–1986) hat ihn entworfen. Der Bau ist streng und klar gegliedert, die Grundformen sind Quadrate und Rechtecke. Bereits im 17. Jahrhundert wurde in Japan rechtwinklig und klar gebaut. Ganz anders war das damals im barocken Europa, wo es möglichst schief und wuchtig, verspielt, verdreht und undurchsichtig sein sollte. Auch die Verbindung von Architektur und Natur war damals in Europa und Japan grundverschieden. Die Gärten mit ihren Pflanzen und Wasserelementen wurden in Japan stets als Teil der Architektur angesehen. In Europa waren es eigenständige Gestaltungsräume.

Hier begegnen wir also einem Museumsgebäude, dass uns die japanische Baukunst widerspiegelt. Die großen Glasscheiben, die den Blick nach draußen freigeben, und der innenliegende, ebenfalls verglaste Innenhof lassen eine Durchdringung von draußen und drinnen entstehen. Architektur und Natur werden als Einheit verstanden. Den Innenhof mit den Steinen, dem Wasser und den flach geschnittenen Bäumen hat Masayuki Nagare (geboren 1923) gestaltet. Mit diesem Museum für Ostasiatische Kunst (kurz: MOK) ist ein wunderbarer, stiller Ort in der Tradition der japanischen Baukunst entstanden.

Die Sammlung

___ Wie auch in vielen anderen Kölner Museen war der Ursprung und Anfang des Museums eine Privatsammlung. Die Sammler waren das Ehepaar Adolf Fischer (1857–1914) und Frieda Bartdorff (1874–1945). In der damaligen Zeit waren Sammlungen mit ostasiatischen Kunstwerken selten, weshalb das 1913 gegründete Kölner Museum für Ostasiatische Kunst auch das erste seiner Art in Deutschland war.

Adolf Fischer stammte aus einer reichen Familie. Zunächst widmete er sich der Schauspielerei. 1892 machte er eine Weltreise und kam zum ersten Mal nach Japan. Daraufhin hängte er seinen Schauspielberuf an den Nagel und wurde Privatgelehrter für die Kunst des fernen Ostens. Seine Frau Frieda Bartdorff teilte sein Interesse und begleitete ihn auf den damals noch abenteuerlichen Reisen nach Asien, von denen sie viele Kunstwerke mitbrachten. Die so entstandene Sammlung war der Grundstock des MOK, das 1913 am Hansaring eröffnet wurde.

Im Zweiten Weltkrieg wurde der Museumsbau zerstört. Es dauerte eine Weile bis die Sammlung ihre neue Heimat an dem heutigen Standort fand. Mit einigen hochrangigen Stiftungen und Privatsammlungen, die im Laufe der Zeit dazukamen, präsentiert sich das MOK heute mit einer wertvollen, seltenen Sammlung. Sie umfasst, Kunst und Kunsthandwerk aus China, Japan und Korea. Von China aus gelangten Stile, Techniken und Erfahrungen über Korea nach Japan. Korea war ein Vermittler zwischen der Kultur und Kunst Chinas und Japans. Auch wenn wir viele Gemeinsamkeiten entdecken können, so haben sich die Kunststile in diesen drei Ländern doch sehr unterschiedlich entwickelt.

Die Kölner Sammlung ist stets im Wandel, denn auch aus Platzgründen werden die ausgestellten Werke immer wieder verändert und ausgetauscht.

Skulpturen und Malereien aus Japan, China und Korea

Buddhistische Skulpturen aus Japan

___ Die japanische Kunst war anfangs stark von der chinesischen beeinflusst.
Die Künstler übernahmen die Techniken und Darstellungsformen der Chinesen. Aber mit der Zeit entwickelte sich ein ganz eigener Stil in der japanischen Kunst. Die großen Skulpturen, denen wir zu Beginn des Rundgangs durch die Sammlung begegnen, zeigen uns die charakteristische japanische Ausdruckskraft.

Als Erstes treffen wir auf den **Flötespielenden Göttervogel**. Vor uns steht ein riesenhaftes Fantasiewesen mit einem menschlichen Körper mit Adlerkopf.

Holzstatue des Priesters Eizon, 1. Hälfte des 16. Jahrhunderts, Japan

Der sogenannte *Garuda*, den wir hier als Kopie aus dem 19. Jahrhundert nach einem Original aus dem 13. Jahrhundert sehen, ist in der asiatischen Mythologie der Götterbote. Menschennah und übermächtig zugleich, einerseits sehr groß und furchteinflößend, andererseits friedlich musizierend, ist er ein zwiespältiges Wesen, halb Gott, halb Mensch. Interessant ist auch die Parallele zu den antiken Göttern. Spielt der antike Götterbote Hermes nicht auch Flöte?

Schauen wir uns nun die sitzende **Holzstatue des Priesters Eizon** an. Eizon (1201–1290) war ein buddhistischer Priester und gleichzeitig Begründer einer eigenen buddhistischen Schule. Es gab viele solcher Priester, die alle den Buddhismus ein wenig anders auslegten und daraus ihre eigenen Rituale und Regeln ableiteten. Weil diese Priester sehr verehrt wurden, fertigte man lebensechte Statuen an, um sie auf diese Weise anzubeten. Die Statue aus dem 16. Jahrhundert im Kölner Museum ist die Kopie einer Darstellung aus dem 13. Jahrhundert, also aus der Zeit, als Eizon lebte. Sie soll ein tatsächliches Abbild des Priesters sein. Wir sehen einen Mann, der Ruhe und Gelassenheit ausstrahlt und den Betrachter zur Meditation anregt.

Ganz anders ist der **Weltenhüter** aus dem 12. Jahrhundert. Keine Spur von Gelassenheit, dieser Mann ist wütend und furchteinflößend. Er hält sein Schwert zum Angriff bereit. Den Dämon, der unter ihm liegt, hat er schon besiegt. Die Weltenhüter spielten im Buddhismus eine wichtige Rolle. Sie galten als Beschützer der buddhistischen Lehre. In den Tempeln standen sie in den vier

Buddhismus, Konfuzianismus und Shintoismus

Genauso wie die europäische Kunst maßgeblich durch das Christentum geprägt wurde, so wurde die Kunst Chinas, Japans und Koreas durch den Buddhismus beeinflusst. Allerdings war der Buddhismus nicht als einzige Religion in diesen Ländern von Bedeutung. Da, wo er Einzug nahm, vermischte er sich mit den bereits vorhandenen religiösen Vorstellungen, um entweder parallel zu ihnen zu existieren oder sich zu einer neuen Richtung weiterzuentwickeln.

Der Buddhismus nahm seinen Anfang mit einer Person, einem Erlebnis, einem *Erwachen*. Siddharta Gautama war eine historische Person und lebte vermutlich im 6. und 5. Jahrhundert v. Chr., neuere Forschungen glauben, dass er erst im 4. Jahrhundert v. Chr. lebte. Er stammte aus dem Nordosten Indiens und war adeliger Herkunft. Eines Tages wandte er sich ab von dem wohlbehüteten und gesicherten Leben, das er führte, und wurde Asket. Er verzichtete auf seinen Reichtum und fastete. Sechs Jahre wanderte er durch Indien und übte sich in der Meditation. Der Legende nach fiel er eines Tages unter einem Feigenbaum in eine tiefe Ohnmacht, aus der er weise und geläutert *erwachte*.

Mit *Buddha* wird ein Mensch bezeichnet, der *erwacht* ist, der das Wesen des Menschen erkannt und sich selbst gefunden hat, der seinen Geist vollkommen entfalten und daraus Kraft schöpfen kann.

Seit diesem *Erwachen* wurde Siddharta Gautama *Buddha* genannt, der *Erwachte*. Er lehrte fortan und sprach zu allen Menschen, ob Mann oder Frau, ob reich oder arm, ob gesund oder krank. Das war damals in Indien durchaus nicht selbstverständlich.

Die Lehren von Siddharta Gautama Buddha verbreiteten sich in ganz Ostasien. Im 1. Jahrhundert kamen sie nach China, im 4. nach Korea, im 6. nach Japan. Im Laufe der Zeit entstanden viele verschiedene buddhistische Schulen und Richtungen.

Als der Buddhismus nach China kam, traf er dort auf den älteren *Konfuzianismus*, der auch nach einer realen Person benannt ist. Konfuzius war ein chinesischer Weise und Staatsmann, der von 551 bis 479 v. Chr. lebte. Konfuzius lehrte die Menschen, niemals ihre Gelassenheit zu verlieren. Der Mensch solle nie impulsiv oder spontan handeln, sondern stets überlegt und maßvoll. Er solle nie seine innere Ruhe verlieren. Als der Buddhismus China erreichte, verschmolzen die beiden Religionen miteinander.

In Japan war es ähnlich. Dort verband sich der Buddhismus mit der Shintoreligion, in die wiederum der Konfuzianismus eingeflossen war. Im Shintoismus gibt es außerdem die Vorstellung, dass viele Götter und Geister existieren, und die Ahnenverehrung ist eine grundlegende Verpflichtung der Menschen.

Ecken der vier Himmelsrichtungen. Daher treten sie oft zu viert auf. Unser Kölner Weltenhüter ist wahrscheinlich ein Wächter des Südens. Das kann man aus den Resten der roten Lackierung schließen. Denn jedem Wächter war eine Farbe zugeordnet, und dem Wächter des Südens rot.

Chinesische Malerei und Kalligrafie

___ Nähern wir uns der chinesischen Malerei, stellen wir fest, dass die Vorstellungen von Kunst in der europäischen und in der chinesischen Welt grundverschieden sind. Wir bewerten zum Beispiel Malerei und Plastik gleichrangig. Auch angewandte Kunst wird von uns als künstlerische Leistung angesehen.

Das ist und war vor allem früher in China anders. Gerade die Produkte des Kunsthandwerks wie Ton-, Porzellan-, Seiden- und Lackarbeiten, die wir als chinesische Erfindungen besonders schätzen, galten in China selbst nicht viel. Genauso verhielt es sich mit Plastiken und Skulpturen. Nur die Malerei und die Kalligrafie (= Schönschrift) wurden als Kunstformen anerkannt.

Die chinesische Malerei beschränkt sich meist auf Schwarz-Grau-Töne und zeigt überwiegend Pflanzen- und Landschaftsdarstellungen. Dabei ist es immer wieder erstaunlich, wie die Maler nur mit Tusche und Papier diese vielschichtigen, poetischen und stimmungsvollen Landschaften entstehen lassen. Oft vermischen sich auch Malerei und Kalligrafie in den Bildern.

Malen wurde in China als eine Art Religion, Meditation verstanden, als ein Weg der Erkenntnis, als *Dichtung ohne Worte*. Dabei spielte der Maler selbst auch eine wichtige Rolle.

Das zeigt sich besonders deutlich in der schönen chinesischen Beschreibung von Werken der Mal- und Schreibkunst als *Spuren und Stempelabdrücke des Herzens*. Ob Malerei oder Kalligrafie, wir erkennen die Handschrift des Malers, seinen Rhythmus zu arbeiten. Auch wir, die Betrachter, spielen eine Rolle. In der chinesischen Vorstellung bilden das Werk, der Künstler und der Betrachter eine Einheit. Dieser Gedanke wird in der europäischen Kunst erst deutlich später so formuliert.

Das Museum besitzt ein paar sehr schöne Werke der chinesischen Pflanzen- und Landschaftsmalerei wie beispielsweise die Papier-Querrolle von Zhang Hong mit dem Titel **Frostige Berge**.

Beeindruckend sind auch die Hängerollen mit Pflanzen, manchmal nur einzelne Zweige, die im leeren Raum zu schweben scheinen, ohne Hintergrund und ohne Umfeld, wie die **Chrysantheme**. Die einzelnen Pflanzen entwickeln eine ganz eigene Atmosphäre und Wirkung. Meist sind sie gepaart mit chinesischen Schriftzeichen. Diese Malerei wird auch als *Literatenmalerei* bezeichnet.

Der Lotos im Wind

___ Vielleicht ist es ein chinesisches Bild, aber vielleicht stammt es auch aus Japan. Die Wissenschaftler sind sich nicht einig. Auf jeden Fall zählt dieses Bild aus dem 13. bis 14. Jahrhundert zu den größten bekannten Lotusbildern überhaupt. Es ist ein farbiges Gemälde auf einer Hängerolle aus Seide. Wir sehen rote und weiße Lotosblüten an langen Stielen, die sich leicht im Wind bewegen. Die großen grünen Blätter bilden einen stimmungsvollen Kontrast zu den feinen, zarten Blüten. Der Lotos ist im Buddhismus ein Symbol für die Reinheit, auch im Sinne der gereinigten Seele Buddhas. Somit ist die Darstellung des Lotos auch ein religiöses Bild, ein Kultbild, das meist für Tempel gemalt wurde.

Der Lotus im Wind,
Yuan-Dynastie,
(13.–14. Jahrhundert, China
oder Kamakura-Zeit, frühes
14. Jahrhundert, Japan)

Japanische Malerei

___ Wie anders ist die japanische Malerei! Während die Chinesen sich hauptsächlich der Landschaftsmalerei widmeten, malten die japanischen Künstler lebhafte Erzählungen von Menschen und Tieren. Besonders beeindruckend sind die großen bemalten Stellschirme aus Papier, wie beispielsweise **Tiger und Drache**. Die groß gemalten Tiere stehen sich gegenüber. Es knistert. Was wird passieren? Werden sie miteinander kämpfen? Die wunderbare Darstellung lebt sowohl von der detailfreudigen Darstellung der Figuren als auch von der Dramatik und Dynamik dieser Gegenüberstellung.

Weniger dramatisch, aber äußerst detailreich ist der Stellschirm mit den **Bugabo-Tänzen**. In diesem Gemälde wird uns viel aus dem höfischen Leben in Japan erzählt. Hier können wir den Unterschied zwischen der japanischen und chinesischen Malerei deutlich erkennen. Den einen geht es um das Erzählen und Illustrieren, den anderen um das Andeuten und Verzaubern.

Eines der berühmtesten Bilder japanischer Malerei im MOK ist **Die schöne Okita** von Kitagawa Utamaro (1750-1806). Okita war eine Bedienerin in einem Teehaus. Sie war wegen ihrer Schönheit sehr bekannt und verehrt. Auf diesem Gemälde steht auf der linken Bildseite ein Gedicht, das die Schönheit der Okita zusätzlich lobt.

Außerdem möchte ich noch auf ein Werk der japanischen Schreibkunst des 20. Jahrhunderts hinweisen. Der Künstler **Imone Yuichi** (1916-1985) hat mit Tusche großformatige Schriftzeichen auf Papier gemalt. Für uns, die wir die japanische Schrift nicht kennen, sind es ganz merkwürdige abstrakte Kunstzeichen mit einer magischen Wirkung. Da sehen wir zum Beispiel das Zeichen »Tai«, das für Stille und Übereinstimmung steht.

Frühe Zeugnisse der chinesischen Kultur aus Bronze

___ Die frühesten Zeugnisse der chinesischen Kultur sind uns aus dem 2. Jahrtausend v. Chr. bekannt. Die älteste bekannte Dynastie ist die Shang-Dynastie um 1520 bis 1028 v. Chr. Aus dieser Zeit kennen wir Gegenstände aus Bronze und Ton. Zuerst wollen wir uns ein paar besonders schöne Bronzearbeiten aus der Sammlung des MOK etwas genauer anschauen. Da gibt es diese kunstvoll verzierten, dünnwandigen **Weingefäße**, in die Opferwein für spezielle Rituale gefüllt wurde. Manche dieser Gefäße haben drei Beine, die uns an ein Euter denken lassen. Das Euter ist ein Symbol der Fruchtbarkeit, nährt es doch die Tierjungen.

Auch in der christlichen Liturgie gibt es ein Gefäß für Opferwein, den Kelch. Und auch die *drei* Beine überraschen nicht. In der christlichen Kunst ist die Zahl Drei Symbol für die Dreifaltigkeit. Wir können also einige Parallelen zwischen der über 2.000 Jahre alten Symbolik und Formensprache der alten Chinesen und der Christen finden.

Äußerst spannend sind auch die **neun Bronzeglocken**, die zwischen 1050 und 256 v. Chr. entstanden sind. Sie erzählen, wie die Menschen in China vor über 2.000 Jahren Musik gemacht haben. Vermutlich wurden diese Glocken bei der Verehrung der verstorbenen Vorfahren zum Klingen gebracht. Seit circa 2000 v. Chr. gab es Glocken in China. Zum Vergleich: In Europa kennen wir Glocken erst seit dem 6. Jahrhundert, und gegossene Glocken, wie diese alten chinesischen Glocken, setzten sich in Europa erst im 13. Jahrhundert durch.

> Äußerst spannend sind auch die neun Bronzeglocken. Sie erzählen, wie die Menschen in China vor über 2.000 Jahren Musik gemacht haben.

Und schließlich wollen wir uns noch die bronzene Figurengruppe **Pferd und Knecht** anschauen. Die beiden Figuren stammen aus dem 2. und 3. Jahrhundert n. Chr. Die Chinesen nutzten schon seit dem 4. Jahrhundert v. Chr. Pferde als Reittiere oder spannten sie vor Streitwagen oder Lastkarren. Allerdings waren Pferde ein Privileg der Oberschicht. Diese Darstellung des Pferdes ist eine besonders lebendige. Wir sehen ein muskulöses, sehr angespanntes Pferd, das bereit ist, jeden Moment loszustürmen. Wenn wir bedenken, dass die Figurengruppe über 1.800 Jahre alt ist, können wir zurecht dem Künstler und Schöpfer der Skulpturen Respekt zollen.

Die Chinesen: Meister der Ton- und Porzellanherstellung, der Lackfarben und Seidenweberei

___ Aus der ersten Hälfte des 2. Jahrtausends v. Chr. besitzt das Museum einen **Tonbecher**, der vermutlich eine Grabbeigabe war. Er fällt durch seine sehr dünnen Wände auf. Schon damals waren die Chinesen große Meister in der Tonbearbeitung. Dieses Wissen über und die Erfahrung mit der Tonverarbeitung führte schließlich auch zu den ersten hart gebrannten Gebrauchskeramiken um das Jahr 200, die als *Protoporzellan* (= Vorläufer des Porzellans) bezeichnet werden, und dann im 6. und 7. Jahrhundert zur Herstellung von Porzellan, wie wir es heute noch kennen. Aus dem 16. Jahrhundert gibt es im Museum einen sehr schönen sogenannten **Schultertopf** mit dem typisch chinesischen weiß-blauen Dekor. Es war die Zeit der Ming-Dynastie von 1368 bis 1644.

Gehen wir noch einmal zurück zum Ende des 2. Jahrtausends v. Chr. Damals erfanden die Chinesen die Lackfarben, die wir von vielen Kunstwerken Asiens kennen. Auch die Seidenweberei war eine Spezialität der Chinesen. Über die berühmte *Seidenstraße*, einen Karawanenweg, der von China durch Asien bis nach Europa führte, wurde die Seide bei uns bekannt und beliebt. Zwar aus späterer Zeit, aber nicht weniger beeindruckend sind die kunstvoll gewebten und bestickten **buddhistischen Seidenumhänge** aus dem 18. und 19. Jahrhundert. Das war die Zeit der Qing-Dynastie von 1644 bis 1911.

Als um 1500 die ersten europäischen Kaufleute nach China kamen, staunten sie nicht schlecht über die vielen bis dahin in Europa unbekannten Gebrauchsgegenstände aus Porzellan und Seide. Durch die im 17. Jahrhundert gegründete Niederländisch-Ostindische Handelsgesellschaft gelangten die exotischen Waren aus China in großen Mengen nach Europa.

Koreanische Keramik und Malerei

___ Seit circa 300 v. Chr. kamen Chinesen nach Korea und brachten ihre Kultur, ihre Schrift und ihr vielfältiges Wissen mit. Die koreanische Kunst und Kultur galten dadurch lange Zeit lediglich als ein *Abklatsch* der chinesischen. Als das Ehepaar Fischer, die Gründer des MOK, Anfang des 20. Jahrhunderts Korea bereiste und dort Kunstwerke kaufte, wurde es sicher vielerorts belächelt. Heute gilt die damals zusammengetragene Sammlung als eine der besten in Europa. Die Fischers kauften vor allem koreanische Keramik aus der Zeit zwischen dem 10. und 14. Jahrhundert, die sogenannten *Seladone*. Eine ganz spezielle grünbläuliche Glasur, teils mit kunstvollen Einlegearbeiten versehen, macht diese Keramik so einzigartig. Die Einlegetechnik können wir an einer **Schultervase** aus dem 12. Jahrhundert besonders gut erkennen. Die sechs fliegenden Kraniche wurden mit einer weißen und schwarzen Porzellanmasse auf das Gefäß gemalt, bevor die Glasur aufgetragen wurde.

> Von China aus gelangten Stile, Techniken und Erfahrungen über Korea nach Japan. Die koreanische Kunst und Kultur galten dadurch lange Zeit lediglich als ein Abklatsch der chinesischen.

Schauen wir uns zum Schluss noch das **Ahnenporträt** eines hohen koreanischen Beamten aus dem 18. Jahrhundert an. Er trägt ein rotes Beamtengewand, wie es auch in China zu besonderen Anlässen getragen wurde. An der Goldstickerei kann der geübte Betrachter den hohen Rang des Dargestellten ablesen. Auf den ersten Blick erscheint uns das Porträt typisiert, ohne jede Individualität. Schauen wir aber in das Gesicht, erkennen wir deutliche Porträtzüge. Da sitzt uns selbstbewusst ein – wie es scheint – weiser und gütiger Mann gegenüber.

Schulterflasche, Goryeo Periode, 13. / 14. Jahrhundert, Korea

1925

Duftmuseum
im Farinahaus

Farina, sein Parfüm und seine Zeit

Ein Museum für Auge und Nase

___ Seit 1925, zeitweilig geschlossen und seit 2002 wieder neu eröffnet, gibt
es dieses kleine, aber feine Museum. Das Duftmuseum erzählt uns die Geschichte der Parfümfabrik *Farina gegenüber* und gleichzeitig drei Jahrhunderte Duft- und Kulturgeschichte. Wir sehen einen alten Verkaufsraum aus
dem frühen 18. Jahrhundert, können in die Kellergewölbe hinabsteigen, in denen vor fast 300 Jahren das erste *Eau de Cologne* hergestellt und gelagert wurde, wir bekommen einen Einblick in das einzigartige, umfangreiche Unter-
nehmensarchiv von Farina, und wir können selbst in das Reich der Düfte eintauchen.

Besonders faszinierend ist es, wenn der jetzige Firmenchef Johann Maria Farina über die Zusammenhänge der historischen Entwicklung der Stadt Köln
und der Vermarktung und Produktion von Kölnisch Wasser erzählt. Da erfahren wir beispielsweise, wie Kriege die Lieferung der Rohstoffe beeinflussten,
dass Farina, als die französischen Revolutionäre Parfüm als Luxusgut verboten, die englischen Märkte eroberten und wie die Herstellung des Parfüms mit
den Handelswegen und der Bezahlung zu Zeiten ohne ein geordnetes Ban-
kensystem und regelmäßige Transportwege funktionierte. Wir erfahren, dass
Farina ein eigenes Im-und-Export-Geschäft betrieb, um sein eigenes Produkt
sicher und zuverlässig in ganz Europa liefern zu können.

Köln zur Zeit des Johann Maria Farina

___ Die Geschichte von Farina beginnt im 18. Jahrhundert. Deshalb wollen wir
zunächst einmal schauen, wie es in Köln zu dieser Zeit aussah. Um es vor-
wegzunehmen: nicht gut! Nach Beendigung des Dreißigjährigen Kriegs im Jahr
1648 erlebte die Stadt einen deutlichen politischen und wirtschaftlichen Nie-
dergang. Dafür gab es unterschiedliche Gründe. Mit dem Westfälischen Frieden hatte der Kaiser deutlich an Macht verloren, während die Fürsten und
Fürstbischöfe stärkeren Einfluss gewannen. Mit dem Kaiser verloren aber auch
die freien Reichsstädte, die wie beispielsweise Köln eng an den Kaiser gebunden waren, an Bedeutung. Außerdem verhinderte die veraltete Zunftordnung
in Köln jede Form des Fortschritts. Die Stadt war hoch verschuldet, und die Be-
völkerungszahlen nahmen stetig ab. Besonders drastisch beschreiben Reisende
im 18. Jahrhundert den Zustand der Stadt. Da wird Köln als »dreckige«, »stin-
kende« und »verfallende« Stadt beschrieben. Sie sei die »abscheulichste deutsche Stadt«, »finster und traurig« – ein »hässlicher Ruinenhaufen«.

Johann Maria Farina (1685–1766)

Aber wie überall, wo sich Armut breitmacht, gab es natürlich auch in Köln einige sehr reiche Bürger. Die sozialen Unterschiede waren extrem groß. Während es an den meisten Orten der Stadt trostlos und dreckig aussah, war das Rathausviertel sauber und gepflegt. Der große Rathausplatz war gepflastert, und der *Goldgräber*, der die Fäkalien einsammelte, drehte täglich seine Runden. Es war sicher kein Zufall, dass Farina ausgerechnet hier seine Fabrik gründete.

Ein Geniestreich: Die Erfindung und Vermarktung von *Eau de Cologne*

___ Wie riecht ein »italienischer Frühlingsmorgen«? Wie duften »Orangenblüten kurz nach dem Regen«? So jedenfalls beschrieb Johann Maria Farina (1685–1766) den Duft, den er im Jahr 1708 kreiert hatte. Schon kurze Zeit später sollte dieser Duft als *Eau de Cologne* eine ungeahnte Karriere machen.

Johann Maria Farina kam aus dem Piemont und war Parfümeur. Er hatte das, was einen Parfümeur ausmacht: die perfekte Nase. So war es ihm gelungen, einen erfrischenden, leichten Duft zu komponieren, der perfekt in die Zeit des Rokoko passte, eine Zeit, die sich durch Leichtigkeit und Eleganz auszeichnete.

Aber Farina hatte auch kaufmännisches Talent. Er sprach vier Sprachen fließend und hatte gute Kontakte zu den Wittelsbachern, die seit Generationen die Kölner Erzbischöfe stellten. 1709 trat Johann Maria Farina in die Firma für Luxusgüter seines Bruders Johann Baptist Farina in Köln ein. Kurze Zeit später übernahm er die Führung in der Firma. Das Unternehmen hieß fortan *Johann Maria Farina in Cölln – gegenüber dem Jülich-Platz*.

Seit 1714 lebte Johann Maria Farina fest in Köln, und seit 1724 bewohnte er das Haus, wo sich heute das Museum befindet. Offensichtlich fühlte sich Farina in Köln wohl. Warum sonst hätte er sein Parfüm *Eau de Cologne* nennen sollen, wodurch es zu einem Kölner Markenzeichen und die Stadt zur internationalen Duftstadt wurde?

Der Erfolg von Farinas *Eau de Cologne* hing auch damit zusammen, dass der Duft immer gleich blieb und wiedererkennbar war. Das war damals keine Selbstverständlichkeit. Farina aber war in der Lage, diesen einen Duft immer wieder zu reproduzieren. Außerdem achtete er sorgfältig auf die Auswahl der benötigten Früchte und anderer Zutaten sowie auf die Fabrikation. Damit konnte er ein hohes Maß an Qualität garantieren. Farina gelang es als einem der Ersten, einen fast reinen Alkohol zu destillieren. Dieser Alkohol war notwendig, um die Essenzen aus Zitrusfrüchten zu verarbeiten, die Farinas Duftwasser so frisch und angenehm machten.

Der neue Duft machte schnell Karriere an den europäischen Höfen. *Eau de Cologne de Farina* war überall sehr beliebt. Zu den Kunden gehörten unter anderen König Ludwig XV. in Versailles, König Friedrich der Große in Potsdam und Kaiserin Maria Theresia in Wien. Ein weiterer guter, uns wohlbekannter Kunde von Farina war der Kölner Fürstbischof Clemens August (1700-1761), der auf *Schloss Augustusburg* in Brühl residierte.

Heute produziert und verkauft Farina seine Parfüms bereits in der achten Generation in Köln und Paris. Das original Eau de Cologne darf lediglich in Köln produziert und gelagert werden – es ist das älteste Parfüm der Welt.

Hygiene der besonderen Art

___ Neben dem reinen Genuss des Duftes gab es noch einen anderen nicht unbedeutenden Grund für die Verwendung von Parfüm im 18. Jahrhundert. Die Körperpflege sah damals etwas anders aus. Anstelle von Wasser benutzten die Reichen und Adeligen Parfüm, um sich zu *reinigen*, oder besser gesagt, um den strengen Körpergeruch zu überlagern. Wasser war zu diesen Zeiten nicht sauber und oft mit Keimen und Bakterien verunreinigt.

Die Herstellung und der Verkauf von Kölnisch Wasser

Historische Räume

___ Über dem heutigen Verkaufsraum befindet sich eine Empore, die wir über eine geschwungene Treppe erreichen. Oben angekommen, können wir ein wenig von dem Rokokostil spüren, der hier den ersten Verkaufsraum aus den Zwanzigerjahren des 18. Jahrhunderts geprägt hat. Es war ein luxuriöser Verkaufsraum für reiche Kunden, dem Luxusgegenstand, der hier verkauft wurde, angemessen. Nach der Zerstörung im Zweiten Weltkrieg erzählen uns heute nur noch die damals glücklicherweise geretteten **Rokokostühle** und **Wandteppiche** von dem Glanz der früheren Zeiten.

In der Ecke steht ein interessantes Möbelstück. Im ersten Moment vermuten wir, dass es sich um einen Schrank im chinesischen Stil handelt. Das ist nur teilweise richtig, was das Chinesische betrifft. Aber ein Schrank ist es nicht. Vor uns steht ein **Musterkoffer**. Er kann in kurzer Zeit zusammengefaltet und wieder aufgebaut werden.

Wenn wir dann die Treppe wieder hinabsteigen und noch eine Etage tiefer gehen, gelangen wir in einen alten Keller. In der Mitte des ersten Raumes steht der **Schreibtisch**, an dem vor 300 Jahren der Welterfolg des *Eau de Cologne*

Rosolien

begann. Er ist aus Eiche gefertigt und stammt aus dem Jahr 1680. Dahinter befindet sich der mächtige **Lehnstuhl**, auf dem Johann Maria Farina damals seine Geschäfte abgewickelt hat. Wir sind mittendrin in einer anderen Zeit, an einem Originalschauplatz.

Natürlich möchte ich nicht versäumen, auf die sehr schöne **Sammlung von Flaschen, Flakons und Rosolien** (= längliche, liegende, kleine Flaschen) hinzuweisen, die in den Vitrinen an den Wänden gezeigt werden.

Der Essenzenraum

___ In ganz großen und in winzig kleinen Flaschen werden hier, im zweiten großen Kellerraum, die unterschiedlichen Essenzen aufbewahrt. Ein intensiver Duft strömt uns entgegen. Die Essenzen, die einzelnen Zutaten, aus denen ein Parfüm komponiert wird, sind das A und O. Wir haben schon erfahren, dass Johann Maria Farina großen Wert auf die Qualität seiner Früchte gelegt hat. Er ließ Pflanzen aus der ganzen Welt nach Köln importieren. Darunter waren auch Zitrusfrüchte, die Anfang des 18. Jahrhunderts in einer Stadt wie Köln unbekannt waren. Wenn Farina eine Lieferung bekam, war die Aufregung unter den Kölnern groß. Es glich einer Sensation, Zitronen, Pampelmusen oder Orangen aus der Nähe zu sehen.

Geheime Rezepte und Wunderwasser: Legendenbildung

___ Um das Parfüm von Farina und seine Herkunft entstanden viele Legenden, in denen zum Beispiel die Rede von Mönchen und Einsiedlern ist, die geheime Rezepte verkauft oder verschenkt haben sollen. Vermutlich hängt das auch mit dem unglaublichen Erfolg des *Eau de Cologne* zusammen. Mit normalen Maßstäben war das damals nicht nachzuvollziehen. Dazu kam die sinnliche Komponente des Duftes. Ist nicht auch in Märchen immer wieder die Rede von betörenden und verzaubernden Düften und Gerüchen?

Produktschutz und Namensrecht: *Eau de Cologne* und *4711*

___ Als Ende des 18. Jahrhunderts die Franzosen nach Köln kamen, wurde die alte Zunftordnung aufgehoben. Neue Firmen konnten sich in der Stadt ansiedeln. Der Erfolg, den Farina mit seinem *Eau de Cologne* hatte, rief andere Geschäftsleute auf den Plan, wie beispielsweise Wilhelm Mülhens (1762–1841). Dieser *erwarb* in Italien den Namen *Farina* von einem Herrn Farina, der nicht zur Kölner Familie gehörte, und verkaufte nun unter diesem Namen seit 1803 sein eigenes Duftwasser. An dem erfolgreichen Geschäft mit dem neuen Duftwasser wollten dann natürlich auch andere teilhaben. Mülhens, nicht dumm, verkaufte das Namensrecht *Farina* weiter. Und so entstanden immer mehr Firmen, die unter dem Namen *Farina* Duftwasser herstellten und verkauften. Im 19. Jahrhundert gab es in Köln mehr als 100 solcher Firmen. Die Duftwasser waren alle unterschiedlich, aber sie nannten sich alle *Eau de Cologne*. 1875 gelang es der Familie Farina endlich, einen Produktschutz für ihr *Eau de Cologne* zu erwirken. Daraufhin benannte der damalige Firmenchef Ferdinand I. Mülhens (1844–1928) sein Duftwasser um. Er gab ihm als Namen die Hausnummer 4711. Dieser neue Markenname wurde ein Welterfolg.

Der Fabrikationsraum

___ Ein Parfüm zu komponieren erfordert ein ganz spezielles Gespür und viel Intuition. In der ganz speziellen Zusammenstellung unterschiedlicher Duftessenzen liegt das Geheimnis eines neuen Duftes. Dazu kommt natürlich die Kenntnis von den technischen Verfahren. In diesem letzten großen Kellerraum, dem alten **Fabrikationsraum** kommen wir dem eigentlichen Handwerk des Parfümeurs sehr nahe.

Ein Parfüm besteht aus Alkohol, in dem natürliche Essenzen, die Riechstoffe, aufgelöst werden. Die Riechstoffe sind ätherische Öle, die aus Pflanzen oder Tieren gewonnen werden, oder sie werden, was heute immer mehr der Fall ist, synthetisch hergestellt.

Für Johann Maria Farina waren die ätherischen Öle und deren Qualität von großer Bedeutung. Hier im Fabrikationsraum steht ein **Nachbau eines kupfernen Destillationsapparates**. Mit solch einem Apparat wurden die ätherischen Öle gewonnen. Dabei wurden die besonders gut geeigneten Teile einer Pflanze im Brennkessel mit Wasserdampf erhitzt. Der Dampf löste die ätherischen Öle aus der Pflanze. Im anschließenden Rohr wurde der Dampf abgekühlt und kondensiert. Nun war ein Gemisch aus Wasser und ätherischem Öl entstanden. Da das Öl auf dem Wasser schwamm, konnte es schließlich abgeschöpft werden. Nach dieser Methode werden bis heute die meisten Duftöle gewonnen.

Wenn der Transport der teils exotischen Früchte zu kompliziert war, ließ Farina auch direkt am Ernteort die Früchte destillieren und dann das gewonnene Duftöl in kleinen Fläschchen nach Köln transportieren.

Direkt vor dem Fabrikationsraum steht noch ein 300 Jahre altes **Zedernholzfass**, in dem das Parfüm gelagert wurde und reifen konnte.

1946

Römisch-Germanisches Museum

Köln zur Zeit der Römer: Römisches und Germanisches heute in Köln

___ In einer Stadt, wo man an jeder Ecke auf die Zeugnisse der Römer und Germanen trifft, wo kaum ein Haus gebaut werden kann, ohne irgendwelche römischen Mauerreste zu finden, da gehört selbstverständlich auch ein Museum hin, in dem all diese Dinge gesammelt, ausgestellt und erforscht werden. Es sind Dinge des täglichen Lebens, der Götterverehrung und des Totenkults, des Zusammenlebens der Menschen und des Handels. Die ausgestellten Objekte stammen überwiegend aus der römischen und der fränkischen Zeit. Es werden aber auch einige Fundstücke der Steinzeit und der Metallzeiten gezeigt.

Eine kurze Geschichte der Römer und Germanen in Köln

___ Als Cäsars Truppen über die Alpen den Rhein entlang nach Norden kamen, fanden sie in der ansonsten ziemlich versumpften und unwirtlichen Rheinebene eine circa 20 Meter über dem Wasserspiegel liegende, kleine, trockene Hochebene. Hier errichteten sie ein Lager, das sich an der Stelle der heutigen Kölner Innenstadt befand. Die Treppen, die vom Rathaus oder von der Domplatte zum Rhein hinunterführen, verdeutlichen die Lage des Hochplateaus auch heute noch.

Die Römer trafen damals auf einen germanischen Stamm, der hier lebte: die Eburonen. Was dann genau passierte, wissen wir heute nicht. Aber seit der Ankunft der Römer waren die Eburonen aus dieser Gegend verschwunden. Mit den Ubiern, einem anderen germanischen Stamm, verstanden sich die Römer besser. Warum sonst hätte der römische Feldherr Marcus Vipsanius Agrippa ihnen vorschlagen sollen, unter dem Schutz der römischen Armee auf der Hochebene eine Siedlung zu bauen. So entstand hier wahrscheinlich zwischen den Jahren 12 und 7 v. Chr. eine Ubiersiedlung, die den Ursprung des heutigen Kölns darstellte.

Diese Siedlung hatte für die Römer eine große strategische Bedeutung, denn nach der gegen die Germanen verlorenen Varusschlacht im Jahr 9 n. Chr. zogen sich die Römer an den Rhein zurück und bauten dort ihre Verteidigungslinien aus. Damit war Köln unter der Kommandantur von Germanicus zur wichtigen Grenzstadt der römischen Provinz geworden.

Im Jahr 15 n. Chr. wurde Germanicus' Tochter Julia Agrippina die Jüngere geboren, die nach Rom zurückkehrte und in dritter Ehe ihren Onkel Claudius heiratete – nicht etwa aus Liebe, sondern weil Claudius Kaiser von Rom war. Als Frau des Kaisers erinnerte sie sich dann an ihren Geburtsort und bat ihren Ehemann Kaiser Claudius, der Ubiersiedlung am Rhein die römischen Stadtrechte zu verleihen. So kam es, dass die Siedlung im Jahr 50 n. Chr. zu einer römischen *Colonia* wurde, in die immer mehr ausgediente römische Soldaten kamen, um hier ihren Lebensabend zu verbringen.

Die Römer und Ubier lebten friedlich zusammen. Von Anfang an verfolgten die Römer hier eine Politik der Integration der einheimischen germanischen Menschen mit den Römern. Die Bevölkerung wuchs schnell an, und die strategisch günstig gelegene Stadt wurde bald zu einer der größten römischen Städte nördlich der Alpen.

Aber wie wir alle wissen, hielt sich das Römische Reich nicht ewig. Nach einigem Hin und Her übernahmen im 5. Jahrhundert die kämpferischen Franken die Macht in Köln.

Die Geschichte des Römisch-Germanischen Museums

___ Angefangen hat alles mit ein paar interessierten Hobbyforschern im 16. Jahrhundert, die sich für das römische Köln interessierten. Sie trugen alles, was sie fanden und was irgendetwas mit der Geschichte Kölns zu tun hatte, zusammen. So entstanden die ersten kleinen Sammlungen antiker Kunstschätze. Natürlich interessierte sich auch der größte Kölner Sammler Ferdinand Franz Wallraf (1748–1824) für die römischen Kunstschätze. So wundert es uns nicht, dass es im 1861 eröffneten Wallraf-Richartz-Museum auch eine Abteilung für römische Altertümer gab. Diese Sammlung wuchs schnell an, da bei den damaligen umfangreichen Bautätigkeiten in Köln viele römische Fundstücke auftauchten, beispielsweise beim Bau der Kanalisation oder beim Abriss der mittelalterlichen Stadtmauer. In den eingemeindeten Vororten wurde zudem eine große Anzahl römischer Gräber mit vielen kostbaren Grabbeigaben gefunden.

Die Sammlung wuchs schnell an, vor allem durch die vielen römischen Fundstücke, die bei den umfangreichen Bautätigkeiten Ende des 19. Jahrhunderts in Köln auftauchten.

1914 erhielt die Römische Abteilung des Wallraf-Richartz-Museums erstmals einen eigenen Direktor. Dieser war im Auftrag der preußischen Regierung dafür zuständig, dass alle auf Baustellen gefundenen Gegenstände ordnungsgemäß abgegeben und registriert wurden. 1946 wurde dann das Römisch-Germanische Museum (kurz: RGM) als eigenständiges städtisches Museum gegründet.

Einen Haken hatte die ganze Sache jedoch. Das neue Museum hatte kein Gebäude. Die Sammlungsstücke wurden provisorisch unter anderem in der Alten Wache, die zum Kölnischen Stadtmuseum gehörte, ausgestellt.

Erst 1967 wurde mit dem Bau des Museums auf dem Roncalliplatz begonnen, und 1974 war es dann so weit: Das RGM wurde in seinem heutigen Bau eröffnet.

Schnell avancierte es zum meistbesuchten Museum in Deutschland, zumindest für eine gewisse Zeit. Viele Tausend Kölner Kinder lernen Jahr für Jahr hier die römische Geschichte ihrer Stadt kennen. Durch die große Glasfront lädt das Museum schon von draußen die Besucher ein. Und nicht nur das! Schon draußen können wir die römische Zeit schnuppern. Denn da stehen Säulen, Kapitelle und Grabsteine einfach so, ohne Wächter und ohne Glasvitrine – ein schöner Empfang und eine gelungene Einladung, in das Museum einzutreten.

Zwei Außenstellen des Römisch-Germanischen Museums

___ Das älteste in Köln ausgegrabene Mauerwerk ist das **Ubiermonument**, Reste eines mächtigen, quadratischen, steinernen Bauwerks. Die Mauerreste stammen aus der Zeit der Ubiersiedlung, genauer gesagt aus den Jahren 4 oder 5 n. Chr. Der Name ist allerdings irreführend. Nicht die Ubier, sondern die Römer haben das Bauwerk für eine gemeinsame Siedlung errichtet, denn nur sie hatten die Kenntnisse, wie man mit Steinen baut. Einiges deutet darauf hin, dass die gefundenen Mauerreste der Unterbau eines Turms waren, der an der Südostecke der Siedlung stand.

Als im Mittelalter über den mittlerweile verfallenen Mauerresten des Praetoriums das Kölner Rathaus gebaut wurde, geriet der Statthalterpalast in Vergessenheit. Seine Entdeckung in den 1950ern war eine große Sensation.

Das Ubiermonument gehört genauso zum RGM wie das **Praetorium**. Seine Ausgrabung war eine der bedeutendsten römischen Entdeckungen überhaupt. Das Praetorium war der große Palast für den Statthalter, der seit dem 1. Jahrhundert von Rom aus nach Köln entsandt wurde.

Als im Mittelalter über den mittlerweile verfallenen Mauerresten des Praetoriums das Kölner Rathaus gebaut wurde, geriet der Statthalterpalast in Vergessenheit. Seine Entdeckung in den 1950ern war eine große Sensation. Wir können die römischen Mauerreste heute *unter* dem Rathaus besichtigen, denn in Köln wurde durch die Jahrhunderte hindurch immer auf den alten Mauern drauf gebaut.

1946

148

Leben und Sterben der Römer und Germanen

Das Grabmal des Lucius Poblicius

___ Riesig ragt das Grabmal des Poblicius vor dem Besucher in die Höhe, ein 14,60 Meter hohes, mehrgeschossiges Bauwerk. Per Gesetz begruben die Römer ihre Toten außerhalb der Stadtmauern, damit sie nicht vom Gestank der Leichen belästigt würden oder sich aufgrund der Verwesung keine Krankheiten ausbreiten konnten. Die reichen Bürger ließen sich besonders große und beeindruckende Grabbauten errichten, so wie Lucius Poblicius, der als Veteran in die Siedlung am Rhein gekommen war und hier ganz offensichtlich ein angesehener und wohlhabender Mann war. Die Waffen, die unterhalb des Daches in den Stein geritzt sind, deuten auf seine erfolgreiche Militärzeit hin.

Am Fuß des Daches sitzen rechts und links je ein Triton. Das sind kräftige Männergestalten mit Fischschwänzen und einem Ruder über der Schulter. Sie sollen die Verstorbenen ins jenseitige Leben rudern. Der beziehungsweise die Verstorbenen befinden sich im mittleren Teil des Grabmonuments zwischen Säulen. Die mittlere, gut erhaltene Statue stellt vermutlich Poblicius dar. Rechts daneben ist nur der Teil einer Statue erhalten, die sein Sohn sein könnte. Links hingegen können wir eine Frauenkleidung erkennen. Ob dies allerdings seine Ehefrau oder seine Tochter ist, ist bis heute nicht endgültig geklärt. Die Sockelinschrift könnte uns einen Hinweis geben. Da steht unter anderem geschrieben: »L(ucio) POBLICIO ... VETERA(no) LEG(ionis) V ALAUDA(e) EX TESTAMENTO ET P(a)ULLAE F(iliae) ...« (übersetzt: »Für Lucius Poblicius, ... dem Veteranen der 5. Legion Alauda, nach seinem Testament errichtet und für seine Tochter Paulla ...«). Demnach könnte die Figur neben Poblicius seine Tochter sein. Es gibt aber auch noch eine kleine Figur auf der Seite des Grabmals. Wer das wohl ist?

Das Grabmal wurde 1964 durch einen Zufall gefunden: Privatleute fanden beim Ausbau ihres Kellers in der Nähe des Chlodwigplatzes einzelne Steine, die sie schnell als römische identifizieren konnten. Als sie ihren Fund im eigenen Haus ausstellten, erregten sie das Interesse der Öffentlichkeit. Die ganze Geschichte sorgte für große Aufregung. Schließlich erwarb die Stadt für 510.000 DM die Reste des Grabmals. Nun begaben sich die Wissenschaftler des Römisch-Germanischen Museums an die komplizierte Puzzlearbeit und setzten in mühevoller Arbeit das Grabmal wieder zusammen. Damit das Monument in seiner ganzen Größe aufgestellt werden konnte, musste der Museumsbau kurzfristig um drei Meter erhöht werden.

Grabmal des Lucius Poblicus, 1. Hälfte des 1. Jahrhunderts

Das Dionysosmosaik

___ Zu Füßen des Grabmals befindet sich das Dionysosmosaik aus dem 3. Jahrhundert. Als 1941 hier an dieser Stelle ein Luftschutzbunker gebaut wurde, entdeckten die Arbeiter zufällig dieses faszinierende Bodenmosaik, das aus über einer Million Mosaiksteinchen besteht – Grund genug, das RGM um das Mosaik herumzubauen.

Im Zentrum sehen wir *Dionysos*, den Gott des Weines und der Ekstase. An seiner Haltung und dem umgestürzten Weinbecher können wir erkennen, dass er betrunken ist. Er muss sich auf einen jungen Satyr stützen. Um diesen Gott entwickelte sich in man-

Dionysosmosaik (Ausschnitt), 2. Viertel des 3. Jahrhunderts

chen Gegenden des Römischen Reichs ein wahrer Dionysoskult, dessen Anhänger zum berauschenden Trinken und ausgelassenen Tanzen zusammenkamen. So wundert es uns nicht, dass wir in den anderen, von einem kunstvoll verwobenen Zopfmuster eingerahmten Feldern des Mosaiks all das sehen, was zu einem rauschenden Fest dazugehört: Blumen, Früchte, Tiere aus dem Gefolge des Gottes und wilde Tänzer und Musiker.

Das Mosaik befand sich in einem römischen Wohnpalast, der vermutlich beim Einfall der Franken im 4. Jahrhundert abbrannte und es unter Schutt begrub. So wurde es zwar nicht zerstört, geriet aber in Vergessenheit, bis es im 20. Jahrhundert wiedergefunden wurde.

151

Bestattet werden alle

___ ... wenn auch nicht so aufwendig wie Poblicius. Im Untergeschoss des RGM stoßen wir auf unterschiedliche Formen der römischen Grabkultur. Da sehen wir schwere große Steinsarkophage genauso wie kleine tönerne Graburnen. Besonders schön ist die Gegenüberstellung der **Grabbeigaben**, die in dem Grab einer reichen Römerin gefunden wurden, mit denen, die aus dem Grab einer armen Römerin stammen. Da sehen wir auf der einen Seite kostbare Dinge wie gläserne Pantoffeln, feines Geschirr, Münzen und Schmuckstücke, auf der anderen Seite nur das Nötigste, einen einfachen Tonkrug und ebenso einfache Glasgefäße. Immerhin, für das Speisen im Jenseits waren alle – ob arm oder reich – ausgestattet.

Lebendiges Bild des römischen Lebens

___ Im hinteren Teil des Untergeschosses finden wir alles, was der Römer und die Römerin vor knapp 2.000 Jahren in Köln gebrauchte und benutzte, um sich das Leben und Umfeld angenehm und schön zu gestalten. Ob **Öllampen**, **Möbelbeschläge** oder **Schlüssel**, in vielen Dingen waren die Römer erfindungsreich und durchaus darauf bedacht, sowohl praktische als auch formschöne Dinge zu entwerfen und zu gestalten. Besonders gut zeigt sich das auch bei ihrer Kleidung. Von **Sandalen** über **Nähnadeln** bis hin zu **Gürtelschnallen** ist hier im RGM alles zu sehen. Groß war auch die Vielfalt des Geschirrs. In einem raumgroßen Glaskasten sind **Tonkrüge** und -**schalen** in allen Größen und Formen zusammengestellt.

Was ist das? Ein Mosaik mit Hakenkreuzen!

___ Hakenkreuze erwecken in uns sofort unangenehme und bedrückende Gefühle, sie erinnern uns an die Schrecken und Grauen der Naziherrschaft. Weil die Nationalsozialisten das Hakenkreuz zum Symbol der Rassenkunde, zu ihrem Parteizeichen und schließlich auch zum Hauptbestandteil der deutschen Nationalflagge machten, wurde nach Ende des Krieges 1945 die Verwendung des Hakenkreuzes in Deutschland verboten.

Hier stehen wir vor einem Mosaik der Antike, in der das Hakenkreuz ein Ornament wie viele andere auch war. Seit bereits 6.000 Jahren gibt es diese ornamentale Form. Mal ist sie rund, mal spitz, mal rechteckig gebogen. Unter anderem galt sie auch als Glückssymbol.

Zeugnisse aus der Steinzeit und der Eisenzeit

___ Schon lange bevor die Römer nach Köln kamen, lebten hier Menschen. Die Spuren menschlichen Lebens aus den Stein- und Metallzeiten können wir im Obergeschoss finden. Das älteste Stück, das in Köln bisher gefunden wurde, ist ein **Kernstein** aus der Altsteinzeit von circa 100.000 v. Chr., der in Köln-Dellbrück ausgegraben wurde. Der Kernstein weist deutliche Zeichen von menschlicher Bearbeitung auf, die darauf hindeuten, dass er vermutlich als Messer oder Nadel benutzt wurde.

Aus der Jungsteinzeit, finden sich **Keramikgefäße** im Museum. Sie stammen aus einer 1929 in Köln-Lindenthal ausgegrabenen Siedlung, die zwischen 4500 und 3500 v. Chr. errichtet worden war. Es war die Zeit, als die Menschen ihre ersten Siedlungen bauten und sesshaft wurden. Um ihre Nahrungsmittel lagern zu können, fertigten sie Gefäße aus Ton an. Die Ausgräber fanden in Lindenthal Scherben von solchen Gefäßen, die mit streifenartigen Bandmustern verziert sind. Darum nennen die Wissenschaftler diese Zeit auch die *Bandkeramikzeit*.

Das älteste Stück, das in Köln bisher gefunden wurde, ist ein Kernstein aus der Altsteinzeit von circa 100.000 v. Chr., der in Köln-Dellbrück ausgegraben wurde.

Aus den Metallzeiten (seit circa 1500 v. Chr.) gibt es einige bronzene **Urnen** von 700 bis 400 v. Chr. zu sehen, die in Köln-Dellbrück und Köln-Dünnwald gefunden wurden.

Das erste Kölner Ortsschild

___ Im RGM treffen wir auf das wohl älteste Ortsschild von Köln. Unmittelbar neben der Treppe im zweiten Stock befindet sich der mächtige Steinbogen, der zum großen Nordtor der römischen Stadtmauer gehörte. Es ist der Bogen der mittleren Durchfahrt. Sie war die größte und für Fuhrwerke gedacht. Die Fußgänger schritten durch die seitlichen Tore in die Stadt. Einer dieser seitlichen Toreingänge ist vor dem Dom aufgestellt. Auf dem Mittelbogen hier im Museum sind die Buchstaben **CCAA** für den Namen der Stadt eingemeißelt. Warum CCAA? Die römische Kolonie am Rhein bekam den Namen *Colonia Claudia Ara Agrippinensium*, was so viel bedeutet wie eine römische Stadt (= Colonia) unter Kaiser Claudius (= Claudia) mit einem Altar (= Ara) gegründet auf Veranlassung von Agrippina (= Agrippinensium), kurz *CCAA*.

Darf ich vorstellen? Die römische Kaiserfamilie

___ Unter dem Stadttorbogen begegnen wir drei Mitgliedern der römischen Kaiserfamilie: Kaiser **Augustus** mit Frau und Enkelin. Alle drei Porträts sind aus Marmor und stammen aus dem 1. Jahrhundert n. Chr. Augustus (63 v. Chr. – 14 n. Chr.) wurde von seinem Onkel Julius Cäsar adoptiert, nannte sich aber nach seinem leiblichen Vater Oktavian. Nach der Ermordung Cäsars regierte er zusammen mit Antonius und Lepidus im Triumvirat. Nach verschiedenen kriegerischen Auseinandersetzungen mit den beiden anderen, gelang es Oktavian schließlich, die Alleinherrschaft an sich zu ziehen. Ab 27 v. Chr. war er der uneingeschränkte Herrscher von Rom und bekam den Ehrennamen *Augustus*, das so viel bedeutet wie der *Geheiligte*. Bereits kurz nach seinem Tod wurde er zum Gott erhoben. Mit ihm begann die römische Kaiserzeit, in der sich alle Nachfolger auch Augustus nannten.

Neben Augustus sehen wir seine zweite Frau **Livia** (58 v. Chr. – 29 n. Chr.). Augustus ließ sich scheiden, um Livia 38 v. Chr. zu heiraten. Sie hatte bereits aus ihrer ersten Ehe einen Sohn, Tiberius, und war mit Drusus schwanger, als sie Augustus heiratete. Die beiden waren ein sehr populäres Kaiserpaar und wurden als Gottheiten verehrt.

Die beiden Marmorköpfe wurden nicht in Köln gefunden, sondern vom Museum angekauft, ebenso wie die Büste von **Agrippina der Älteren** (14 v. Chr. – 33 n. Chr.). Sie war eine Enkelin von Augustus und Livia. Ihr Vater war der Feldherr Agrippa, der seinerzeit in Köln die Ubiersiedlung errichten ließ. Agrippina war mit Germanicus verheiratet, der von Köln aus seine Soldaten kommandierte. Wenn das keine engen Verbindungen zwischen Köln und dem römischen Kaiserhaus sind! Außerdem hatten die beiden auch noch eine Tochter, nämlich Agrippina die Jüngere, die *Gründerin* von Köln.

Die römisch-kölnische Glasproduktion und ein kleines Wunderwerk aus Glas

___ Für die Herstellung von Glas benötigt man viel feinen weißen Quarzsand, der auf 1.400 Grad Celsius erhitzt und zu einer flüssigen glasigen Masse wird, aus der Gläser geformt werden können. Glücklicherweise fanden die Menschen vor 2.000 Jahren westlich von Köln diesen feinen Sand. Da die Römer die Rezepte und Handfertigkeiten aus Italien mitgebracht hatten, stand der Glasfertigung in Köln nun nichts mehr im Weg. Dem Sand wurden unterschiedliche Substanzen wie Pottasche und Soda zugefügt, damit die Glasmasse geschmeidig und gut zu bearbeiten war. Um das Glas haltbar zu machen, wurde außerdem ein Kalkgemisch dazugegeben. Für die unterschiedlichen Farben nutzte man fein geriebene Metalle. Die Glasherstellung war nicht ganz ungefährlich, weshalb sich die Werkstätten auch vor der Stadt befanden. Westlich des Römerturms fanden Ausgräber Reste von Glashütten.

Das RGM besitzt eine große römische Glassammlung mit zum Teil importierten Gläsern, aber auch vielen aus heimischer Produktion. Eins ist ganz besonders wertvoll und weltberühmt: das **Diatretglas** aus dem 4. Jahrhundert. Es wurde 1960 in einem römischen Grab in Braunsfeld gefunden. Das Glas war

Diatretglas, 4. Jahrhundert

in viele kleine Scherben zerbrochen. Dank der Leistung von Restauratoren steht das Diatretglas heute wieder in seiner ganzen Pracht vor uns. Es ist ein farbloses Kelchglas mit einem Netz aus farbigem Glas darüber. In einem sehr schwierigen und komplizierten Arbeitsvorgang entstanden solche Gläser als Luxusgüter für die Reichen.

Hier lebte ein vornehmer gebildeter Römer

___ Bereits 1844 wurde in der Nähe des Neumarkts das besonders schöne **Philosophenmosaik** entdeckt. In den kreisförmig angeordneten Bildfeldern können wir die Gesichter von griechischen Philosophen der Antike sehen. Unter anderen begegnen wir Diogenes, dem Asketen, der es vorzog, in einer Tonne zu leben, und Sokrates, dem Vater der klassischen Philosophie. Zwei Felder waren bei der Auffindung des Mosaiks zerstört. Dort ließen die Museumsleute des 19. Jahrhunderts Platon und Aristoteles einfügen, die auch aus unserer heutigen Sicht unbedingt zu den großen Philosophen der Antike gehören. In griechischen Buchstaben sind jeweils die Namen unter die Gesichter geschrieben. Dieses Mosaik wurde sicher für einen gebildeten Römer angefertigt, der sowohl mit der griechischen Philosophie als auch mit der griechischen Sprache vertraut war.

Neben dem Mosaik sind Wände aufgestellt, an denen die Reste von römischen **Wandmalereien** aus dem 1. Jahrhundert befestigt sind. Sie wurden in den Sechzigerjahren des 20. Jahrhunderts in der Nähe des Doms gefunden. Obwohl Mosaik und Wandmalereien ursprünglich nicht zusammengehörten, können wir hier doch einen guten Eindruck davon gewinnen, wie ein festlicher römischer Raum ausgesehen haben könnte, in dem sich vielleicht eine kleine feinsinnige gebildete Gesellschaft zum gemeinsamen Speisen und Diskutieren traf. Die bequeme Liege, die dort auf dem Mosaikboden steht, ist sozusagen das i-Tüpfelchen in diesem römischen Wohnraum.

Bitte zu Tisch!

___ Der **Grabstein des Marcus Valerius Celerinus** erzählt uns so bildlich wie kaum ein anderes steinernes Zeugnis vom Leben der Römer.

Wir sehen einem vornehm gekleideten römischen Ehepaar beim Essen zu. Der Mann liegt zu Tisch, seine Frau sitzt auf einem Sessel daneben. In unterschiedlichen Gefäßen befinden sich vielleicht Wein, Oliven und leckere Gerichte. Solche Gläser, Tonkrüge oder Silberschalen werden auch im Museum aufbewahrt. Die Frau hält auf ihrem Schoß einen Korb mit Früchten. Neben dem Mann steht ein Sklave bereit, jeden Wunsch zu erfüllen. Der Mann hält in seiner Hand eine Serviette, um sich nach der Hauptspeise den Mund und die Hände abzuwischen, denn schließlich aßen die Römer mit den Fingern. Dass ihnen Sauberkeit und Hygiene besonders wichtig waren, wissen wir aus vielen Quellen.

So muss sich Marcus Valerius Celerinus das Leben nach dem Tod vorgestellt haben. Er ließ den Stein noch zu seinen Lebzeiten anfertigen. Bequem, reichhaltig und sorgenfrei sollte es sein. Keine schlechten Aussichten.

Luxus und Lebenskultur der Römer

___ Die reichen Römer, die für ihre mühevollen und alltäglichen Arbeiten ihre Sklaven hatten, gaben sich gern dem Luxus und dem Körperkult hin. Das öffentliche Bad in den Thermen spielte dabei eine wichtige Rolle. Bevor sie sich ins Wasser begaben, ölten sie ihren Körper ein. Das Öl vermischte sich mit dem Körperschmutz und wurde dann mit speziellen Spachteln von der Haut gestrichen. So gereinigt, stiegen sie ins Bad. Die teilweise sehr kunstvollen Ton- oder Glasgefäße, in denen die Öle und Salben aufbewahrt wurden, sowie solche **Körperspachtel** können wir im RGM besichtigen.

> Bevor sie sich ins Wasser begaben, ölten sie ihren Körper ein. Das Öl vermischte sich mit dem Körperschmutz und wurde dann mit speziellen Spachteln von der Haut gestrichen. So gereinigt, stiegen sie ins Bad.

Auch beim Reisen legten die Römer Wert auf Bequemlichkeit. In einer Ecke der oberen Etage des Museums steht ein nachgebauter **römischer Reisewagen**. Der Wagen ist gut abgefedert, wie man an den Lederriemen sehen kann, die den Sitzraum mit dem Fahrgestell verbinden. Pferde zogen den Wagen. Hinter den Reisenden konnte ein Begleiter auf einem Absatz stehen und aufpassen, dass nichts passierte. So war das Reisen für die reichen Römer recht angenehm und sicher.

Götter für den Hausgebrauch

___ Die Römer hatten nicht nur viele verschiedene Götter mit unterschiedlichen *Zuständigkeitsbereichen*, sondern auch enorm viele Götterdarstellungen, meist Skulpturen. Auf den Straßen standen an allen Ecken Opfersteine, und auf den Plätzen befanden sich große Statuen. Aber auch zu Hause fehlten die Götter nicht. Das RGM zeigt uns eine große Auswahl von kleinen **Götterstatuetten** aus Bronze und Ton aus dem 2. und 3. Jahrhundert. Da sehen wir beispielsweise Isis, Jupiter und Minerva, Mars und Victoria, Merkur und Venus, alle nicht viel größer als eine Blumenvase.

Römischer und germanischer Schmuck

___ Eine Schmuckvitrine reiht sich neben die andere. Das RGM besitzt eine umfangreiche Sammlung alten, römischen Schmucks. Die Römerinnen hatten ein ausgeprägtes Gefühl für Eleganz. Ihre Ketten, Armreife und Ringe sind kostbar und kunstvoll zugleich. Schlendern wir an den Schmuckvitrinen vorbei, fällt uns plötzlich auf, dass sich die Schmuckstücke verändern. Haben wir eben noch die filigranen und eleganten Stücke bewundert, sehen wir jetzt größere und archaischere Schmuckstücke, die sehr modern wirken. Die Erklärung ist ganz einfach: Dieser Schmuck stammt nicht von den Römern, sondern von den Ostgoten und Germanen. Er wurde an den unterschiedlichsten Orten in ganz Europa gefunden und hier zusammengetragen.

Meister des Metallhandwerks: Die Franken

___ Die Franken übernahmen von den Römern zwar die Technik und das Wissen über die Bearbeitung und Fertigung von Keramik und Glas, aber ihre eigentliche Vorliebe galt der Verarbeitung von Metallen aller Art. Die Franken waren nicht nur tapfere und gute Krieger, sondern nachweislich auch gute Handwerker. Wie wichtig den Franken **Waffen** waren, können wir daran erkennen, dass sie ihren Toten die Waffen mit ins Grab legten. Im Museum gibt es die ganze Bandbreite der fränkischen Waffen zu bestaunen: kurze und lange Schwerter sowie Lanzen und Wurfbeile.

Die handwerklichen Tätigkeiten der Franken beschränkten sich aber nicht nur auf Waffen. Sogenannte **Fibeln**, die zum Verschließen der Gewänder dienten, wurden in Frauengräbern gefunden. Es sind kleine kunstvolle Metallarbeiten, die mit Edelsteinen verziert sind, ebenso wie einige Gürtelschnallen, die allerdings nur in Männergräbern gefunden wurden.

Zwei kunstvolle Steinmetzarbeiten zum Schluss

___ Wenn wir an den germanischen Schwertern vorbei und wieder zurück zur Treppe gehen, kommen wir an ein paar Grabsteinen und Grabwächtern vorbei, die uns in Staunen versetzen.

Da ist zum Beispiel dieser wunderbare Reiter mit seinem Pferd. Auch wenn das vordere Bein ein wenig zu lang geraten scheint, so sehen wir hier doch eine nahezu naturalistische Darstellung. Es handelt sich um das **Grabdenkmal für Flavius Bassus**. Dieser Flavius Bassus war ein ruhmreicher Kämpfer, wie unschwer zu erraten ist. Ob er seinen kunstvollen Grabstein wohl selbst noch gesehen hat?

Kauernder Löwe, 3. Jahrhundert

Ein Podest weiter begegnen wir einer Gruppe von steinernen Löwenskulpturen. Diese Löwen wurden als Grabwächter aufgestellt, um die Ruhe der Verstorbenen zu garantieren. Ein Löwe fasziniert mich besonders: der **Kauernde Löwe**. Er scheint gleich loszuspringen. Besser wagt man sich nicht so nah heran – er scheint seine Aufgabe als Grabwächter sehr ernst zu nehmen.

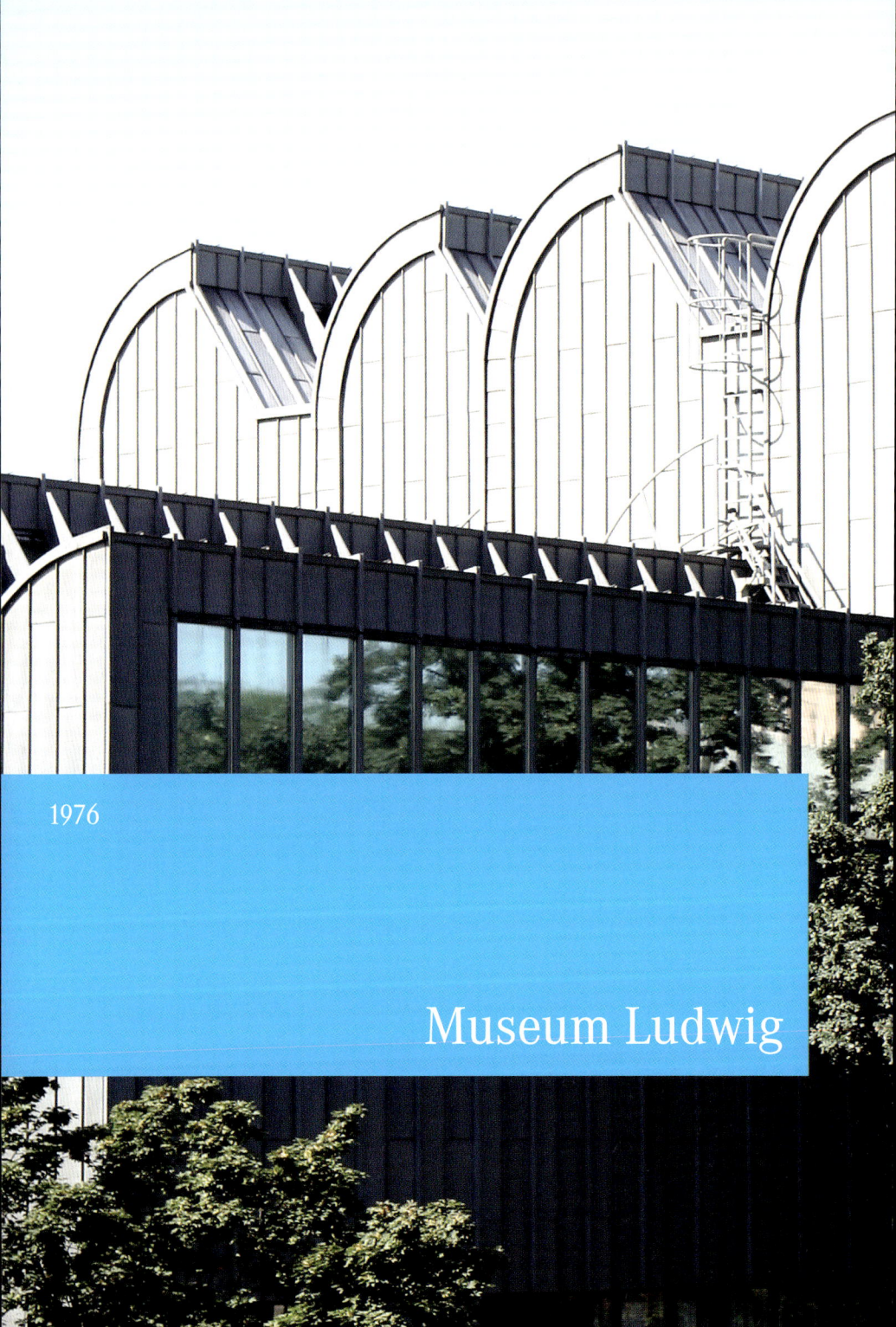

1976

Museum Ludwig

Moderne Kunst im Herzen von Köln

___ Das Museum Ludwig (kurz: ML) beherbergt die Kunst des 20. und des noch jungen 21. Jahrhunderts. Besonders gut sind die Expressionisten vertreten, die Sammlung der Pop-Art wird hier und da auch schon einmal als die beste der Welt bezeichnet, und Picasso ist mit der Fülle seiner Werke der eigentliche Star des Museums. Es ist ein großes Haus mit einer vielfältigen und abwechslungsreichen Sammlung, ein wunderbarer Ort, sich in der Welt von Malerei, Plastik, Fotografie, Objekt- oder Videokunst einfach treiben zu lassen.

Wie aus der Modernen Abteilung des Wallraf-Richartz-Museums das Museum Ludwig wurde

___ Schauen wir zurück in die Fünfzigerjahre und auf zwei tatkräftige Männer: Kurt Hackenberg (1914–1981), von 1955 bis 1979 Kulturdezernent in Köln, und Josef Haubrich (1889–1961), Anwalt, Politiker und Kunstsammler. Haubrich war es während der Nazizeit gelungen, Kunstwerke des Expressionismus, die als sogenannte *entartete Kunst* von den Nationalsozialisten aus den Museen entfernt wurden, zu retten und zu sammeln. Diese besondere Sammlung schenkte er nach dem Krieg dem Wallraf-Richartz-Museum.

Mit der Sammlung Haubrich war der Grundstock für die Moderne Abteilung gelegt. Weitere private Sammlungen kamen dazu. 1969 lernten die Kölner dann das Sammlerehepaar Irene Monheim (geboren 1927) und Peter Ludwig (1925–1996) kennen. Denn in diesem Jahr wurde ihre außergewöhnliche Sammlung amerikanischer und europäischer Künstler der Nachkriegszeit erstmals der Öffentlichkeit gezeigt. Die Kölner waren begeistert und kamen zu Hunderttausenden ins Museum. Die Ludwigs boten ihre Sammlung dem Museum als Dauerleihgabe an. Kurt Hackenberg verfolgte daraufhin das Ziel, ein eigenes Museum für die Kunst des 20. Jahrhunderts in Köln zu schaffen. Aber wie das so ist: Gut Ding will Weile haben. Im Jahr 1976 war es endlich so weit: Köln bekam ein neues Museum und die 350 Werke umfassende Kunstsammlung der Ludwigs geschenkt. Nur ein eigenes Gebäude fehlte noch.

Fabrikdächer und Treppenstufen für die Kunst: Über einen außergewöhnlichen und aufsehenerregenden Museumsbau im Herzen der Stadt

___ Mit der Gründung des Museum Ludwig war das Versprechen verbunden, ein neues Haus für das nun entstandene Doppelmuseum Wallraf-Richartz-Museum/Museum Ludwig zu bauen. Die Diskussion um den Bauplatz beschäftigte die Kölner sehr. Schließlich fiel die Entscheidung für den Standort des Busbahnhofs, der sich zwischen Dom und Rhein befand.

Der Museumsneubau von Peter Busmann (geboren 1933) und Godfrid Haberer ist ein leichter, schwungvoller Ziegelsteinbau mit leuchtenden, gebogenen Sheddächern aus Zink. Er steigt langsam vom Rhein nach oben an und schmiegt sich sanft an den Dom. Die Sicht auf den Ostchor bleibt frei. Der Museumsbau bildet einen fließenden Übergang vom Rhein zum Dom.

Im Innern beherrscht die große Treppenanlage den Raumeindruck. Wir fühlen uns unbeschwert in diesem lichten, freizügigen und weitläufigen Gebäude. Das freundliche, helle Parkett und die hellen Wände tun ein Übriges dazu.

Der Besucher wird nicht auf einem Rundkurs durch das gesamte Museum geführt, sondern kann selbst je nach Lust und Laune von der sogenannten *Museumsstraße* einmal rechts, einmal links in die Räume abbiegen, die ihn interessieren. Ein Konzept, das auch nach zwanzig Jahren noch überzeugt, überlässt es uns doch die freie Wahl, was wir sehen und wie wir die Kunst genießen möchten. Immer wieder gibt es Überraschungen, Durchblicke und Durchgänge, Erlebnisräume und atemberaubende Aussichten auf den Dom, den Hauptbahnhof und den Rhein. Einen besonders schönen Platz hat **Oskar Kokoschkas** (1866–1980) **Ansicht von Köln** gefunden. Fast zufällig gelangt man in den kaum sechs Quadratmeter großen Raum, der sich an zwei Seiten zum Rhein und Hauptbahnhof hin mit großen Fenstern öffnet. Und da hängt ganz still und verträumt Kokoschkas Kölnbild.

Der Bau von Busmann und Haberer gehört ohne Zweifel zu den großen, einfallsreichen Museumsneubauten der Achtzigerjahre. 1986 wurde das ursprüngliche Doppelmuseum Wallraf-Richartz-Museum/Museum Ludwig feierlich eingeweiht. 15 Jahre wohnten beide Museen gemeinsam in dem großen Haus zwischen Dom und Rhein. Dann versprachen die Ludwigs der Stadt die Schenkung ihrer weltberühmten Picasso-Sammlung, wenn sie im Gegenzug ein neues Wallraf-Richartz-Museum bauen würde. Das Museum am Rhein sollte nur noch für die Kunst des 20. Jahrhunderts da sein. Und so kam es dann auch. Seit 2001 haben die Ludwigs nun ihr eigenes Museum in Köln.

Keine einfache Sache: Der Leitfaden für das Museum Ludwig

___ Das 20. Jahrhundert hat es in sich. Seine vielen unterschiedlichen Ausdrucksformen, Künstlertypen, Theorien und Meinungen über Kunst sind kaum noch zu überschauen und erst recht nicht in ein Raster einzuordnen. Zudem ist die Ausstellung der Kunstwerke immer wieder im Wandel. Da habe ich in der einen Woche noch eine Fotoserie von Klauke gesehen, und in der nächsten ist sie weg, vielleicht ausgeliehen für eine Ausstellung in einem anderen Museum, vielleicht nur an einem anderen Ort hier im ML, vielleicht macht sie aber auch nur Platz für ein anderes Kunstwerk.

Verkehrte Welt – Innere Welt: Der Expressionismus

Schnelllebigkeit in der Großstadt

___ Im ersten Stockwerk finden wir die große Ausstellung mit Bildern und Skulpturen des Expressionismus. Direkt im ersten Raum rechts von der Treppe hängt **Ernst Ludwig Kirchners** (1880–1938) Gemälde **Fünf Frauen auf der Straße**. Dieses Bild ist entstanden, nachdem Kirchner 1911 nach Berlin gezogen war. Wie empfand der Künstler die Großstadt? Was dachte er über die Menschen, die dort lebten? Kann uns sein Bild eine Antwort geben? Zunächst sticht uns der zackige Malstil ins Auge. Mit kantigen schwarz-grauen Strichen sind fünf Frauen dargestellt. Sie gehen über einen Bürgersteig. Am linken Bildrand sehen wir noch das Rad eines vorbeifahrenden Autos. Rechts ist ein Schaufenster angedeutet. Gehen sie oder stehen sie? Es ist nicht eindeutig zu sagen. Jedenfalls herrschen Bewegung, ein Kommen, ein Gehen, ein Schauen und ein Beschautwerden. Oh ja, diese Damen tragen sich zur Schau. Mit ihren hochhackigen Schuhen und den auffallend spitzen Hüten präsentieren sie sich fast wie Schauspielerinnen. Aber wo bleibt ihre Persönlichkeit? Auf diesem Bild ist sie nicht zu erkennen. Sie sehen alle gleich aus, dem Diktat der Mode unterworfen. Kirchner wollte die Absurdität des Modezwangs in der Großstadt darstellen. Die Antwort auf die oben gestellten Fragen könnte so lauten: Kirchner betrachtete die Menschen in der Großstadt mit einem gewissen ironischen, kritischen, aber auch distanzierten Blick.

Kunst gegen den Krieg

___ Als **Ernst Barlach** (1870–1938) im Jahr 1914 die Skulptur **Der Rächer** schuf, war er wie die meisten anderen Künstler davon überzeugt, dass der gerade ausgebrochene Erste Weltkrieg gerechtfertigt und richtig sei. Aber schnell wendete sich die Euphorie in blankes Entsetzen. Kurze Zeit später war den Men-

Fünf Frauen auf der Straße, 1913, Ernst Ludwig Kirchner

(i)

Eigenart und Geschichte des deutschen Expressionismus

Konstruktivismus, Kubismus, neue Sachlichkeit, russische Avantgarde, Futurismus – alle diese Begriffe bezeichnen Kunstformen im ersten Viertel des 20. Jahrhunderts. Mit Expressionismus wird diese gesamte, vielfältige Kunstlandschaft bezeichnet. Beschränken wir uns bei der Fülle und Vielfalt hier einmal auf den deutschen Expressionismus.

Kandinsky, Mondrian, Klee und Co. wurden schon immer von einer breiten Masse geliebt. Die Farben und Formen der expressionistischen Bilder – ob abstrakt oder konkret – sprechen in uns positive, beruhigende, fröhliche Gefühle an. Dahinter steckt die sogenannte *Synästhesie*. Sie beschreibt das Phänomen, dass wir in unserer Wahrnehmung bestimmte Farben und Formen mit bestimmten Tönen oder Gerüchen, aber auch mit positiven oder negativen Empfindungen verbinden. Ein Bild kann uns mittels der verwendeten Formen und Farben also bestimmte provozierte Empfindungen entlocken.

Dabei ist die Geschichte des Expressionismus und seiner Werke und Künstler gar nicht so heiter und lustig. Schauen wir zurück: Wir befinden uns am Anfang des 20. Jahrhunderts. Überall ist Aufbruch zu spüren. Die alten Formen und Regeln sollen überwunden werden. Wörtlich werden die alten Kleider abgestreift und die Freikörperkultur, das Nacktbaden und Nacktturnen, zu deutlichen Zeichen der neuen Euphorie. Auch so in der Malerei! Es werden neue Möglichkeiten der Darstellung gesucht. Der Künstler soll frei über den Umgang mit Formen und Farben entscheiden dürfen, ohne jede Konvention. Unterschiedliche Künstlergruppen werden gegründet, wie 1905 *Die Brücke* in Dresden und 1911 *Der Blaue Reiter* in München.

1914 wird die Aufbruchstimmung mit dem Ausbruch des Ersten Weltkriegs jäh gestoppt. Euphorisch ziehen viele Künstler in den Krieg. Geknickt und gebrochen kehren sie zurück. Nun hat die expressionistische Malerei eine eindeutig politische Dimension bekommen, gegen den Krieg!

Mit der Machtübernahme durch die Nationalsozialisten beginnt der vielleicht leidvollste Weg des Expressionismus. Die Nationalsozialisten erklären diese Kunst für *entartet*, vernichten viele Werke und diffamieren die Künstler. Kein Wunder, dass viele Künstler aus Deutschland wegziehen. Ernst Ludwig Kirchner hat selbst dazu keinen Mut mehr. 1938 setzt er seinem Leben ein Ende und zerstört vorher noch viele seiner Zeichnungen und Drucke.

schen klar, dass es nur Verlierer geben konnte, die Toten und die Trauernden. Der *Rächer* wurde zum *Schlächter*, wie Barlach es selbst formulierte. Dieser Abguss stammt aus dem Jahr 1930 und kann als mahnendes Denkmal gegen den Krieg verstanden werden. Die Figur zeigt deutliche Einflüsse des Kubismus. Der Schwert schwingende Mann ist blockhaft und kubisch mit scharf geschnittenen Kanten.

Ein Einzelgänger: Max Beckmann

___ **Max Beckmann** hat sich sehr oft selbst porträtiert. Das ML besitzt unter anderem das **Selbstbildnis mit schwarzer Kappe** von 1934. Hier sehen wir ihn ohne einen Hinweis auf sich als Maler: kein Pinsel, keine Leinwand und keine Farben. Seine Arme sind vor der Brust gekreuzt, eine Geste der Abwehr oder des Trotzes. Irgendwie schaut er traurig und bedrückt. Das Entstehungsdatum dieses Bildes kann uns weiterhelfen. 1934 war Beckmann von den Nationalsozialisten schon diffamiert und seiner Professur in Frankfurt enthoben worden. Er war frustriert. Dieses Selbstporträt zeigt uns seine Enttäuschung und Verunsicherung. Durch die eintönige graue Wand im Hintergrund wird der Gesichtsausdruck noch verstärkt. In der Malweise der unbedeckten Körperteile, wie Beckmann die Haut, die Finger, die Augen, Nase und Mund darstellt, zeigt sich sein ganzes malerisches Können. Beckmann gehört zu den wichtigsten Malern der ersten Hälfte des 20. Jahrhunderts, ist aber immer ein Einzelgänger geblieben.

Ein Jahrhundertkünstler

Pablo Picasso

___ Einer der bedeutendsten Künstler des 20. Jahrhunderts ist ohne Frage **Pablo Picasso** (1881–1973). In Spanien geboren, lebte er überwiegend in Frankreich, war ein Genießer und Lebemann, hatte mehrere Frauen und zeugte bis ins hohe Alter Kinder. Die Menge seiner Kunstwerke ist fast unüberschaubar. Picasso in ein Raster einzuordnen oder ihn mit einem Stil zu identifizieren, ist unmöglich. Immer wieder durchbricht er Traditionen und Konventionen und malt und macht, was ihm gefällt. Wir begegnen ihm in der ersten Etage, entlang der breiten Museumsstraße.

Gemeinsam mit Georges Braque (1882–1963) entwickelt Picasso um 1907 in Paris den Kubismus. Figuren und Gegenstände werden in ihre ursprünglichen

Mann mit Hut, 1970,
Pablo Picasso

Formen zerlegt, gleichsam aufgesplittert. Die herkömmliche perspektivische Sicht auf die Dinge weicht der Abstraktion. Die **Frau mit Mandoline** von 1910 ist ein typisches kubistisches Bild. Dagegen zeigt Picasso die **Frau im grünen Morgenrock** von 1922 als klassische Figur. Dieser Künstler verblüfft uns immer wieder, indem er ständig neue Stile und Malweisen *erfindet*. Äußerst experimentierfreudig und spielerisch probiert er immer wieder neue Darstellungsformen aus. Dabei arbeitet er nach eigener Aussage oft spontan und lässt sich von den kleinsten Dingen inspirieren. Die Skulptur **Frau mit Kinderwagen** von 1950 ist Beweis für diese ihm eigene Kreativität. Da können wir alte Ofenklappen, Backförmchen oder Tierhörner entdecken. Für seine Skulpturen ist Picasso jedes Material brauchbar.

Aber auch die historischen und politischen Abläufe haben sein Schaffen beeinflusst. Die Bilder aus der Zeit des Zweiten Weltkriegs sind kantig, abwehrend und auch ein wenig erschreckend, wie beispielsweise die **Frau mit Artischocke** von 1942.

Fast grenzenlos scheinen die Malmöglichkeiten und Formgebungen in seinen Werken aus den Sechzigerjahren zu sein. Mal hart umrandet, mal weich moduliert, mal zersplittert, mal skizzenhaft, und das alles in einem Bild. Die **Melonenesser** von 1967 sind ein gutes Beispiel für diese Phase. Und schließlich bleibt uns wie ein wehmütiger Abschied, nicht ohne ein mehrdeutiges Lächeln, sein **Mann mit Hut**, in dem wir ein Selbstbildnis des alten Künstlers vermuten dürfen. Drei Jahre vor seinem Tod ist dieses Bild entstanden. Pablo Picasso ist einer der ganz Großen, auch weil er uns immer wieder verblüffen kann.

Verspielt – verträumt – geheimnisvoll – zufällig: Dadaismus und Surrealismus

Der avantgardistische Weg zum Surrealismus

___ Parallel zum Expressionismus entwickelte sich eine Kunstrichtung, die die alten Kunstformen komplett auf den Kopf stellte. Das künstlerische Schaffen und die Kreativität des Künstlers wurden infrage gestellt oder besser: auf den Prüfstein. **Marcel Duchamp** (1887–1968) nahm einen Flaschentrockner und deklarierte ihn zum Kunstwerk, obwohl er rein gar nichts daran verändert hatte. Nur seine Signatur machte aus dem Gebrauchsgegenstand ein Kunstwerk. Mit seinen *Readymades* führte er die Kunstwelt auf spielerische und ironische Art und Weise vor. Sein **Fahrrad** von 1913 ist ein gutes Beispiel dafür.

Ähnliches hören wir von den Dadaisten. Papierschnipsel, die zufällig auf ein Papier fallen, werden zu einem Kunstwerk zusammengeklebt. Der Zufall hat Regie geführt. Die Dadaisten, zu deren Köpfen **Hans Arp** (1886–1966) und **Max Ernst** (1891–1976) gehörten, behaupteten, der Dadaismus sei ohne Sinn, und Kunst entstünde nur durch den Zufall.

Gemeinsam mit dem französischen Schriftsteller **André Breton** (1896–1966) war es unter anderen Max Ernst, der Anfang der Zwanzigerjahre in Paris die Idee des Surrealismus formulierte. Dabei spielte das Unterbewusstsein eine wichtige Rolle. Der Traum als Zwischending von Gegenwart und Unbewusstem wurde als Quelle der Inspiration deklariert. Das künstlerische Schaffen solle ein ursprüngliches und fast automatisches Handeln sein, das die Tiefen der menschlichen Seele zu Tage bringe.

Max Ernsts Gemälde **Rendezvous der Freunde** gibt uns einen Einblick in den Kreis der surrealistischen Künstler. Freundlicherweise hat Ernst uns die Identifizierung der Dargestellten gleich mitgeliefert.

Eine besondere surrealistische Richtung stellt die fast fotografische Malerei von **Salvador Dalí** (1904–1989) und **René Magritte** (1898–1967) dar. Ihre Malerei lebt von der Irritation, von dem Zusammenspiel täuschend echt gemalter Dinge in einem unwirklichen Zusammenhang.

Es geht um das Unbewusste und Irrationale, um das, was gegen die Vernunft ist, und das, was gegen unsere üblichen Erfahrungen beim Sehen spricht. Wie in einem Traum können große Dinge ganz klein, tote Dinge lebendig oder friedliche Dinge bedrohlich werden.

Ein merkwürdiger Bahnhof

___ Wir stehen vor **Salvador Dalís** Gemälde **Der Bahnhof von Perpignan**. Groß, dicht und beeindruckend hängt es an der Wand. Manches ist unscharf, manches extrem plastisch. An den Bildrändern stehen ein betender Mann und eine betende Frau. Diese beiden Figuren stammen aus einem Bild des Malers Milet. Dalí ließ dieses Bild röntgen und sah, dass Milet zwischen den betenden Eltern einen Sarg gemalt hatte, den Sarg des toten Sohnes, wie Dalí es interpretierte. Später hatte Milet den Sarg wieder übermalt. In seinem Bild setzt Dalí an die Stelle des toten Sohnes eine monumentale unscharfe Christusfigur mit Dornenkrone. Der Tod ist präsent. Inmitten der Christusfigur und zentral in der Bildmitte fällt uns jemand entgegen. Es ist Dalí selbst. Gleich zweimal scheint er aus dem Bild zu fallen – in eine andere Bewusstseinsebene, aus dem Traum ins Wachsein? Ganz ruhig, mit dem Rücken zu uns, steht am unteren Bildrand seine Frau Gala. Wartet sie, bis der Künstler aufgewacht ist?

Es gibt noch viele weitere Dinge in diesem Bild. Nehmen wir den Güterwagen, der dem Bild seinen Namen gab. Dalí war begeistert vom Bahnhof in Perpignan, erinnerte ihn die Halle dort doch an eine Skizze, die der große Psychologe und Traumdeuter Sigmund Freud von seinem Studierzimmer angefertigt hatte. So wurde der Bahnhof für Dalí ein bedeutungsträchtiges Symbol für die Psychologie Freuds.

Und dann sehen wir plötzlich die Wunde, die Wunde im Leib Christi. Während Christus selbst nur schwer zu erkennen ist, tritt die Wunde an vorderster Ebene in Erscheinung, fast so, als ob in der Leinwand selbst ein Schnitt wäre. Ebenso verhält es sich mit der Mistgabel, die so aussieht, als ob sie jemand von außen auf das Gemälde gepiekst hätte. Schließlich entdecken wir am unteren Bildrand eine friedliche Meerlandschaft. Welche Gegensätze! Wie im Traum sehen wir unscharfe Andeutungen und konkrete Dinge. Es geht um Ängste und Fantasien, um Tod und Erkennen.

Der Bahnhof von Perpignan, 1965, Salvator Dalí

Abstrakt und realistisch: Die Kunst der Fünfziger- und Sechzigerjahre

Die Faszination der Abstraktion

___ In den Fünfzigerjahren beherrschte die Abstraktion die Kunst. Es gab kaum figürliche Darstellungen. Die abstrakte Kunst dieser Zeit hatte auch einen politischen Hintergrund. Im Zweiten Weltkrieg hatten die freiheitlichen Nationen die Diktatur in Deutschland besiegt. Die Abstraktion galt als freiheitliche und individuelle Kunst. Der Künstler tut das, was er will, und nicht das, was er soll oder was die Realität ihm vorgibt. Die abstrakte Kunst entwickelt ihre eigene Bildsprache. Somit wurde sie auch zum Symbol für die freie Welt. Sie stand im Kontrast zu der Kunst, die in diktatorischen Systemen als Propaganda benutzt wurde, indem sie mit konkreten, figürlichen Inhalten den Menschen zeigen sollte, wo es langgeht.

New York war in den Fünfzigerjahren ein Zentrum für die abstrakte Kunst. Deshalb spricht man auch von der *New Yorker Schule*. Eine Richtung dieser *New Yorker Schule* nennt man den *abstrakten Expressionismus*. Damit werden Bilder bezeichnet, die sehr ausdrucksstark (= expressiv) sind. Sie strotzen vor Energie und Kraft. Das hat auch mit der Art zu tun, wie diese Bilder entstanden sind. Nehmen wir beispielsweise die sogenannten *action paintings* von **Jackson Pollock** (1912–1956). Pollock ließ die Farbe von Pinseln oder direkt aus Farbflaschen auf die Leinwände tropfen, die flach auf dem Boden lagen. Dabei bewegte sich Pollock ständig um das Bild herum. Die Bilder spiegeln uns ihren dynamischen Entstehungsprozess wider.

Neben dem abstrakten Expressionismus gab es noch weitere Ausdrucksformen der abstrakten Kunst. Schauen wir uns beispielsweise die schwarzen Bilder von **Frank Stella** (geboren 1936) an. Die großflächigen, einfarbigen Bilder von Stella wirken im Vergleich zu Pollocks Bildern emotionslos und nüchtern. Das ist die totale Abstraktion, ohne Inhalt, Form oder Hintergrund – nur noch Farbe.

Auch in Europa stand in den Fünfzigerjahren die abstrakte Kunst im Vordergrund. In Paris prägte der in Deutschland geborene **Hans Hartung** (1904–1989) mit seiner ganz eigenen, spontanen, abstrakten Bildsprache viele junge Künstler. In Italien machte **Lucio Fontana** (1899–1968) mit seinen zerschnittenen Leinwänden auf sich aufmerksam. Und in Deutschland ließ **Ernst Wilhelm Nay** (1902–1968) in seinen frühen Werken den deutschen Expressionismus aus der Zeit vor dem Zweiten Weltkrieg wieder aufleben, wie beispielsweise in der **Jakobsleiter** von 1946. Alle diese Künstler können wir in der zweiten Etage treffen.

Das Spiel mit der Realität: Nouveau Réalisme

___ »Jedes Ding ist ein Kunstwerk!« Marcel Duchamp, die Dadaisten und Surrealisten hatten bereits mit den Dingen der realen Welt gespielt. Und genau da sind auch die Wurzeln für den *neuen Realismus* zu finden, den der französische Kritiker **Pierre Restany** 1961 in Paris *Nouveau Réalisme* nannte. Die realistische Kunst, die sich in den Sechzigerjahren durchsetzte, war auch eine Gegenreaktion auf die abstrakte Kunst.

Im ML gibt es eine Reihe sehr anschaulicher Werke des *Nouveau Réalisme*. Nehmen wir zum Beispiel die **Accumulation des brocs** (Emailkannen in Plexiglaskasten) von **Arman** (1928–2005) aus dem Jahr 1961. Hier sehen wir einfache Alltagsgegenstände, die nicht vom Künstler gestaltet oder bearbeitet worden sind. 1960 hatte Arman sogar in einer Pariser Galerie einen Raum bis unter die Decke mit Müll vollgestopft und das Ganze zu Kunst erklärt.

Ebenso krass ist die 1961 entstandene Arbeit **La table de Robert** von **Daniel Spoerri** (geboren 1930). Spoerri hat die Überbleibsel einer Mahlzeit wie Brotreste und einen vollen Aschenbecher auf eine Holzplatte geklebt und diese dann an die Wand gehängt. Wenn wir uns diese Kunstwerke ansehen, können wir den zufälligen, spontanen und ebenso provokativen und witzigen Charakter dieser Werke nicht übersehen.

Zur Gruppe des *Nouveau Réalisme* gehörten auch **Jean Tinguely** (1925–1991) und **Yves Klein** (1928–1962). Diese beiden Künstler fühlten sich wohl eher theoretisch als praktisch der Gruppe zugehörig. Denn ihre Werke stellen jeweils einen ganz eigenen Stil dar. Jean Tinguely fügte seinen Arbeiten die Elemente der Bewegung und des Geräuschs hinzu. Es entstanden lustige, sich bewegende, klappernde Apparate, die aus allerhand Schrottteilen zusammengebaut waren. Ähnlich ist es mit Yves Klein. Sicher gab es auch schon vor Yves Klein monochrome (= einfarbige) Bilder. Aber kein Künstler vor ihm hat die Einfarbigkeit in dieser Art stilisiert. Nur noch eine Farbe bestimmte seine Gemälde: das berühmte *Yves-Klein-Blau*, das er zusammen mit einem Chemiker speziell für seine Bilder entwickelt hat, kurz YKB. Kein Yves-Klein-Gemälde ohne Yves-Klein-Blau. Besonders spannend ist dabei die Art und Weise, wie die Farbe auf die Leinwand kam. Mal benutzte er mit Farbe getränkte Schwämme, mal waren es nackte Frauenkörper, die sich mit Farbe angemalt über die Leinwand rollten.

Diese Kunstwerke des Nouveau Réalisme befinden sich in einem kleineren, etwas abgeschirmten Bereich, der noch hinter der Museumsstraße der ersten Etage liegt. Dort sind auch Werke von deutschen Künstlern aus den Sechzigerjahren untergebracht, von denen noch die Rede sein wird.

> Es entstanden lustige, sich bewegende, klappernde Apparate, die aus allerhand Schrottteilen zusammengebaut waren.

Plakativ und schrill: Die Pop-Art

___ Im Untergeschoss des Museums treffen wir auf die einzigartige Pop-Art-Sammlung. **Robert Rauschenberg** (1925–2008) gehörte zu denjenigen, die dem neuen Stil die Türen öffneten. Wenn wir uns sein Bild **Achse** von 1964 anschauen, entdecken wir viele verschiedene Fotos, beispielsweise von Kennedy, einem Astronauten oder der Freiheitsstatue. Mit der Kombination von Zeitungsvorlagen oder Fotos mit gemalten Farbflächen und -strichen ist hier ein

Achse, 1964, Robert Rauschenberg

Bild entstanden, in dem wir Amerika in der Aufbruchstimmung entdecken und vieles vom Mythos *Amerika* spüren können.

Auch wenn Rauschenberg Motive des Alltags oder Fotovorlagen verwendete, waren es doch sein eigener Entwurf und seine Gesamtkompositionen. Genau das änderte sich in den folgenden Jahren. Der Anteil des Künstlers trat immer weiter in den Hintergrund. Für diese Art der Kunst steht vor allem ein Mann: **Andy Warhol** (1928–1987). Als Werbegrafiker kam er Anfang der Fünfzigerjahre nach New York. Er entwickelte mithilfe des Siebdrucks eine Kunstproduktion, die Motive aus der Konsumwelt übergroß als Kunstwerke präsentierte, ohne dass irgendwo die Einwirkung des Künstlers sichtbar wurde. Das konnte eine Coca-Cola-Reklame sein, Elvis Presley oder Marilyn Monroe. Warhol verwendete aber auch kritische oder zumindest erschütternde Vorlagen. So kann es passieren, dass wir plötzlich vor einem **Flugzeugabsturz** stehen.

Werfen wir schließlich noch einen Blick auf die riesigen, plakativen Comiczeichnungen von **Roy Lichtenstein** (1923–1997). Bei genauerem Hinsehen erkennen wir Motive aus der Kunstgeschichte. Mal verarbeitete Lichtenstein ein Motiv aus der expressionistischen Malerei, mal aus der impressionistischen. Ausschnitt und Bildaufbau sowie die akribisch gesetzten Pünktchen machen die Bilder zu einzigartigen Kunstwerken.

Das Transportable Kriegerdenkmal

___ Das Denkmal von **Edward Kienholz** (1927–1994) besteht aus vielen Einzelteilen. Auf der linken Seite sehen wir eine Gruppe von Soldaten, die gerade eine Fahne hissen. Vorlage für diese Gruppe war ein Foto aus dem Zweiten Weltkrieg, als amerikanische Soldaten auf einer japanischen Insel ihre Flagge hissten. Dieses Foto wurde in ganz Amerika als Symbol für die Helden Amerikas verbreitet. Hinter der Soldatengruppe ist das Plakat aufgehängt, mit dem amerikanische Soldaten angeworben wurden. Ganz außen auf der linken Seite steckt in einer Tonne eine Puppe mit dem Aussehen der Sängerin Kate Smith, die durch ihre patriotischen Lieder bekannt war. Auf der rechten Seite ist eine Hotdogbar dargestellt, in der ein übrigens immer noch funktionierender Coca-Cola-Automat steht. Zwischen den fahnehissenden Soldaten und den Leuten an der Bar hängt eine schwarze Tafel, auf der 475 Namen von früher unabhängigen Ländern geschrieben stehen, die von fremden Ländern erobert wurden.

Edward Kienholz wollte, dass dieses Kriegerdenkmal immer wieder an die Orte transportiert wird, wo Krieg herrscht, wo wieder einmal Eroberungen stattfinden. Trotz der silbernen Farbe, trotz der starren Erscheinung wirkt das Kriegerdenkmal sehr realistisch und verfehlt seine Wirkung nicht, nämlich moralisch, kritisch und pazifistisch auf die Unsinnigkeit der Kriege hinzuweisen.

Eine alltägliche Begebenheit

___ Bei keinem anderen Künstler werden Alltagssituationen drastischer formuliert als bei **George Segal** (1924–2000). Seine Skulptur **Frau wäscht Füße in einem Waschbecken** zeigt eine Szene, die wir uns in irgendeiner einfachen New Yorker Wohnung vorstellen können. Es ist das einfache Leben, das uns hier wie in einem Schaukasten vorgestellt wird. Es sind die Handlungen, die sich immer und immer wiederholen, ohne tiefere Bedeutung.

Mit Gipsbandagen hat Segal seine Modelle, meist Freunde, eingewickelt, dann die Gipsabdrücke abgenommen, um sie später wieder zusammenzusetzen. Die Figuren sind lebensgroß, und allein dadurch wirken sie realistisch. Aber bei genauerem Hinschauen fällt uns auf, dass sie keine Gesichtszüge haben. Sie sind austauschbar. Jeder kann es sein.

Achtung!

___ Apropos realistisch: Es kann passieren, dass wir unvermittelt, ganz plötzlich vor einer **Frau mit Umhängetasche** stehen, die merkwürdig still und ungerührt wirkt. Wir schauen zweimal hin. Nein, die Frau ist nicht echt. **Duane Hanson** (1925–1996) hat sie gemacht. Da steht sie nun auf dem Boden, ohne Sockel, in extrem realistischer Gestalt, als ob sie auch eine Museumsbesucherin wäre. Weil sie aber so echt aussieht, wurde sie unlängst von einem Schüler umgerannt und brach sich einen Arm. Dieser kleine Unfall ist wohl schuld daran, dass sie jetzt nicht mehr ganz so zufällig irgendwo herumsteht.

Deutsche Kunst der Sechzigerjahre

___ Kommen wir nun zur deutschen Kunst der Sechzigerjahre. Da fallen uns vor allem drei Namen ein: **Josef Beuys** (1921–1986), **Nam June Paik** (1932–2006) und **Wolf Vostell** (1932–1998). Drei Künstler, die vom neuen Realismus in der Kunst beeinflusst wurden, aber ihre ganz eigenen Wege gingen.

Beuys ist sicher die ganz große Künstlerpersönlichkeit der Sechziger- und Siebzigerjahre in Deutschland. In seinen Werken spielen Symbole eine wichtige Rolle. Schauen wir uns das **Doppelaggregat** aus dem Jahr 1969 an. Auf einem bronzenen, kubischen Gestell finden wir acht kleinere Kästen, die an Bienenkörbe erinnern. Die Biene taucht in Beuys' Werk immer wieder auf. Sie gilt als ein Tier, das immer in Bewegung ist und Energie und Wärme spendet. Diese Skulptur soll gleichsam eine Kraftquelle für den Betrachter sein.

Ähnlich wirkt die Skulptur **Shigeko's Buddhas** von **Nam June Paik**. Durch Ruhe, Meditation und Beobachtung entsteht eine innere Kraft. Die drei Buddhafiguren schauen in drei Monitore. Dort laufen Filme mit dem Tänzer Merce Cunningham, dem Komponisten John Cage und Marcel Duchamp. Alle drei sind bedeutende Wegbereiter für die moderne Kunst. Paik gibt uns klar zu verstehen, dass er die Arbeit der drei *Meister* bewundert. Seit den Sechzigerjahren finden wir in Paiks Werk diese spannende Konfrontation zwischen Zen-Buddhismus und moderner Technik.

Miss Amerika (1968) von **Wolf Vostell** lässt uns zunächst wegen der Kombination von Foto und Malerei an Rauschenberg denken. Ein gefesselter Mann wird erschossen. Es ist eine Szene aus dem Vietnamkrieg. Dahinter schreitet eine Schönheitskönigin. Welcher Gegensatz? Oder sind Menschen, Opfer wie Täter gleichermaßen, alle nur Getriebene der Gesellschaft und der Mächtigen? Vostell bediente sich der Stilmittel der neuen realistischen Kunst, ging aber in seiner Kritik und Mahnung weiter als viele seiner Kollegen.

Alles ist möglich: Kunst der letzten Jahrzehnte und der Gegenwart

___ In den Fünfzigerjahren haben wir eine Dominanz der abstrakten Malerei erlebt, in den Sechzigern das Vorherrschen von realistischen Elementen. Solche Zuordnungen sind kaum noch möglich – oder anders formuliert: Alles ist möglich, zu jeder Zeit, in jeder Form. So erleben wir Künstler, die sich auf die klassische Malerei besinnen, aber auch solche, die mit allem bisher Bekannten brechen und uns mit vollkommen neuen Formen der Malerei oder

Zeichnung konfrontieren. Wir stehen vor Skulpturen aus den unterschiedlichsten Materialien. Und wir sehen, dass immer mehr Fotografien und Videos als eigenständige und gleichwertige Kunstformen in die Museen einziehen.

Im Folgenden werde ich auf die Angaben, wo welches Kunstwerk zu finden ist, verzichten, weil sich gerade im Obergeschoss immer wieder die Hängung und Aufstellung verändern können.

Deutsche Malerei seit den Sechzigerjahren

___ Ende der Sechziger-, Anfang der Siebzigerjahre konnten wir eine regelrechte Wiederbelebung der puren Malerei erleben. Künstler wie **Georg Baselitz** (geboren 1938) oder **Jörg Immendorf** (1945–2007) erregten mit ihren großformatigen Gemälden das Interesse der Öffentlichkeit. Dabei waren nicht alle gleichermaßen begeistert von der neuen Malerei. **Baselitz** beispielsweise provozierte die Betrachter mit seinen Gemälden, in denen die dargestellten Gegenstände auf dem Kopf stehen, so in **Der Wald auf dem Kopf** von 1969. Damit wollte er zum Ausdruck bringen, dass ihm der Gegenstand nur ein Mittel war, um eine Struktur ins Bild zu setzen. Sein Interesse galt dem Malerischen an sich, dem Farbauftrag und der Wirkung der Farben und Strukturen. Bei **Immendorf** dagegen spielt der Inhalt eine entscheidende Rolle. In der Serie **Café Deutschland** (das Kölner Bild entstand 1978) setzte sich Immendorf mit dem Thema der Teilung Deutschlands auseinander sowie mit der Gegenüberstellung von Ost und West. Die Bilder Immendorfs sind aus heutiger Sicht spannende historische Dokumentationen und gleichzeitig politische Stellungnahmen.

Deutlich mehr internationale Anerkennung erlangten **Gerhard Richter** (geboren 1932) und **Sigmar Polke** (geboren 1941). **Polke** gehört zu den Künstlern, die immer viel experimentierten. Schauen wir uns seine große Arbeit ohne Titel an, wo schwarze und weiße Farbe auf Tweed und Persianergewebe aufgetragen ist. Die Form erinnert an die Tintenklecksbilder, die zufällig entstehen, wenn ein Papier mit Tinte in der Mitte gefaltet wird und sie zwischen den beiden Papierhälften zerfließt. Genauso können wir in diesem großen Bild von Polke unsere Fantasie schweifen lassen und frei assoziieren, was wir in den *zufälligen* Formen erkennen, die allerdings alles andere als zufällig entstanden sind, sondern sorgfältig von Polke angelegt wurden.

Richter wurde mit Bildern bekannt, die er nach Fotovorlagen anfertigte. Diese fotorealistischen Bilder sind faszinierend, weil wir auf den ersten Blick gar nicht glauben können, dass es keine Fotos, sondern Gemälde sind, wie beispielsweise die 1971/1972 entstandenen **48 Porträts**. Das Bild **Ema – Akt auf einer Treppe** malte Richter 1966 nach einem privaten Foto. Die Konturen sind

Ema – Akt auf einer Treppe, 1966, Gerhard Richter

verwischt und dadurch unscharf. Mit dieser Technik weist Richter uns eindeutig auf die malerischen Elemente in diesem Bild hin. Richter hat immer wieder neue Wege der Malerei beschritten, wie uns unlängst die Ausstellung im ML mit seinen großartigen abstrakten Gemälden zeigte.

Darf es auch ein bisschen absurd und anders sein?

___ Neben dieser großformatigen Malerei formierte sich seit den Siebziger- und Achtzigerjahren auch eine verspielte, experimentelle, manchmal einfach witzige und auch selbstironische Kunst in Deutschland. Zur Malerei gesellten sich Skulptur und Grafik und setzten neue Akzente. Neue Materialien wurden verwendet, bisher ungewohnte Zusammenhänge hergestellt und scheinbar Unmögliches ausprobiert.

Zu diesen Künstlerinnen und Künstlern gehören zum Beispiel **Isa Genzken** (geboren 1948), **Rosemarie Trockel** (geboren 1952), **Thomas Schütte** (geboren 1954), **Katharina Fritsch** (geboren 1956) oder **Martin Kippenberger** (1953–1997), um nur einige mit Namen zu nennen.

Schockierende Spieße

___ Dieses Werk der französischen Künstlerin **Annette Messager** (geboren 1943) schockiert uns sofort. Die **Spieße** an sich sind martialisch und erschreckend. Aber noch schlimmer ist, was da aufgespießt ist: Zuerst sieht man nur die nackten Puppenkörper aus Stoff. Dann nimmt man Stück für Stück die einzelnen Körperteile war, die ebenfalls aus Stoff gearbeitet sind. Und als ob das nicht genug des Grauens wäre, sind die Körperteile zusätzlich auch noch mit Buntstiften gespickt. Zwischen den aufgespießten Körpern finden wir außerdem aufgespießte Zeichnungen. Darauf sind Kampfflugzeuge, Unwetter und Tote zu erkennen. Alle Spieße sind in eine Ecke des Raumes gestellt. Man fühlt sich an Ecken im eigenen Haus oder in der Wohnung erinnert, wo Dinge abgestellt sind, die gerade nicht gebraucht werden. Warten die Spieße auch darauf, wieder gebraucht zu werden? Wann werden Tod und Schrecken, Gewalt und Angst das nächste Mal zum Einsatz kommen? Und wo wüten sie in gerade diesem Moment?

179

Das Foto als Bild in der Kunst

___ Seit den Sechzigerjahren tauchten Fotografien und Videoinstallationen in der Kunst auf. Heute sind diese Medien nicht mehr aus der Kunst wegzudenken. Auf den ersten Blick scheinen Fotografien ein Ausdruck der realistischen

Kunst zu sein. Sie bilden schließlich die Realität ab. Doch stimmt das? Oder sind sie eher Manipulationen der Realität? Wir sind gut beraten, nicht alles zu glauben, was uns als fotorealistisches Abbild der Wirklichkeit präsentiert wird. Fotografien können überzeichnet oder verfremdet sein. Natürlich gibt es auch die Fotos, die tatsächlich schonungslose Abbilder der realen Welt und der realen Menschen sind. Sie können entlarven oder nur beobachten.

Cindy Sherman (geboren 1954) setzt sich mit ihren teils schonungslosen, aber auch manchmal skurril überzeichneten Frauenfotos mit dem Frauenbild in der Gesellschaft auseinander. Bei Shermans Fotos können wir nie ganz sicher sein, was an diesen Bildern *echt* ist. Auf eine andere Weise sind die Fotoarbeiten von **Anna und Bernhard Blume** (beide geboren 1937) *unecht*. Die beiden fotografieren sich selbst in ungewöhnlichen Alltagssituationen. Ihre überzeichneten, teils unscharfen Fotos sind voller Ironie und Absurdität.

Ganz anders verhält es sich mit den klaren, scharfen Fotografien von Industriebauten, die **Bernd und Hilla Becher** (1931–2007/geboren 1934) seit 1959 fotografieren. Damit ist eine einzigartige Bilddokumentation entstanden. Die Aufnahmen von Bernd und Hilla Becher strahlen eine klare, nüchterne Ästhetik aus. Ähnlich ist es mit den Fotografien von **Thomas Ruff** (geboren 1958). Seine Porträts und Gebäudefotografien sind kühl, distanziert und äußerst scharf. Störende Details entfernt Ruff mit dem Computer. Ist das die ideale Fotografie?

Porträt ist nicht gleich Porträt – oder doch?

___ **Jürgen Klauke** (geboren 1943) war einer der ersten Künstler, der mit Fotos arbeitete. Seine Arbeiten sind hintersinnig, tiefgehend und pointiert. Hier sehen wir zwölf Porträtaufnahmen von Klauke selbst. Einmal lacht er, einmal schaut er ernst. Es sind immer dieselben zwei Aufnahmen, die sich wiederholen. Auf jedem Foto steht eine andere Beschriftung, die uns über die Arbeit,

Ein Versuch der Definition von moderner Kunst

Was fällt uns in der modernen Kunst auf? Zunächst können wir feststellen, dass der *Mensch* als Thema nach wie vor das grundlegende Thema in der Kunst bleibt – wie schon seit der Antike und durch alle Jahrhunderte hindurch. Die Kategorie *schön* spielt keine Rolle. Alles ist möglich! Grenzen scheint es nicht mehr zu geben, weder in moralischem noch in ästhetischem Sinn. Oft sehen wir, dass Stilelemente oder Themen aus früheren Zeiten neu aufgelegt werden.

Bei all der Vielfalt der modernen Kunst bleibt aber doch ein entscheidendes Merkmal, was die Kunst zur Kunst macht. Kunst

die Eigenschaft oder das Verhalten des jeweiligen Menschen informiert. Da es dabei um immer dieselben Porträts geht, wird deutlich, wie unsinnig es wäre, die Mimik zu deuten.

Blicken wir kurz ins 18. Jahrhundert. Damals beschäftigten sich Künstler und Philosophen intensiv mit der Frage, inwieweit das Aussehen eines Menschen etwas über seinen Charakter aussagen kann. Die Auseinandersetzung über die Bedeutung der Physiognomie gipfelte in Johann Kaspar Lavaters *Physiognomischen Fragmenten zur Beförderung der Menschenkenntnis und Menschenliebe*, die 1775 erschienen. Darin erklärte Lavater, dass man bestimmte Gesichtsmerkmale einem bestimmten Charakter zuordnen kann. Hakennase und vorstehendes Kinn seien klare Anzeichen für einen schlechten Menschen.

Klauke beschäftigt sich in dieser Fotoserie mit dem unglaublichen Titel **Das menschliche Antlitz im Spiegel soziologisch-nervöser Prozesse** also mit einem uralten Thema. Gleichzeitig führt er den Versuch, anhand eines Gesichtsausdrucks auf den Charakter oder den Beruf eines Menschen schließen zu wollen, ad absurdum.

Bewegte Bilder: Die Videokunst

___ Der große Pionier der Videokunst war **Nam June Paik**, von dem schon die Rede war. Die besondere Eigenart des Videos sind die bewegten Bilder, die, weil sie so echt und so unmittelbar aus dem Leben kommen, den Betrachter direkt ansprechen. Dazu kommt der Ton der Videos, der einen auch erreicht, wenn man gar nicht auf den Monitor schaut. Videokunst kann schockierend, aber auch lustig sein. Oft ist sie einfach nur beobachtend und zeigt uns Szenen aus dem normalen Leben. Das ML verfügt über eine große Sammlung von Kunstvideos und Videoinstallationen, die wir im Untergeschoss des Museums anschauen können.

ist dann Kunst, wenn sie den Betrachter erreicht. Das kann durch Irritation, Begeisterung und Bewunderung für die künstlerischen Fähigkeiten, durch emotionales Berühren und Bewegen oder Schockieren sein. Es kann aber auch das Erzählen oder Dokumentieren sein, das den Betrachter fesselt, oder das Hintergründige, Symbolische, was zum Nachdenken anregt. Kunst kann auch deshalb Aufmerksamkeit auf sich ziehen, weil sie witzig, spontan oder ironisch ist, manchmal sogar banal. Wenn sie nichts beim Betrachter auslöst, dann fehlt ihr was, dann ist sie keine Kunst!

(i)

1982

Haus des Waldes

Ein Waldmuseum

Köln und sein Wald

___ Köln ist die waldreichste Stadt in Nordrhein-Westfalen und gehört zu den waldreichsten Städten in ganz Deutschland. Der Waldbestand in Köln ist überwiegend ein Laubmischwald und durch Neuanpflanzung in den letzten Jahrzehnten entstanden. Zum Kölner Waldbesitz gehören zum Beispiel die verschiedenen Grüngürtel auf beiden Rheinseiten. Insgesamt ist die Fläche des städtischen Waldes fast so groß wie 10.000 Fußballfelder. Dazu muss man wissen, dass der große *Königsforst* nicht dazugezählt wird, weil er in Landesbesitz ist, ebenso wie die *Wahner Heide*, die dem Bund gehört.

Insgesamt ist die Fläche des städtischen Waldes fast so groß wie zehntausend Fußballfelder.

Das Gut *Leidenhausen*

___ Gut Leidenhausen in Köln-Porz ist ein alter Gutshof, der vielleicht schon in fränkischer Zeit existierte, auf jeden Fall aber im Mittelalter bewohnt war und im 18. Jahrhundert erweitert und verändert wurde. Hier residierten unter anderen die Grafen von Mirbach und Weichs. Das Gut gehörte auch einmal zum Gestüt Röttgen, das sogar eine Trainingsstrecke für seine Rennpferde anlegen ließ.

Seit den 1960ern ist es im Besitz der Stadt Köln. Heute nutzen verschiedene Vereine und Organisationen das Gut, wie zum Beispiel eine Greifvogelstation, die verletzte Tiere aufnimmt, sie gesund pflegt und möglichst wieder in die Freiheit entlässt. Seit 1982 befindet sich auf dem Gut auch das Haus des Waldes.

Im Innenhof, der von den Gebäuden aus dem 18. und 19. Jahrhundert umstellt ist, steht eine gewaltige **Linde**. Auf der anderen Seite der Gutsgebäude befindet sich das **Obstmuseum**. Das ist eine große Wiese mit vielen verschiedenen Wiesenblumen und unterschiedlichen Obstbäumen, die vor allem alte Sorten tragen. Vorbei am kunstvollen **Bienenhotel**, einer Holzkonstruktion mit kleinen Löchern, in denen die Bienenlarven heranwachsen können, wenden wir uns nun dem Eingang des Museums zu. Hier empfangen uns Hölzer, die 20 Millionen Jahre alt sind. Daneben stehen Stücke von Ulmenstämmen, die 200 Jahre alt wurden, bevor sie abstarben.

Das ist ohne Zweifel ein beeindruckender Einstieg in das Thema *Wald*, der uns neugierig macht.

Im und rund um den Wald

Wie sich der Wald entwickelt und verändert hat

____ Im unteren Eingangsbereich blicken wir auf ein großes Gemälde, das uns Köln zeigt, wie es vor 20 Millionen Jahren ausgesehen hat. Damals gab es hier am Rhein einen dichten Urwald. Faszinierende **Versteinerungen** von Baumstücken, Pflanzen und Tieren führen uns die Ur- und Frühzeit der Erdentwicklung vor Augen.

Daran knüpft der erste Ausstellungsbereich in der oberen Etage an, der uns mit gemalten Bildern und archäologischen Fundstücken mit auf eine Reise in die Geschichte des Waldes nimmt. Auf den Bildtafeln können wir sehen, wie sich der Wald im Laufe der letzten zwei Millionen Jahre bis circa 500 v. Chr. verändert hat: vom subtropischen, artenreichen Wald, in dem sogar Palmen und Mammutbäume wuchsen, zu dem Wald, wie wir ihn heute kennen. Abhängig von den klimatischen Bedingungen, wuchsen mal mehr Birken, Kiefern, Buchen oder Eichen. Auch die Tierwelt veränderte sich. Von Mammuts

185

über Wollnashörner, Wildpferde und Auerochsen verlief die Entwicklung hin zu Wildschweinen, Hirschen und Rehen. Auf den Bildern sehen wir auch die Menschen, wie sie in der Natur lebten und wie sie sich die Natur immer mehr zunutze machten. Dass die Menschen sesshaft wurden, war sicher eines der einschneidensten Ereignisse für die Entwicklung der Wälder. Denn nun griffen die Menschen in den natürlichen Kreislauf ein und bearbeiteten die Natur, rodeten Wälder und ließen ihr Vieh weiden. Dort, wo die Menschen die Wälder abgeforstet haben, Tiere geweidet haben und der Boden versteppte, ist Heideland entstanden.

Große Verluste erlebte der Wald im Mittelalter. Denn je mehr Menschen irgendwo zusammen lebten, desto mehr Wälder mussten gerodet werden, um Platz für Siedlungen zu schaffen. Außerdem wurde Holz als Baumaterial, als Heizstoff, für den Schiffs- und Wagenbau, für Möbel und vieles mehr gebraucht.

Im 19. Jahrhundert begann man mit der *Forstwirtschaft* den Wald wieder aufzuforsten, allerdings vor allem mit Fichten und Kiefern. Heute versucht man dagegen Laubmischwälder anzupflanzen, die eine größere Vielfalt an Pflanzen, aber auch an Tieren gewährleisten. In unserer Zeit hat der Wald neben seiner forstwirtschaftlichen Funktion (dem Handel mit Holz und der Holzverarbeitung) eine immer größer werdende Bedeutung als Erholungsgebiet für die Menschen.

Was so alles im, um und über den Wald interessant und spannend ist

___ Im Zusammenhang mit dem Aussehen des Waldes in der Urzeit stoßen wir auf eine der großen Attraktionen im Haus des Waldes: die **Mammutknochen** zum Anfassen! Das eigene Erspüren und Ertasten wird in diesem Museum großgeschrieben. Wir dürfen zum Beispiel auch ein altes Holzstück anfassen, das von einem Baum stammt, der um das Jahr 212 v. Chr. abgestorben ist. Dieses Stück wurde im Zentrum von Köln gefunden. Anhand dieser Baumscheibe, an der wir die Jahresringe und auch die unterschiedliche Dicke der einzelnen Ringe gut erkennen können, wird uns die Dendrochronologie näher erklärt, jene Methode, die mithilfe der Jahresringe Holzstücke sehr genau datieren kann.

Ein wichtiges Thema im Haus des Waldes ist der **Waldboden**. Warum wird ihm so viel Aufmerksamkeit gewidmet? Er ist Teil des Kreislaufs vom Leben und Wachsen im Wald. Die Pflanzen beziehen über die Wurzeln ihre Nahrung aus der Erde. Wenn sie Blätter verlieren, fallen sie auf den Boden und zerfallen mit der Zeit. Sie werden zu Humus, und dieser vermischt sich dann wieder mit dem anderen, mineralhaltigen Waldboden. Auch gestorbene Tiere zerfallen zu Humus. Viele Kleinlebewesen, wie beispielsweise Regenwürmer, Asseln oder Fliegenlarven, sind an dem Zersetzungsprozess beteiligt. Wir sehen, wie komplex und wichtig der Waldboden für das ganze System *Wald* ist. In durchsichtigen, rechteckigen Behältern sind Waldböden aufgeschichtet, wie sie in der Natur vorkommen. Wie ein Maulwurf können wir uns so gedanklich durch die Erde graben und uns das Erdreich aus der Nähe anschauen. Wir können erkennen, welcher Boden gesund und welcher krank ist, und wir sehen die vielen kleinen Tiere, die in diesem Waldboden leben.

Auf einer großen Bildtafel wird uns gezeigt, wie das Wunderwerk **Baum** im Inneren *funktioniert*, wie es atmet, wächst und wie es grün wird. Außerdem erfahren wir, wo auf der Erde welche Wälder wachsen und wie Pilze und manche Käfer die Bäume derart krank machen, dass diese absterben.

Die Tierwelt unseres Waldes

___ Dieser letzte Teil der Ausstellung ist besonders anschaulich. In Vitrinen werden uns Arrangements von Waldtieren vorgeführt. Es sind **künstliche Tierwelten**, die Situationen zeigen, wie sie im Wald vorkommen *könnten*. Da trifft ein Fuchs auf einen Igel. Der rollt sich zusammen, bevor der Fuchs ihm etwas antun kann. Ein Frosch tarnt sich, um nicht von der Schlange gefressen zu werden. Ein Siebenschläfer geht auf die Jagd. Und wieder sind wir über das eine oder andere überrascht, was uns der Wald in seiner Artenvielfalt zu bieten hat. Zum Beispiel, dass es Baumhöhlen gibt, die von Spechten gebaut wurden, dann von anderen Vögeln gern übernommen und bewohnt werden, dass der Marder Eichhörnchen jagen muss, damit diese nicht zu viele Eier von den Vögeln auffressen, dass eine *Drosselschmiede* ein Ort ist, wo die Drossel Schneckenhäuser an einem Stein zerschlägt, um an die Tiere zu kommen, die sie fressen will, dass der Hirschkäfer altes, scheinbar überflüssiges Holz braucht und dass der Eichelhäher sich von den Ameisen sein Gefieder putzen lässt.

Diese Schaukästen zeigen uns deutlich, dass jedes Tier im Wald seinen Platz und seine Funktion hat. Wenn eine Pflanze oder eine Tierart ausstirbt, kann das große Folgen für das gesamte Ökosystem haben. Das Ökosystem Wald, das neben den Ozeanen die wichtigste Klimaregulierung darstellt, wird uns in diesem *Haus des Waldes* in seinen Details nahegebracht. Und vielleicht gehen wir das nächste Mal noch aufmerksamer durch den Wald, auf jeden Fall bewusster!

> Da trifft ein Fuchs auf einen Igel. Der rollt sich zusammen, bevor der Fuchs ihm etwas antun kann. Ein Frosch tarnt sich, um nicht von der Schlange gefressen zu werden.

1985

Käthe Kollwitz Museum

Was für eine Künstlerin!

Ein Museum für eine Person

___ 1985 gründete die Kreissparkasse Köln das Käthe Kollwitz Museum. Angefangen hatte alles mit den Finanznöten der Stadt. Der war es nämlich nicht möglich, eine Sammlung von 60 Zeichnungen von Käthe Kollwitz für das Wallraf-Richartz-Museum zu erwerben. Damit diese umfangreiche Sammlung nicht verloren gehen würde, sprang damals die Kreissparkasse als Mäzen ein. Seitdem hat sie die Sammlung stetig vergrößert und wissenschaftlich bearbeitet. 1989 zog das Museum in das Obergeschoss in der Neumarktpassage. Es ist die größte Kollwitzsammlung der Welt. Dabei wird nur ungefähr ein Drittel der gesamten Sammlung dem Besucher gezeigt. Der *Rest* wird im Magazin aufbewahrt. Neben Handzeichnungen, Plakaten und Druckgrafiken werden auch Bronzeplastiken gezeigt. Vor allem die Handzeichnungen stellen die Museumsleute vor große Probleme. Sie sind sehr licht- und klimaempfindlich, weshalb sie in vielen Museen oft in irgendwelchen Schubladen liegen bleiben. Im Käthe Kollwitz Museum werden Kopien der Handzeichnungen ausgestellt. So können die Originale geschützt und bewahrt werden, wir Besucher lernen aber das Gesamtwerk von Käthe Kollwitz kennen.

Eine ganz besondere Frau

___ Die erste Ecke gehört den fotografischen **Porträtaufnahmen** von Käthe Kollwitz selbst. Die Frau, die uns aus diesen Fotos anschaut, ist energisch und wehmütig zugleich. Wir stehen einer ganz besonderen Frau gegenüber – das spürt man sofort. Sie ist kraftvoll, leidenschaftlich, ernst und *vom Leben gezeichnet*, wie man sagt – dabei bekommt man hier einen Eindruck davon, was dieser Satz eigentlich meint. Käthe Schmidt, so ihr Geburtsname, wurde am 8. Juli 1867 in Königsberg geboren, wo sie auch ihre Kindheit verbrachte. Ihr Vater entdeckte früh, dass seine Tochter ein großes Zeichentalent war. Deshalb bekam sie schon in jungen Jahren Unterricht im Zeichnen und Malen, und mit 13 Jahren machte sie bereits ihre ersten Kupferstiche. In den Jahren 1886 bis 1889 studierte sie Kunst in Berlin und München. Dort begegnete sie auch anderen bekannten Künstlern dieser Zeit.

Aber eine Begegnung war wichtiger als alle anderen im Leben von Käthe Kollwitz: die Begegnung mit Karl Kollwitz, einem Schulfreund ihres Bruders Konrad. 1891 heiratete die Künstlerin Käthe Schmidt den Arzt Karl Kollwitz. Es war eine sehr enge Verbindung zwischen den beiden, wie wir aus Briefen und Tagebüchern von Käthe Kollwitz erfahren können.

Noch im selben Jahr zogen sie nach Berlin, wo Karl Kollwitz eine Kassen-arztpraxis eröffnete. Die Praxis lag im Arbeiterviertel Prenzlauer Berg. Täglich sah Käthe Kollwitz nun die armen und bedürftigen Menschen, die bei ihrem Mann Hilfe suchten. Diese Erfahrungen würden immer wieder in ihrem gesamten Werk spürbar werden.

Sie selbst erlebte das *größte Glück einer Frau*, wie sie sagte, als ihre beiden Söhne geboren wurden, Hans 1892, Peter 1896. Käthe Kollwitz hatte ein enorm starkes mütterliches und weibliches Empfinden. Viele ihrer Werke wären von einem Mann so nicht malbar gewesen.

1914 schlug das Schicksal erbarmungslos zu. Der Sohn Peter fiel im Ersten Weltkrieg in Flandern. Die Trauer und die Wut auf den Krieg waren unermesslich. Käthe Kollwitz gehörte zwar keiner Partei an, war aber überzeugte Sozialistin und Pazifistin. Viele ihrer Zeichnungen und Drucke waren eine Anklage gegen Krieg, Hunger und soziale Ungerechtigkeit.

1919 wurde Käthe Kollwitz als erste Frau an der Preußischen Akademie der Künste aufgenommen und bekam den Professorentitel verliehen. Sie war in dieser Zeit eine anerkannte, engagierte Künstlerin. Mit der Machtübernahme durch die Nationalsozialisten 1933 verlor sie ihre Stelle. Ihre Werke und sie selbst wurden diffamiert und verleumdet. Und es kam noch schlimmer. Im Jahr 1940 starb Karl Kollwitz. Drei Jahre später wurden bei einem Bombenangriff auf Berlin ihre Wohnung und viele ihrer Werke, die darin aufbewahrt wurden, zerstört. Mittlerweile schwer krank, fand Käthe Kollwitz bei Prinz Ernst Heinrich von Sachsen eine letzte Bleibe. Sie zog in den Rüdenhof, einem Gebäude nahe der Moritzburg bei Dresden. Dort lebte sie bis zu ihrem Tod am 22. April 1945.

Bewegende Kunst

Hunger und Unterdrückung: Die Grafiken
vom *Weberaufstand* und *Bauernkrieg*

___ 1893 sah Käthe Kollwitz die Uraufführung des Theaterstücks *Die Weber* von Gerhart Hauptmann. Darin ging es um den Aufstand der hungernden Weber in Schlesien im Jahr 1844. Wozu kann der Hunger die Menschen treiben? Wieso hungern manche, und andere schlagen sich die Bäuche voll? Wie schlecht muss es Menschen gehen, dass sie ihr Leben riskieren, um satt zu werden? Diese und ähnliche Fragen müssen Käthe Kollwitz beschäftigt haben. So entstand der Bilderzyklus **Weberaufstand**, der 1898 auf einer Ausstellung zu sehen war. Mit den eindrucksvollen Darstellungen der leidenden, aber gleichzeitig fest entschlossenen Weber erlangte sie ihre erste große, öffentliche Anerkennung als Künstlerin.

In den Jahren 1902 bis 1908 entstand ein zweiter Bilderzyklus zum Thema Unterdrückung und Kampf: **Bauernkrieg**. Käthe Kollwitz wurde dazu durch ein Buch angeregt, das sich mit den Bauernkriegen im 16. Jahrhundert beschäftigte. Wieder ging es um Hungersnöte, Krankheiten, Tod und die sozialen Ungerechtigkeiten. Das Blatt **Pflugzieher und Weib** führt uns drastisch die unmenschliche Lebenslage der verknechteten Bauern vor Augen.

Wozu kann der Hunger die Menschen treiben? Wie schlecht muss es Menschen gehen, dass sie ihr Leben riskieren, um satt zu werden?

Aber neben den Nöten der Menschen zeigt uns Käthe Kollwitz auch das Aufbegehren der Menschen, die Bewaffnung, den Kampf und schließlich die Trauer um die Toten, um die jungen Männer, die auf dem Schlachtfeld gefallen sind oder bei Hinrichtungen getötet wurden. Die unglaubliche Dynamik eines Aufstandes von unterdrückten Menschen hat sie beeindruckend in dem Bild **Losbruch** festgehalten.

Das Leid der Arbeiterinnen und Arbeiter

___ Die Konfrontation mit den Armen und Arbeitslosen, den Kranken und Hungernden, denen Käthe Kollwitz in der Praxis ihres Mannes begegnete, hat sie tief beeindruckt. Ihre Bilder von schwer schuftenden Arbeitern und die Porträts von ausgemergelten und erschöpften Arbeiterfrauen zeugen davon. Wir können in diesen Grafiken die Anstrengung der Menschen förmlich spüren. Sie sind die Opfer der sozialen Ungerechtigkeit, die Verlierer in der Gesellschaft. Die Darstellungen von Käthe Kollwitz sind voller Mitgefühl, aber gleichzeitig auch eine direkte Anklage der damaligen Missstände. Sie war immer eine Künstlerin, die sich einmischte und politisch dachte und arbeitete.

Besonders deutlich wird das bei ihren Beiträgen für die satirische, politische Wochenzeitschrift *Simplicissimus* aus den Jahren 1908 bis 1911. Ihre Grafiken handeln von erschöpften Frauen bei der Heimarbeit, von kranken Kindern im Krankenhaus, von streikenden Männern und Frauen, von hungernden Kindern und von frierenden Menschen. Mit der Verbreitung im *Simplicissimus* erreichten die Darstellungen von Käthe Kollwitz eine breite Öffentlichkeit. So konnte sie auf das Leid dieser Menschen aufmerksam machen.

Zwei zeitlose aktuelle Plakate:
Nie wieder Krieg und *Unsere Kinder hungern*

___ In den Zwanzigerjahren gestaltete Käthe Kollwitz einige großformatige Plakate. Die Erfahrungen des Ersten Weltkriegs und die persönlichen traumati-

Nie wieder Krieg, 1924, Käthe Kollwitz

schen Erlebnisse mit dem Tod ihres Sohnes Peter ließen Käthe Kollwitz zu einer unerbittlichen Gegnerin des Krieges werden. Auf dem Plakat **Nie wieder Krieg** von 1924 *schreit* sie es in alle Welt hinaus. Es ist eine unglaublich eindringliche Zeichnung, die mit einfachen Mitteln die Wut und die Entschlossenheit der Kriegsgegner zum Ausdruck bringt. Wer kann sich dem schon entziehen? Genauso ergeht es uns beim Anblick des Plakates **Unsere Kinder hungern** von 1931.

Diese Plakate sind mehr als große Zeichenkunst. Sie vermitteln einen Eindruck von der Stimmung in diesen schweren Jahren nach dem Ersten Weltkrieg. Sie sind eine Illustration der Zeitgeschichte. Das Käthe Kollwitz Museum verfügt über die vollständige Sammlung der Plakate, die von der Künstlerin gestaltet wurden.

Die Selbstbildnisse

___ Künstlerselbstbildnisse gehören zum Spannendsten, was die Kunst uns bietet, bekommen wir doch einen Einblick in die Seele des Künstlers. Er oder sie öffnet sich uns und lässt uns teilhaben an seiner *Selbstsicht*. Käthe Kollwitz hat uns viele Selbstbildnisse hinterlassen. Fast immer sehen wir eine ernste Künstlerin. Ihr Blick ist stets sehr wach, oft nachdenklich und auch kritisch.

In den Jahren 1889/1891 entsteht das **Selbstbildnis mit aufgestütztem Kopf**. Trotzig und entschieden schaut uns die Künstlerin direkt in die Augen. Fast provozierend wirkt dieses Bild. »Was wollt ihr von mir?«, scheint sie zu fragen. Aber gleichzeitig wird auch deutlich, dass *sie* genau weiß, was sie will.

Eines der eindrucksvollsten Selbstbildnisse von Käthe Kollwitz ist sicher das **Selbstbildnis mit Mann Karl** von 1940. Da sitzen zwei alte Leute nebeneinander, vom Alter und den schweren Kriegserfahrungen gebeugt. Sie blicken beide geradeaus vor sich hin. Sie blicken sich nicht an. Und doch scheinen sie sich sehr nah zu sein, sich zu verstehen, ohne reden zu müssen, sondern nebeneinander schweigen zu können, ihre Gemeinsamkeit auch ohne Blickkontakt spüren zu können. Sie haben viel erlebt in ihrem Leben. Sie haben sich gemeinsam für das Leid der Armen eingesetzt. Jetzt sind sie alt. Ob sie zufrieden sind oder eher resigniert? Wir können es nicht genau erkennen.

Selbstbildnis mit aufgestütztem Kopf, 1889/1891, Käthe Kollwitz

Zwei starke Bilder: *Arbeitslosigkeit* und *Solidarität*

____ Zwei Blätter aus dem Käthe Kollwitz Museum haben mich stark beeindruckt, denn sie haben auch in der heutigen Zeit nichts an Bedeutung und Gültigkeit verloren.

Auf dem Bild **Arbeitslosigkeit** sehen wir ein großes Bett, auf dem eine offensichtlich kranke, erschöpfte Frau mit ihren Kindern liegt. Der Vater sitzt hoffnungslos eingesackt neben dem Bett auf einem einfachen Holzstuhl. Er kann seiner Familie nicht helfen.

Anders ist es auf dem Bild **Solidarität**. Hier blicken wir in entschlossene Gesichter. Drei Männer und eine Frau bilden eine Menschenmauer, indem sie ihre Hände überkreuzt zusammenhalten. Sie stehen zusammen und lassen sich nicht auseinanderbringen. Die Solidarität unter den Menschen spielte für Käthe Kollwitz eine große Rolle, sie lebte nach ihr.

Gefühle einer Frau: Liebe und Mutterliebe

___ Es gibt Dinge im Leben, die jeden Menschen berühren, auch wenn die Empfindungen unterschiedlich intensiv sein können. Die Liebe ist solch ein Gefühl. Sie kann einen umhauen, einen glücklich oder traurig machen, Halt und Geborgenheit geben oder maßlos enttäuschen. Auf jeden Fall ist sie ein intensives Gefühl.

Möglichkeiten der Grafik (i)

Mit Grafik werden unterschiedliche Bereiche der zweidimensionalen Darstellung bezeichnet. Dazu gehören Handzeichnungen, verschiedene druckgrafische Techniken, Scherenschnitte, Computergrafiken oder auch Graffiti. Auch Tusche- und Pastellmalereien können zur Grafik gerechnet werden. Oft ist der Bildträger einer Grafik Papier und das Farbenspektrum eher eingeschränkt.

Den Ursprung der Grafik können wir in den Höhlenzeichnungen der Urmenschen sehen. Auch die Vasenmalerei der alten Griechen zeigt grafische Elemente.

Was ist das Besondere daran? Es ist die Betonung der Linie. Die Linie ist ein sehr ursprüngliches und direktes Element der bildlichen Darstellung. Sie kann das Wesentliche festhalten, wie beispielsweise die Bewegung oder die Körpersprache einer Figur. Eine solche Darstellung kann uns unter Umständen viel direkter einen Eindruck von der Befindlichkeit eines Menschen vermitteln als ein buntes, vielfältig ausgestaltetes gemaltes Bild. Deshalb ist die Zeichnung auch die Grundlage für die Malerei, Plastik und Architektur.

Und wir sollten nicht vergessen, dass speziell die Druckgrafik die Möglichkeit zur Vervielfältigung bietet. Ob Holzschnitt, Kupferstich, Lithografie oder Radierung, mittels der in Europa seit dem 15. Jahrhundert möglichen Drucktechniken konnten Druckgrafiken schnell und weit verbreitet werden. So konnten sie auch als politisches Mittel, als Ausdruck von Protest oder Zustimmung eingesetzt werden, wie beispielsweise zur Zeit der Reformation.

Käthe Kollwitz nutzte diese Vorteile der Druckgrafik, um ihr soziales und politisches Engagement zu äußern. Und vor allem war sie eine großartige Künstlerin, die das Medium der Grafik, die Zeichnung und die Linie, hervorragend beherrschte.

Die Liebesszenen, die Käthe Kollwitz darstellte, sind sehr innig, manchmal auch sehr direkt, aber nie platt. Wenn wir uns das **Liebespaar sich aneinander schmiegend** ansehen, spüren wir etwas von der Geborgenheit und tiefen Liebe, wie sie Käthe Kollwitz zu ihrem Mann Karl empfunden hat.

Noch wichtiger als die Beziehung zu ihrem Mann war für die Künstlerin die Erfahrung des Mutterseins. Es war, wie sie selbst sagte, die wichtigste und schönste Erfahrung in ihrem Leben. Viele ihrer Bilder erzählen uns von der innigen Zuwendung zwischen Mutter und Kind. Ebenso wichtig ist für die Künstlerin die Darstellung der schützenden Mutter. Der Holzschnitt **Mütter** thematisiert das *Beschützen* auf eine besonders eindringliche Weise. Die Mütter bilden einen Kreis um ihre Kinder. Überdimensionale Hände umfassen alles. Auf der linken Seite sehen wir abwehrende Hände. Aus der Mitte des Kreises schauen uns verängstigte Kinderaugen an. Die Augen der Mütter sind extrem wach und aufmerksam. Aus diesem Bild spricht Angst und zugleich die Entschlossenheit, der Angst entgegenzutreten. Die Mütter stellen sich vor ihre Kinder und versuchen, sie vor dem Krieg und dem Tod zu schützen. Mit der besonderen Technik des Holzschnitts, mit viel Schwarz und wenigen markanten Linien hat Käthe Kollwitz hier eines der beeindruckendsten Werke geschaffen, die zum Thema *Krieg* jemals entstanden sind. Diese Interpretation der schützenden Mütter, der Stärke und Kraft der Frauen, findet ihren künstlerischen Höhepunkt in der Bronzeskulptur **Turm der Mütter**.

Der Kampf mit dem Tod

___ Für die Menschen, die den Ersten Weltkrieg miterlebt und viel Hunger und Elend gesehen hatten, nahmen das Sterben und der Tod einen großen Raum im Leben ein. Sie gehörten zum Alltag dazu – viel mehr als heute.

Käthe Kollwitz führt uns das auf ihrer Darstellung vom **Tod auf der Landstraße** deutlich vor Augen. Da sehen wir eine grob gezeichnete, kauernde Gestalt auf dem Boden sitzen, einem kalten Boden, irgendwo draußen. Es ist einsam. Die Gestalt ist schon tot. Hat es überhaupt jemand bemerkt?

Schauen wir uns das Bild **Frau mit totem Kind** an. Die Mutter sitzt im Schneidersitz und hält das tote Kind fest umschlungen. Die beiden Körper sind fast verschmolzen. Nur der schlaffe, tote Kopf des Kindes hängt haltlos nach unten, aus der Umarmung der Mutter heraus. Der Kontrast zwischen dem ange-

Mütter, Blatt 6 der Holzschnittfolge Krieg, 1921/1922, Käthe Kollwitz

spannten, fest zupackenden Körper der Mutter und dem spannungslosen, toten Körper des Kindes unterstreicht die Ohnmacht der Mutter und das Unfassbare dieser Situation. Wie lange verharrt die Mutter schon in dieser Situation? Wird sie jemals ihre Trauer überwinden?

Verarbeitete Käthe Kollwitz hier ihre ganz persönlichen Erlebnisse mit dem Tod? Der ältere Sohn Hans erkrankte als Kind einmal so schwer, dass sie dachte, er müsse sterben. Sie schrieb damals an eine Freundin: »… dieses kalte Entsetzen, das einen anfaßt, wenn man fühlt, weiß, in den nächsten Minuten ist dieses junge Leben vielleicht abgeschnitten und das Kind ist weg, – das war doch wohl das Schlimmste bis jetzt, und das ist auch nicht so bald zu verwinden, obwohl er bei uns geblieben ist!« Hans wurde wieder gesund, die Angst blieb. Ihr zweiter Sohn Peter fiel im Ersten Weltkrieg. Der schlimmste Tod ist wohl der Kindstod.

1985

Kölner Karnevalsmuseum

Köln und Karneval

»Endlich ein eigenes Museum«

___ Das haben die Initiatoren des Karnevalsmuseums sicher gedacht, als 2005 das neue Museum eröffnet wurde. Der Weg dahin war lang: von einer ersten Ausstellung 1862 im Dom Hotel über das *Haus des Kölner Karnevals* in der Antwerpener Straße, das 1985 der Öffentlichkeit zugängig wurde, bis hin zum Karnevalsmuseum am Maarweg.

Von außen gesehen handelt es sich um einen eher schmucklosen Bau, in dem sich das in zwei Teile gegliederte Museum befindet: die Museumshalle mit den großen Wagen und Figuren einerseits und der Ausstellungsbereich mit den vielen Illustrationen, Dokumenten und Schaustücken andererseits. Der Innenausbau stellt sich als Industriearchitektur dar. Stahlträger strukturieren den Ausstellungsbereich in kleinere Einheiten. Zwischen die Stahlstützen sind farbige Wände eingezogen, sodass einzelne abgeschlossene Räume entstehen. Wir werden nach einem historischen Konzept durch die Geschichte des Karnevals geführt. Dabei entstehen immer wieder einzelne spannende Themenbereiche, die sich auf ein Motiv oder einen Gegenstand konzentrieren. Reizvoll ist der Zug der rollenden Vitrinen, die sich in Anlehnung an einen Karnevalszug durch die Ausstellung schlängeln.

Geschichte und Eigenart des Kölner Karnevals

Antike und Mittelalter: Wo liegen die Wurzeln unseres Karnevals?

___ Der historische Rundgang zum Karneval beginnt mit der Antike und geht über zum Mittelalter. Den Anfang der Ausstellung bilden **römische Masken**, die für das Theaterspielen gebraucht wurden oder auch einfach nur Dekorationen von Öllampen waren, Masken, wie sie auch heute im Karneval zu sehen sind, allerdings nicht aus Plastik, sondern aus Ton. Solche Masken wurden in Köln gefunden.

In der Antike gab es auch Feste und Gelage, auf denen es wild und berauschend zuging. Sie dienten meist der Verehrung eines Gottes, wie beispielsweise dem Dionysos. Aber sosehr uns dies alles an unseren heutigen Karneval erinnern mag, es ist eher zweifelhaft, dass wir in diesen Festen einen Zusammenhang mit dem Kölner Karneval vermuten dürfen.

Die Anfänge des Karnevals liegen im Mittelalter. Ostern war in dieser zutiefst religiösen Zeit das bedeutendste aller christlichen Feste. Als Vorbereitung für das Osterfest fasteten die Menschen vierzig Tage lang. Doch bevor die schwere Zeit der Entsagung losging, konnte noch einmal richtig gefeiert, gegessen und getrunken werden. Dazu gehörten auch Verkleidungen und Maskenzüge. Die Menschen sagten dem Fleisch, auf das sie nun vierzig Tage verzichten sollten, Lebewohl. Im Lateinischen heißt das *Carne vale*. Es war die große Nacht vor dem Fasten, die *Fastnacht*. Nicht selten arteten diese mittelalterlichen Karnevalsfeiern aus, gab es Prügeleien und sogar Tote.

Barock und Franzosenzeit: Karneval – ein Fest für die Reichen oder für alle Bürger?

___ Der Rundgang durch die Geschichte des Karnevals führt uns nun in einen festlich gestalteten Bereich mit roten Wänden und einem prunkvollen Kronleuchter. Wir fühlen uns in einen barocken Festsaal versetzt. Hier begegnen wir dem barocken höfischen Karneval, den die Fürsten und Fürstbischöfe auf ihren Schlössern mit aufwendigen Maskenbällen und prachtvollen Festumzügen feierten. Karneval war damals vorwiegend ein Fest der Reichen. Das änderte sich, als die Franzosen in Köln einmarschierten. Die konnten nicht akzeptieren, dass die Mächtigen und Reichen sich bei einem Fest amüsierten, das zu allem Überfluss einen christlichen Ursprung hatte. Hatte sich doch ihre Revolution gerade gegen die Kirche und gegen die Fürsten gerichtet.

> Hier begegnen wir dem barocken höfischen Karneval, den die Fürsten und Fürstbischöfe auf ihren Schlössern mit aufwendigen Maskenbällen und prachtvollen Festumzügen feierten.

Also verboten sie den Karneval. Als das Verbot kurze Zeit später wieder aufgehoben wurde, war Karneval zu einem Fest aller Bürger geworden. Nun wurde überall gefeiert, in den Gasthäusern, zu Hause und auf den Straßen.

Lappenclown und Arlecchino aus Porzellan

___ Diese beiden Porzellanfiguren stammen aus der *Porzellanmanufaktur Meißen*. In Meißen wurde seit 1708 Porzellan hergestellt, damals eine absolute Neuheit in Europa. Und schon bald entstanden in der Meißener Manufaktur die ersten kleinen Porzellanfiguren der beliebten verkleideten italienischen Theaterfiguren aus der *Commedia dell'Arte*. Diese spezielle Theaterform, die

Lappenclown, 2005, Meißen

von Wandertruppen vorgeführt wurde, gab es seit dem 16. Jahrhundert in Italien. Dabei spielten immer dieselben Figuren mit, die alle einen bestimmten Charakter verkörperten. Eine der beim Publikum beliebtesten Figuren war der **Arlecchino** (oder Harlekin), ein naiver, etwas tölpelhafter, aber stets fröhlicher Mann, der einen Mantel aus bunten Flicken und eine Maske trug. Das Karnevalsmuseum besitzt einen sehr schönen Arlecchino aus Meißener Porzellan.

Ein Mantel aus bunten Flicken? Da klingelt es doch! Natürlich, der **Kölner Lappenclown** muss ein Ururenkel vom Arlecchino sein! Tatsächlich weisen die Parallelen auf eine Verwandtschaft hin. In Köln hat man aber auch noch eine andere Erklärung: Ein Kölscher Jeck aus dem Fringsveedel soll sich bereits im 18. Jahrhundert Stofflappen auf seinen Anzug genäht haben und damit in das Karnevalstreiben gezogen sein. Wie auch immer, der Lappenclown ist in Köln etwas ganz Besonderes und gehört sicher zu den beliebtesten Kostümen. Davon abgesehen ist er ein äußerst praktisches Kostüm, warm und bunt in einem. Der Lappenclown ist Sinnbild für Fröhlichkeit und Anders-sein-Dürfen. Hans-Horst Engels ließ den Porzellan-Lappenclown extra für dieses Museum in der *Porzellanmanufaktur Meissen* anfertigen. Er ist zum Wegweiser und Kennzeichen für das Kölner Karnevalsmuseum geworden.

Unter den Preußen: Der Beginn des geordneten Karnevals

___ Aus dieser Zeit finden sich im Museum sehr schöne Illustrationen, die uns von den Rosenmontagszügen aus den Zwanzigerjahren des 19. Jahrhunderts berichten. Aber schauen wir erst einmal zurück, wie es überhaupt zu den ersten großen Rosenmontagszügen in der preußischen Zeit kam. Den Preußen war das karnevalistische Treiben in Köln eindeutig zu wild und unkontrolliert. Darum gründeten sie das *Festordnende Comitee*, das bis heute unter dem Namen *Festkomitee* existiert. Den ersten groß organisierten Karnevalsumzug gab es 1823 auf dem Neumarkt. Von dem **Rosenmontagszug** aus dem Jahr 1824 gibt es eine sehr anschauliche Lithografie im Kölnischen Stadtmuseum, die uns zeigt, dass zu den Kostümen der Figuren der italienischen *Commedia dell'Arte* nun

Arlecchino, 1743, Meißen

auch Kostüme aus der Kölner Stadtgeschichte kamen. So erinnern die Kostüme der *Roten Funken* an die alten Stadtsoldaten. Der prunkvolle Delfinwagen aus diesem Zug ist als Nachbau im Museum zu bewundern. In diesem Wagen fuhr der närrische Herrscher, der *Held Carneval.*

Wir sollten nicht vergessen, dass diese zentrale Organisation des Karnevals den Preußen die Überwachung der Bürger deutlich vereinfachte. Die ausgelassene Feierei auf den Straßen wurde in preußischer Zeit spürbar weniger. In diese Zeit fällt auch die *Erfindung* der **Karnevalsmütze**. Dazu zeigt das Museum ein altes Dokument aus dem Jahr 1827. Es ist das Protokoll einer Sitzung des Festordnenden Comitees, das uns von dieser bahnbrechenden Neuerung berichtet: »Darum erlaube ich mir den Vorschlag, daß wir hierfür als Unterscheidungszeichen der Eingeweihten ein kleines, buntfarbiges Käppchen während unserer Versammlungen aufsetzen, um diejenigen, die hier unberufen eindringen, erkennen und nach Verdienst abweisen zu können.« Dass die Einführung der Karnevalsmütze ein Erfolg war, ist unschwer zu erkennen, wenn wir auf die Wand schauen, die über und über mit den unterschiedlichsten Karnevalsmützen behängt ist. Außerdem halfen die Karnevalsmützen auch bei der Unterscheidung der vielen Karnevalsvereine, die sich seit der Mitte des 19. Jahrhunderts in großer Zahl gründeten.

Als Deutschland den Krieg von 1870/1871 gegen Frankreich gewonnen hatte und 1871 das Deutsche Kaiserreich gegründet wurde, spiegelte sich die Begeisterung für das Vaterland und die Soldaten auch im Karneval wider. Es gab immer mehr uniformierte Gruppen, die sogenannten Garden. Mit viel Prunk und Pracht stellte man sich nun gern auch im Karneval zur Schau.

> »Darum erlaube ich mir den Vorschlag, daß wir hierfür als Unterscheidungszeichen der Eingeweihten ein kleines, buntfarbiges Käppchen während unserer Versammlungen aufsetzen, um diejenigen, die hier unberufen eindringen, erkennen und nach Verdienst abweisen zu können.«

Zwei Altmeister der Kölner Karnevalsmusik

___ Zu den bekanntesten Karnevalssängern gehört zweifellos **Willi Ostermann** (1876–1936). Er besang die Menschen mit ihren Schwächen und Eigenarten in seinen sogenannten Milieuliedern. Nach dem Zweiten Weltkrieg spiegelten die Lieder Ostermanns Wehmut und Sehnsucht nach den alten Zeiten wider, wie beispielsweise im Lied *Och wat wor dat fröher schön doch en Colonia.* Wir können hier im Museum nicht nur alte Originalnotenblätter mit Ostermann-Liedern bestaunen, sondern dem Sänger auch höchstpersönlich zuhören. Wir müssen nur die entsprechenden Kopfhörer aufsetzen.

An einer weiteren Audiostation haben wir die Möglichkeit, einem anderen ganz großen Künstler des Kölner Karnevals zuzuhören: **Karl Berbuer** (1900–1977). Seine Lieder leben von den kritischen, provokanten und politischen Texten. Sein wohl bekanntestes Lied ist der *Trizonesien-Song* von 1949, der sich auf die Situation nach dem Zweiten Weltkrieg bezieht, als Deutschland von den Siegermächten in Zonen aufgeteilt worden war.

Der Karneval in der Zeit der Nationalsozialisten

___ Mit den Nationalsozialisten kam es zu einigen Veränderungen im Karneval. Dass in Köln die Tanzmariechen und die Jungfrau im Dreigestirn traditionell von Männern dargestellt wurden, behagte den Nationalsozialisten mit ihren Vorstellungen eines idealen, durchtrainierten Männerkörpers überhaupt nicht. Kurzum verboten sie die *männlichen Frauen*. Mit gezielten Werbeaktionen auf Plakaten und in Illustrierten wurde in der Bevölkerung für die weiblichen Tanzmariechen geworben. Nach dem Krieg blieben die Tanzmariechen weiblich, vielleicht wegen ihrer größeren Grazilität oder einfach, weil sie für

Tanzpaar, Kölner Illustrierte, 1936

den männlichen Tanzpartner deutlich leichter zu heben waren. Die Rolle der Jungfrau hingegen wurde schnell wieder von einem Mann übernommen.

Das Museum zeigt in einer eindrücklichen Weise, wie die Nationalsozialisten den Karneval auch für ihre Propaganda ausnutzten. In hohen Stelen, die wie Mahnmale wirken, zeigen Fotos und Filme, wie in den Rosenmontagszügen als Juden verkleidete Zugteilnehmer beispielsweise sich darüber lustig machten, dass die Juden in Konzentrationslager geschickt wurden. Als der Krieg dann ausbrach, fanden keine Rosenmontagszüge statt.

Der Kölner Karneval nach 1945 in seiner ganzen Vielfalt

___ Nach dem Zweiten Weltkrieg konnte man schon bald wieder die Kölner sehen, wie sie Karneval feierten und inmitten der Trümmer Lieder sangen, nach dem Motto: »Et muß widder jet ze laache jevve.« 1949 rollte bereits der erste Rosenmontagszug wieder durch die Kölner Straßen.

So können wir so mancher Büttenrede lauschen, manches Liedchen mitsummen und Auftritte von Tanzkorps mitverfolgen.

Heute ist der Karneval aus Köln nicht mehr wegzudenken. Das Museum verfügt über eine Fülle von Material aus dieser jüngsten Zeit. Und so erleben wir in diesem letzten historischen Abschnitt des Museums (nach 1945) die Präsentation vieler verschiedener Themen.

Einen großen Raum nimmt der Sitzungskarneval ein. Dazu gehören die Bühne und die Künstler, die auf ihr stehen. Der Museumsbereich, der sich diesen Künstlern widmet, ist besonders abwechslungsreich gestaltet. Neben Musikinstrumenten und Dokumenten finden wir Video- und Audiogeräte. Damit können wir so mancher Büttenrede lauschen, manches Liedchen mitsummen und Auftritte von Tanzkorps mitverfolgen. Wir treffen Sänger wie Ludwig Sebus oder Marie Luise Nikuta, die in ihren Liedern Köln besingen, aber auch Gruppen wie die Bläck Fööss, die mit eingängigen Melodien die kölsche Wesensart beschreiben.

Auch die sogenannten alternativen Sitzungen finden hier im Museum ihren Platz. Ein Originalbühnenbild der **Stunksitzung** ist genauso zu sehen wie die erste Bütt der **Rosa Sitzung**, wo unter anderen Hella von Sinnen jedes Jahr ihre berühmten Reden hält. Auf Videos können wir kurze Szenen aus diesen beiden Sitzungen verfolgen.

Und was gehört zu jedem Karnevalsverein und jeder Karnevalssitzung? Natürlich die Verleihung der **Karnevalsorden**! Jeder Verein stellt jährlich einen neuen Orden vor. So hat sich im Laufe der Zeit eine Unmenge von unterschiedlichen Orden angesammelt. Eine ganze Wand ist im Karnevalsmuseum mit Orden bestückt. Die meisten Orden werden im günstigen Spritzgussverfahren als Massenware hergestellt. Aber es gibt auch individuell gestaltete Einzelstücke.

Das goldene Buch

___ 1998 ließ das Festkomitee des Kölner Karnevals anlässlich seines 175-jährigen Jubiläums dieses **goldene Buch** anfertigen. Es ist das neue Gästebuch des Festkomitees. Um das Buch ist ein dicker aus vergoldetem Silber angefertigter Bucheinband gelegt. Den Auftrag bekam die Kölner Goldschmiedin **Heidi Philipp**. Sie schuf dieses elf Kilogramm schwere Goldbuch aus über 220 Einzelteilen und circa 700 Edelsteinen. Die Vorder- und Rückseite zieren Reliefs. Auf der Vorderseite sehen wir das Dreigestirn, das Rathaus, und das Jan-van-Werth-Denkmal. Auf der Rückseite befindet sich die Darstellung des Delfinwagens mit dem Held Carneval aus dem Jahr 1823. Dahinter ist Sankt Aposteln am Neumarkt zu sehen, wo die ersten organisierten Rosenmontagszüge stattfanden. Wir finden das Goldene Buch in der *Goldenen Schatzkiste* präsentiert, einem kleinen Kabinett, das mitten im Raum steht. Hier werden auch ein paar außergewöhnliche goldene Orden gezeigt, die alljährlich von jungen Goldschmieden gestaltet werden.

Die Eventhalle

___ In der großen Eventhalle, die sich dem Ausstellungstrakt anschließt, erleben wir schließlich den puren Straßenkarneval. Vor großen Häuserkulissen, die den Alter Markt darstellen, stehen echte **Karnevalswagen** aus dem Rosenmontagszug. Dass das hier möglich ist, hat auch damit zu tun, dass direkt neben der Eventhalle die Halle der Wagenbauer liegt.

Aber das Größte für jeden Karnevalsfan ist, dass wir die Gelegenheit haben, einmal im Leben selbst auf einem Wagen zu stehen und uns wie der Prinz beim Rosenmontagszug zu fühlen. Auch die mächtigen **Großpuppen**, die von kräftigen Männern über den Zugweg getragen werden, einmal genauer unter die Lupe zu nehmen, ist faszinierend. Dabei wächst der Respekt vor den Trägern enorm.

Kölle Alaaf!

Klären wir doch zum Schluss noch eine wichtige Frage: Woher kommt eigentlich der Ausruf *Kölle Alaaf*? *Alaaf* leitet sich von *all af* ab. Das bedeutet: *alles weg*. Man könnte also *Kölle Alaaf* so übersetzen: *Köln und sonst nichts*! Das überrascht uns jetzt nicht wirklich, oder?

(i)

1986

Geldgeschichtliche Sammlung

Alles über Geld

Wie es zu dieser Sammlung kam

___ Die Geldgeschichtliche Sammlung der Kreissparkasse Köln ist sehr umfangreich und beinhaltet viele seltene, wertvolle und außergewöhnliche Stücke. Dazu gehören Münzen, Papiergeld, andere Zahlungsmittel, Sparbücher, Wertpapiere, Grafiken mit geldgeschichtlichen Themen, Münzwaagen, Sparbüchsen und Tresore. Die Sammlung ist allerdings nicht ständig zu sehen und verfügt auch nicht über eigene Ausstellungsräume. Stattdessen werden im großen Kassenraum in der Hauptgeschäftsstelle am Neumarkt in großen Vitrinen, den sogenannten *Fenstern*, immer wechselnde Ausstellungen zur Geschichte und Bedeutung des Geldes gezeigt.

Dazu gehören Münzen, Papiergeld, andere Zahlungsmittel, Sparbücher, Wertpapiere, Grafiken mit geldgeschichtlichen Themen, Münzwaagen, Sparbüchsen und Tresore.

Die Anfänge dieser Sammlung sind nicht genau zu datieren. Schon seit den 1930ern sammelte die Kreissparkasse Sparbüchsen und Münzen. Leider ging im Krieg ein großer Teil der Sammlung verloren. 1953 fand die erste große Ausstellung mit dem Titel *Götter, Gelder und Tresore* in der Kassenhalle am Neumarkt statt. Dem großen Erfolg dieser Ausstellung ist es zu verdanken, dass die Verantwortlichen weitergesammelt und weitere Ausstellungen konzipiert haben. Seit 1986 werden dort nun regelmäßig Objekte der seitdem so benannten Geldgeschichtlichen Sammlung in reizvollen und anschaulichen Zusammenhängen der Öffentlichkeit präsentiert.

Über die Geschichte des Tauschhandels und Zahlungsverkehrs

___ Aus dem althochdeutschen Wort *gelt*, was *Zahlung* bedeutete, stammt unser Wort *Geld*. Die Begriffe *Vergelten* und *Abgelten* gehören noch heute zum deutschen Sprachgebrauch. Mit *Geld* bezeichnen wir Zahlungsmittel. Bei uns sind das vor allem Münzen und Geldscheine. Das war nicht immer so, und das war auch nicht in allen Ländern dieser Erde gleich. Als die Menschen sich die Arbeiten teilten und nicht mehr jeder alles allein für sich selbst machte, begannen sie, Dinge untereinander zu tauschen. Das war der Tauschhandel. Mit der Zeit erwiesen sich manche Dinge und Materialien als so haltbar und widerstandsfähig, dass sie mehrfach weitergetauscht wurden und dadurch zu akzeptierten Zahlungsmitteln wurden, mit denen Waren oder Dienstleistungen, die ein Käufer von einem Verkäufer erwarb, bezahlt wurden. Aus Afrika und Ozeanien kennen wir beispielsweise das *Muschelgeld*, aus Mikronesien das *Steingeld*.

Die ersten Münzen prägten die Griechen im 7. Jahrhundert v. Chr. Dazu verwendeten sie einfache Metalle und Anteile von Edelmetallen. In römischer Zeit wurden sehr viele Münzen geprägt. Jeder neue Kaiser ließ neue Münzen mit seinem Konterfei anfertigen. Für die Archäologen von heute ist das sehr hilfreich, denn oft sind es gerade die Münzen, die bei Ausgrabungen gefunden werden, die einen Hinweis auf die Datierung geben können. Im Mittelalter wurde das Vorrecht, Münzen zu prägen, an Könige, Fürsten und Bischöfe *vergeben*. Köln war im Mittelalter eine wichtige Münzprägestadt.

Das Papiergeld erfanden die Chinesen im 11. Jahrhundert. Es dauerte allerdings bis ins 15. Jahrhundert, bis es in Europa bekannt wurde. Erst im 19. Jahrhundert war es allgemein akzeptiert und gebräuchlich.

Trotz der Münzen und Geldscheine gab es auch in der jüngeren deutschen Geschichte noch Zeiten, als der Tauschhandel florierte. Denken wir einmal an die Zeit nach dem Zweiten Weltkrieg. Da war eine Packung Zigaretten im alltäglichen Leben deutlich mehr wert als irgendwelche Geldscheine.

Heute ist Geld in vielen Fällen nur noch ein abstrakter Wert. Die jüngste Wirtschaftskrise machte deutlich, dass es oft kaum noch konkrete Bezüge und Werte zu den vielen geheimnisvollen Wertpapieren und Fonds gibt.

Ganz wichtig im Geldgeschäft:
Zusammenzählen und die Echtheit überprüfen

___ In der *Geldgeschichtlichen Sammlung* finden wir auch Objekte, die uns etwas über die Anfänge des Rechnens, des Nachrechnens und des Handelns mit Geld erzählen. Denn zu jeder Art von Geldgeschäft gehört das Zählen und Rechnen dazu.

Der deutsche Rechenmeister Adam Ries (1492/1493-1559) hatte eine Rechenmethode entwickelt, die gerade bei Kaufleuten sehr beliebt war. Mit einem **Rechenbrett**, auf dem Linien aufgezeichnet waren, und **Rechenpfennigen** wurden Werte zusammengerechnet. Die Pfennige wurden auf Linien gelegt, die jeweils für einen bestimmten Wert standen. Hatten sich mehrere Pfennige an einer Stelle angesammelt, wurden sie gegen einen neuen Pfennig eingetauscht, der auf eine andere Linie mit einem höheren Wert gelegt wurde. Dadurch konnten auch größere Summen relativ einfach zusammengerechnet werden.

Besonders schön ist die Sammlung der **Münzwaagen**. Die waren sehr wichtig, damit der Händler feststellen konnte, ob er auch ordentlich bezahlt wurde. Mit ihnen konnte der Kaufmann die Echtheit der Münzen überprüfen. War eine Münze aus Blei statt aus Gold gefertigt, war sie bei gleicher Größe deutlich leichter und der Betrüger entlarvt.

In Köln wurden seit dem Mittelalter sehr viele hochwertige Münzwaagen hergestellt. Erst als Mitte des 19. Jahrhunderts das Papiergeld immer mehr an Einfluss gewann, verloren die Münzwaagen an Bedeutung. Übrigens arbeiten Münzautomaten auch heute noch nach dem Prinzip des Wiegens. Mit eingebauten Waagen werden die eingeworfenen Münzen auf ihren Wert hin überprüft.

Vom Sparschwein bis zur Heimspardose

Die Sparbüchsensammlung

___ Seitdem es Münzen gibt, benutzt man auch Gefäße, in denen Münzen gesammelt werden. Dabei war es schon immer wichtig, dass die Münzen zwar leicht in die Gefäße hineingelangten, aber möglichst schwer wieder herauszunehmen waren. Die ältesten bekannten Sparbüchsen stammen aus Babylon und der heutigen Türkei und wurden im 3. Jahrhundert v. Chr. aus Ton angefertigt. Die *Geldgeschichtliche Sammlung* besitzt einige römische Sparbüchsen, die ausgerechnet da gefunden wurden, wo das Gebäude der Kreissparkasse am Neumarkt in den Dreißigerjahren gebaut wurde. Das war übrigens auch der erste Anstoß, eine Sparbüchsensammlung aufzubauen.

Mittlerweile umfasst diese Sammlung Sparbüchsen aus allen Erdteilen, aus verschiedenen Zeiten und aus den unterschiedlichsten Materialien. Darunter befindet sich natürlich auch das uns allen bekannte **Sparschwein**, das es schon seit dem 14. Jahrhundert gibt. Das Schwein war ein Symbol für Glück und von daher geradezu prädestiniert dafür, ein Sparschwein zu sein und dem Sparer Glück und Reichtum zu bescheren. Allerdings, in den Ländern, die islamisch wurden, hatte das Schwein als Sparschwein ausgedient, da es dort als unreines Tier galt. Die Sammlung der Kreissparkasse besitzt ein tönernes Sparschwein aus dem ostjavanischen Königreich, das zwischen 1293 und 1520 entstanden ist.

Zu den beliebtesten Sparbüchsen gehören die **mechanischen Blechspardosen**, bei denen sich etwas bewegt, wie beispielsweise ein Specht, der das Geldstück aufpickt und dann verschluckt. Bei der Entwicklung solcher Spiel-Spardosen waren die Amerikaner im 19. Jahrhundert besonders trickreich. Die *Geldgeschichtliche Sammlung* hat auch hier ein paar sehr schöne Stücke in ihrem Besitz.

Sparschwein, zwischen 1293 und 1520, Ostjavanisches Königreich

Zur Sparbüchsensammlung gehören auch **Opferkästen** und **Klingelbeutel**. Das *Geldsammeln* hat eine ebenso lange Geschichte wie das *Geldsparen*. Schauen wir in die Bibel. Da wurden Spenden für den maroden Tempel in Jerusalem gesammelt. Heute sammeln unsere Domschweizer mit ihren Sammelbüchsen für den Erhalt des Domes.

Auf eine besondere Spardose möchte ich abschließend noch hinweisen: die **Heimspardose**. Sie wurde um 1900 erfunden und war eine Mischung aus Sparvertrag und transportablem Bankschließfach. Die Sparer liehen sich diese Spardosen bei den Sparkassen. Die Dosen bestanden aus Eisen und waren mit einem massiven Schloss verriegelt. Nur der Kassierer der Sparkasse hatte den Schlüssel dazu. Er stattete seinen Sparern wöchentlich einen Besuch ab, um die Dosen zu öffnen und das gesparte Geld einzusammeln.

1993

Schokoladenmuseum

Ein Mann, ein Hafen, ein Museum und viel, viel Schokolade

Imhoff und die Schokoladenfabrik

___ Der Kaufmann und Schokoladenfreund Hans Imhoff (1922–2007) ist der Ideengeber, Gründer und Geldgeber des Schokoladenmuseums. Er wurde in Köln geboren, machte eine kaufmännische Ausbildung und begann nach dem Zweiten Weltkrieg seine Karriere als Lebensmittelgroßhändler. Imhoff war schnell sehr erfolgreich und hatte ohne Zweifel oft den richtigen Riecher, den man für den Erfolg braucht.

So auch, als er 1972 die Kölner Schokoladenfabrik Stollwerck übernahm, die zu dieser Zeit keine guten Geschäfte mehr machte. Das war 100 Jahre früher allerdings ganz anders. Damals hatten die fünf Söhne von Franz Stollwerck (1815–1876) die Firma *Gebrüder Stollwerck* gegründet. Franz Stollwerck selbst war Bäcker gewesen und verkaufte neben seinem Gebäck auch *Brustkaramellen*. Außerdem betrieb er ein Kaffeehaus, eine Weinstube und sogar ein Theater. Seine Söhne produzierten Schokolade, Plätzchen und Pralinen, die sie sogar als Hoflieferanten dem österreichischen Kaiserhaus lieferten. Das Geheimnis der weltbekannten Stollwerckschokolade lag auch darin begründet, dass Heinrich Stollwerck (1843–1915) sehr erfindungsreich war. Er hatte mit speziellen Granitwalzmaschinen ein ganz neues Verfahren zum Verfeinern der Schokoladenmasse erfunden.

Die Stollwerckfabrik lag im Severinsviertel. Der Fabrikkomplex war im neugotischen Stil errichtet und sah eher aus wie eine Kirche als eine Fabrik. Deshalb nannten die Kölner ihn auch *Kamellendom*.

Zurück in die Siebzigerjahre des 20. Jahrhunderts. Stollwerck ging es längst nicht mehr so gut, und Imhoff übernahm die Firma. Er verlagerte die Produktion ins Rechtsrheinische und sanierte den ganzen Betrieb. Imhoffs Engagement in Sachen Schokolade war mit der Übernahme von Stollwerck noch nicht beendet. Er vergrößerte seinen Konzern zusätzlich mit dem Kauf der Schokoladenhersteller Sarotti und Sprengel.

Seit 2006 gibt es außerdem eine Kooperation zwischen dem Kölner Schokoladenmuseum und der traditionsreichen *Lindt & Sprüngli AG* aus der Schweiz.

Das erste Schokoladenmuseum der Welt

___ Auslöser für das Museum war eine Ausstellung im Gürzenich zum Thema »Schokolade«. Das Interesse der Kölner an der Schokoausstellung war so groß, dass Imhoff die Idee hatte, seine Sammlung dauerhaft in einem Museum zu zeigen. Die Sammlung bestand zunächst vor allem aus alten Verpackungen, Werbeschildern und Schokoladenautomaten.

1993 wurde dann das Schokoladenmuseum als erstes dieser Art auf der Welt eröffnet. Es ist ein sogenanntes *Themenmuseum*, das sich den unterschiedlichsten Aspekten der Schokolade widmet, von der Götterspeise der Azteken bis hin zum modernen Industrieprodukt.

Imhoff hat dieses Schokoladenmuseum der Stadt Köln geschenkt, das übrigens in nur 13 Monaten gebaut wurde. Es ist eines der am meisten besuchten Museen in Deutschland und trägt sich selbst.

Das Schokoladenmuseum zeichnet sich dadurch aus, dass es viele Möglichkeiten der Interaktion bietet.

Ob raten, spielen, riechen oder schmecken, wir können an vielen Stationen selbst aktiv werden. Vieles ist in Bewegung, wenig ist starr, und wenn, dann wirkungsvoll inszeniert.

Auf der Spitze des Rheinauhafens

___ Mit dem Bau des Schokoladenmuseums im Rheinauhafen wurde 1993 der Startschuss für ein neues, äußerst attraktives Stadtviertel gegeben, in unmittelbarer Nähe zu Kölns Zentrum und mit fantastischem Blick auf den Dom. Von Anfang an war es wichtig, alte und neue Bausubstanz miteinander zu vereinen.

Das bedeutete für das Schokoladenmuseum, dass es das alte Hauptzollamt in den Neubau integriert. Wir können den alten und neuen Bauteil klar voneinander unterscheiden, auch wenn der Gesamtbau wie ein großes Schiff aus Glas und Metall im Rhein vor Anker gegangen zu sein scheint.

Geschichte, Herstellung und Vermarktung von Schokolade

___ Wir folgen dem Rundgang durch das Museum über drei Etagen und erfahren auf unserem Weg einiges über den Anbau und die Verarbeitung der Kakaobohnen, über die moderne Schokoladenfabrikation, über die magische Bedeutung von Schokolade in früheren Zeiten und fernen Ländern, über die Geschichte des Kakaogenusses und über den Verkauf und die Vermarktung von Schokolade.

Schokolade als Reiseproviant

___ Direkt im ersten Raum begegnen wir dem großen deutschen Naturforscher Friedrich Wilhelm Heinrich Alexander von Humboldt (1769–1859), der in den Jahren 1799 bis 1804 Mittel- und Südamerika bereiste, das Ursprungsland der Schokolade. Sein botanisches Interesse galt auch der Kakaobohne, und er erkannte schnell, dass Schokolade ein perfekter Reiseproviant war. Dies erzählte er auch seinen Freunden und Bekannten, wie wir von Johann Wolfgang von Goethe (1749–1832) wissen: »Wer eine Tasse Schokolade getrunken hat, der hält einen ganzen Tag auf der Reise aus. Ich tue es immer, seit Herr von Humboldt es mir geraten hat.« Jetzt verstehen wir auch, warum wir am Anfang unseres Rundganges an der Kasse alle eine Minitafel Schokolade bekommen haben.

Von der Kakaobohne zur Schokopraline

___ Ursprünglich wuchsen Kakaobäume (der lateinische Name des Kakaobaums lautet *Theobroma*, was so viel bedeutet wie *Speise der Götter*) nur im Amazonasgebiet und später auch in den Tropen. Heute hat sich der Anbau überwiegend nach Afrika, vor allem an die Elfenbeinküste, verlagert.

Es gibt viele verschiedene Sorten. Kakaobäume können bis zu 15 Meter hoch werden. Wenn die Früchte reif sind, werden sie nach wie vor in Handarbeit mit Macheten abgeschlagen. In den Früchten stecken die Kakaobohnen. Es sind einfache Bauern, die sich mit dem Ernten der Kakaobohnen ihren dürftigen Lebensunterhalt verdienen. An einer Hörstation können wir erfahren, wie ein Arbeitstag einer Kakaobauerfamilie aussieht. Es sollte hier nicht unerwähnt bleiben, dass leider nach wie vor auch Kinderarbeit und Korruption Themen der Kakaoverarbeitung sind.

Dass die Arbeit der Kakaobauern schon immer harte Handarbeit war, zeigt uns auch das aus einem einzigen Stamm geschnitzte Boot, auf dem Bauern ihre Ernte transportierten.

Sind die Bohnen geerntet, werden sie getrocknet, geröstet und gepresst, bis die Kakaobutter vom Kakaopulver getrennt ist. Dann beginnt unter Hinzufügen von Milch und Zucker die komplizierte Herstellung der Schokolade. Und irgendwo da fängt die wahre Kunst des Chocolatiers an, die voller Geheimrezepte und alt überlieferten Erfahrungen ist.

Schokolade im Handel

___ Der Weg von der Kakaobohne aus dem Urwald in die Schokolade eines Supermarktes ist lang. Dazwischen gibt es viele Stationen und Händler. Auch die

Machen wir uns klar, wie viele Händler zwischen den Bauern, die die Kakaofrüchte ernten, und uns Schokoladenkonsumenten zwischengeschaltet sind, dann drängt sich die Frage auf, was von unserem bezahlten Geld für den Bauern in den Tropen übrig bleibt.

Börse spielt eine Rolle im Handel von Kakao und Schokolade. Im Museum können wir an einem Liveticker verfolgen, wo der aktuelle Handelspreis für Kakao steht. Kakaobohnen wurden schon früher als Zahlungsmittel angesehen und benutzt. Aus dem 16. Jahrhundert wissen wir, dass ein Sklave einen Wert von circa 100 Kakaobohnen hatte.

Wenn wir uns klar machen, wie viele Händler zwischen den Bauern, die die Kakaofrüchte ernten, und uns Schokoladenkonsumenten zwischengeschaltet sind, dann drängt sich die Frage auf, was von unserem bezahlten Geld für den Bauern in den Tropen übrig bleibt. Dieses Thema wird heute immer wichtiger und glücklicherweise auch immer bekannter. Unter dem Stichwort *Fair Trade* wird das Ziel verfolgt, dass die Bauern in den Entwicklungsländern ein regelmäßiges Einkommen bekommen und damit ihre Arbeit respektvoll und fair entlohnt wird.

Interessant ist auch die Statistik, die uns zeigt, in welchen europäischen Ländern wie viel Schokolade im Jahr verputzt wird. An der Spitze stehen die Schweizer, die im Jahr 2006 10,5 kg Schokolade pro Kopf gegessen haben. Deutschland folgt wenig später mit immerhin noch 9,16 kg pro Person im Jahr. Das sind mehr als 90 Tafeln Schokolade!

Schokolade: Ein Balsam für Körper und Seele

___ Wie beruhigend, dass wir hier zu Beginn unseres Rundgangs direkt erfahren, wie gesund Schokolade doch ist. An dem Modell eines Menschen werden uns die Inhaltsstoffe der Schokolade und ihre Wirkungen auf die einzelnen Organe und Blut- und Immunsystem des menschlichen Körpers verdeutlicht. Antioxidation, Kakaoflavanole, Epicatechin, CocoHeal, das alles sind Inhaltsstoffe, die dafür verantwortlich sein sollen – glauben wir den vielen Studien –, dass Schokolade ab einem Kakaoanteil von 70 Prozent bei Magengeschwüren und der Wundheilung helfen, den Cholesterinspiegel senken und sogar Krebs, Herzinfarkten und Diabetes vorbeugen soll.

Da ist es kein Wunder, dass früher Schokolade in Apotheken verkauft und als Stärkung und für die Kräftigung des menschlichen Abwehrsystems empfohlen wurde.

Und wenn es um den Genuss geht, dann geben wir uns doch kurz ganz und gar dem Riechen hin. An einer *Riechstation* können wir nämlich unseren Geruchssinn testen und verschiedene Gewürze erschnuppern und raten, ob wir richtigliegen.

Zwei Erlebnisräume: Der Urwald und die Schokoladenschule

Blüte eines Kakaobaumes

___ Den **Urwald** können wir nur durch Schleusen betreten, damit das spezielle tropische Klima im Gewächshaus erhalten bleibt. Es ist extrem warm und feucht. In diesem Klima wächst der Kakaobaum. Hier finden wir auch Palmen, Vanille, Kaffeepflanzen und Bananenstauden. Letztere stehen hier nicht nur, weil sie schön aussehen oder dieses tropische Klima lieben. Sie haben auch eine wichtige Funktion beim Anbau der Kakaopflanzen. Sie geben den Kakaobäumen Schatten und sorgen dafür, dass die Kakaobäume nicht zu groß werden.

Die **Schokoladenschule** bleibt für Gruppen und Schulklassen reserviert und ist normalerweise geschlossen. Schulkinder bekommen hier die nicht sehr schmackhafte pure Kakaobutter zum Probieren. Für Kinder ist dies ein spannender Moment, der ihre Erwartungen an Kakao und Schokolade gehörig durcheinanderbringt.

Der Schokoladenbrunnen

___ Das Herzstück des Museums ist ohne Frage der verglaste Bau auf der Spitze der Halbinsel. Nicht nur, weil wir hier einen wunderbaren Blick auf den Dom und den Rhein haben; hier steht auch der weltbekannte Schokoladenbrunnen.
Der Brunnen ist drei Meter hoch und lässt permanent warme, flüssige Schokolade aus seinem Inneren herausströmen. Sie sprudelt aus vier Fontänen und sammelt sich dann in der Brunnenschale. Mitarbeiterinnen des Museums verteilen an die Besucher Waffeln, die sie vorher in die flüssige Schokolade getaucht haben.

Schokoladenproduktion

___ In dem großen Glasbau finden wir aber nicht nur den Schokoladenbrunnen, sondern auch die unterschiedlichsten Maschinen, die zur Herstellung von Schokolade benötigt werden, wie beispielsweise eine **Kakaobutterpresse** oder eine **Schokoladenwalze**. Sehr anschaulich werden uns die Produktion und

Schokoladenbrunnen

Verpackung von kleinen Schokoladentäfelchen gezeigt. Da können wir den ganzen Prozess – wenn auch hinter Glas – beobachten.

Wir können auch sehen, wie große Schokoladenfiguren, der klassische Osterhase oder Weihnachtsmann, entstehen. In **Zentrifugen** wird die flüssige Schokolade bei einer regelmäßigen Drehung der Gussformen verteilt. Am Ende, wenn die Formen entfernt werden, haben wir die hohle Schokoladenfigur. Natürlich gibt es außer den Saisonartikeln *Osterhase* und *Weihnachtsmann* auch Fußbälle, Kölner Dome oder Engelchen.

Die Schatzkammer

___ Wenn wir über die Treppe in der *Produktionshalle* die zweite Etage erreicht haben, stehen wir plötzlich in einem verdunkelten Raum. Mit Scheinwerfern effektvoll in Szene gesetzt, werden hier Kunstwerke der Olmeken, der Maya und der Azteken ausgestellt. Hier finden wir faszinierende, teils sehr alte Skulpturen aus Ton und Stein, die dort entstanden sind, wo auch der Kakao und die Schokolade ihren Ursprung haben. Der **Junge Würdenträger** empfängt uns als Erster in der Schatzkammer und zeigt uns direkt, welche hervorragenden Skulpturen diese Völker hervorgebracht haben.

Schauen wir uns den **Schamanensitz in Form eines Jaguars** an. Warum hat der Hocker die Gestalt einer Raubkatze? Der Jaguar war ein besonderes

Tier bei den präkolumbianischen Völkern in Mittel- und Südamerika. Die Maya verehrten zum Beispiel den Gott der Unterwelt, der wie ein Jaguar ausgesehen haben soll. Die Adeligen und Krieger der Azteken trugen Jaguarpelze und Kopfschmuck in Jaguarform, um auf ihre herausragende Stärke und vornehme Herkunft hinzuweisen.

Einen aufwendigen Kopfschmuck in Jaguargestalt trägt auch der Mann des **Tänzerpaars im Kakaorausch**. Vor allem der Tänzer zeigt uns auf eindringliche und wunderbare Weise, wie der Genuss von Kakao auf die Menschen damals gewirkt hat. Mit aufgerissenen Augen und schreiendem Mund scheint er ganz offensichtlich berauscht zu sein.

Tänzerin im Kakaorausch, 700 n.Chr.

Entdeckung und Kultivierung der Kakaopflanze

Schauen wir in die vorkolumbianische Zeit in Amerika. Mit den Olmeken entstand gegen Ende des 2. Jahrtausends v. Chr. in Mexiko eine Kultur, die sich bis in das 12. Jahrhundert über die Tolteken, die Zapoteken und die Mixteken bis hin zu den Azteken immer weiter zu einer sogenannten *Hochkultur* entwickelte. Parallel dazu existierte bereits seit circa 300 v. Chr. die Mayakultur. Die Menschen lebten damals in klaren, gut strukturierten Gesellschaftsformen. Um 300 v. Chr. gab es bereits Städte mit 150.000 Einwohnern in Mexiko. Sie bauten großartige Tempelstätten und verherrlichten Sonne und Mond als ihre Götterwesen. Priester regierten stellvertretend für die Götter das Volk.

Die Olmeken waren die Entdecker der Kakaofrucht. Um 1500 v. Chr. entdeckten sie das erste Mal die bitteren Früchte, von denen sie vermutlich das zuckerhaltige Fruchtfleisch zu sich genommen haben. Dieses Fruchtfleisch beziehungsweise der Saft, der daraus gewonnen wurde, war gegoren und dadurch auch alkoholhaltig.

Seit dem 7. Jahrhundert n. Chr. bauten die Maya Kakaopflanzen an, um die Früchte regelmäßig ernten zu können. Langsam wurden auch die Bohnen der Kakaofrucht genutzt. Aufgrund seiner belebenden Wirkung wurde Kakao schon früh als Göttertrank angesehen.

Die Azteken waren es, die den Genuss von Kakao regelrecht pflegten und dem Getränk seinen Namen gaben. Sie mischten Wasser, Kakao, Cayenne und Vanille zusammen und nannten das Gemisch *Xocóatl* oder *Xocólat*. Dieser Kakao hatte allerdings nichts mit dem zu tun, was wir heute unter Kakao verstehen. Er war ungesüßt und kalt, bitter und scharf. Trotzdem war Kakao ein ganz besonderes Getränk. Nur reiche und adelige Männer durften dieses göttliche Getränk zu sich nehmen.

Da Kakao als berauschend galt, bekamen ihn hauptsächlich Krieger, Priester und Menschen, die geopfert werden sollten, zu trinken. Es gab auch Kakaofeste, die zu Ehren des Kakaogottes abgehalten wurden. Tieropfer und Geschenke für alle gehörten dazu wie Tänze und natürlich Kakao trinken.

Erst Hernan Cortés brachte im 16. Jahrhundert den Kakao nach Europa. 1544 wurde er erstmals am spanischen Hof getrunken. Die Europäer versüßten ihn sich aber mit Honig und Zucker.

Schließlich möchte ich noch auf die sogenannte **Metaten** hinweisen. Solche Reibmühlen waren typische Werkzeuge der Maya und Azteken. Sie bestehen aus einer Schale und einer Rolle, beides aus Vulkangestein gefertigt. Damit wurden unter anderem Kakaobohnen zerrieben.

Kostbarkeiten aus Silber und Porzellan

___ Als die Mächtigen und Reichen Europas im 16. Jahrhundert den Kakao als süßes, warmes Getränk kennenlernten, dauerte es nicht lange, bis das Kakaotrinken an den fürstlichen und königlichen Höfen zur Mode wurde. Da verwundert es uns nicht, dass extra für den neuen Trinkgenuss exquisite, kostbare Service angefertigt wurden. Sie waren anders als die herkömmlichen Kaffeeservice. Anstelle der kleineren Kaffeetassen gab es die größeren Kakaotassen. Die Kannen hatten spezielle, seitlich abstehende Griffe aus Holz, die über dem Stövchen nicht heiß wurden. Und die Stövchen gehörten zu jedem Kakaoservice dazu, damit die flüssige Schokolade schön warm und cremig blieb. Im Museum gibt es eine wunderbare Auswahl von **Kakaoservice** aus Silber und Porzellan des 17. und 18. Jahrhunderts zu bestaunen.

Schokolade für jedermann

___ Von dem Ausstellungsraum mit dem Kakaogeschirr für Adelige und Reiche kommen wir zu einem Verkaufsraum aus dem 19. Jahrhundert, wo jeder einkaufen konnte, auch der *einfache Mann von der Straße*. Natürlich war Schokolade immer noch etwas Besonderes, aber nicht mehr nur den Reichen vorbehalten. In einem Laden, wie wir ihn hier sehen, ausgestattet mit alten **Verpackungen** und **Reklameschildern**, kauften die Menschen im 19. Jahrhundert ihre kleinen süßen Köstlichkeiten.

Kann Schokolade Kult sein?

___ Das Museum hat die dritte Etage mit dem Titel *Kultschokoladen* überschrieben. Dahinter verbirgt sich die Frage, welche Empfindungen und Erinnerungen die Menschen mit bestimmten Produkten verbinden. Schokoladenprodukte wurden seit jeher in der Werbung gern mit positiven Themen verbunden, die mit Schokolade an sich und dem Essen von Süßigkeiten wenig zu tun hatten. Tiere und Naturthemen standen dabei ganz vorn. Aber auch Sport oder Dankbarkeit wurden mit Schokoladenthemen verknüpft. Und diese Verknüpfungen haben erstaunlicherweise unabhängig von Zeitgeist und Mode immer noch und immer wieder Bestand. In dieser dritten Etage begegnen wir also all den Schokoladenprodukten, die erstens wenig mit einer normalen Schokoladentafel zu tun haben, die zweitens einem Großteil der Bevölkerung bekannt sind und die drittens von allen mit den gleichen Merkmalen verknüpft werden.

Zum Schluss noch einmal Nostalgie

___ Die abwechslungsreiche Vermarktung von Schokolade bildet den Abschluss unseres Rundgangs durch das Museum. Die alten **Ladenschilder** aus Blech und die **Werbefilme** von 1926 bis heute, die wir im Schoko-Kino anschauen können, führen uns die lange und abwechslungsreiche Geschichte der Schokoladenwerbung amüsant und unterhaltsam vor Augen.

Und so kommen wir schließlich zur letzten Station: den **Schokoladenautomaten**. Da stehen circa 30 fantasievoll gefertigte, nostalgische Automaten, die wir gern auf der Stelle bedienen würden, auch um den Storch des *Storchen-Automaten* einmal laut »Mama!« schreien zu hören.

Die Firma Stollwerck stellte diese Schokoladenautomaten seit 1887 auf, ursprünglich, um für die eigene Schokolade zu werben. Die Leute waren begeistert. Denn neben den Schokoladentäfelchen konnte man nach dem Einwurf einer Münze auch die beliebten, kunstvoll gestalteten Sammelbilder ziehen. Die Schokoladenautomaten wurden ein echter Erfolg und sollen sogar in New York und auf der Zugspitze gestanden haben.

Schokoladenautomat

Einsamkeit

1997

Tanzmuseum
des Deutschen Tanzarchivs Köln

Archiv und Museum in einem

Eine besondere Kombination aus Museum und Archiv

___ Das Kölner Tanzmuseum ist das einzige seiner Art in Deutschland. Es existiert seit 1997 und ist aus dem Tanzarchiv heraus entstanden, das schon deutlich älter ist. Das Tanzarchiv wurde 1948 von dem Tänzer und Pädagogen Kurt Peters gegründet. Seit 1986 gehört das Archiv zur Kulturstiftung der Sparkasse KölnBonn. Die Bestände des Archivs sind wirklich beeindruckend. Es besitzt und verwaltet über 200 Nachlässe und Sammlungen von Tänzern, Choreografen, Kritikern und Sammlern. Allein die Fotografiesammlung umfasst mehr als 160.000 Aufnahmen. Außerdem gibt es eine Kunstsammlung mit Objekten zum Thema Tanz, Kostüme und Plakate sowie eine umfangreiche Bibliothek. In über 3.000 Filmen können Tanzszenen nacherlebt werden, und es gibt zahlreiche Schriftdokumente wie Zeitungsausschnitte oder Programmhefte.

> Da kann es passieren, dass plötzlich ein gleichmäßiges Tacken zu unseren Ohren dringt und Besitz von uns nimmt. Es ist ein Metronom, das auf dem Boden steht.

In der Kombination mit dem Museum erfährt das Archiv die Möglichkeit, sich lebendig und abwechslungsreich darzustellen, ohne verstaubt oder langweilig zu wirken. Das Museum hingegen kann auf die enorme Vielfalt der Bestände des Archivs zurückgreifen. Allerdings will das Museum mehr, als nur Ausstellungsfläche der Objekte aus dem Archiv zu sein. Hier werden Geschichten erzählt, die mit den Stücken aus dem Archiv illustriert werden. Die Präsentation ist oft unkonventionell, überraschend, auch mal irritierend und macht auf jeden Fall Spaß. Da kann es zum Beispiel passieren, dass in einer Ausstellung plötzlich ein gleichmäßiges Tacken zu unseren Ohren dringt und Besitz von uns nimmt. Wir erfahren unmittelbar den Rhythmus am eigenen Körper. Es ist ein Metronom, das auf dem Boden steht.

Die Ausstellungen im Tanzmuseum werden jedes Jahr im Herbst gewechselt. Oft gibt es auch etwas zu hören oder als DVD anzuschauen, manchmal spielen Musiker live im Museum.

Die Vielfalt des Tanzens

___ Tanzen ist das Bewegen des Körpers zu Musik oder Rhythmus. Es ist die Kombination und das Zusammenspiel von akustischen und optischen Elementen. Tanzen kann Ritual, Tradition, Sport, Therapie und Kunst sein. Es gibt

Volkstanz, religiösen Tanz, Gesellschaftstanz, Bühnentanz und Turniertanz. Manche Tänze werden allein, manche zu zweit und andere wieder zu mehreren oder vielen getanzt. Tanzbewegungen können ganz unterschiedlich sein: weit und offen, kompliziert und akrobatisch oder auch eng und verschlossen. Das Feld des Tanzes ist sehr groß und umfangreich. Im Folgenden werde ich versuchen, manche Aspekte etwas genauer zu betrachten.

Faszination Tanz

Eine kleine Geschichte des Tanzens

___ Schon in Zeichnungen der Urmenschen können wir tanzende Menschen erkennen. Tanzen scheint so alt wie der Mensch selbst zu sein. Im frühen Hinduismus, um 400 v. Chr., können wir Shiva als tanzenden Gott sehen. In Ägypten wurde der Gott Osiris mit komplizierten Tänzen verehrt. In Griechenland gab es unter den Schutzgöttinnen der Künste, den *Musen*, Polyhymnia, die Muse des Tanzes. Außerdem war das Tanzen wichtiger Bestandteil des Dionysoskults, durch den mithilfe von berauschendem Wein und ekstatischem Tanz alle Last des Alltags abgeworfen werfen sollte, um den Gedanken freien Lauf zu lassen. Auch in der Bibel heißt es, dass die Israeliten bei ihrer Suche nach dem Gelobten Land um das Goldene Kalb tanzten.

Im Mittelalter waren es vor allem die Bauern, die tanzten. Es handelte sich um volkstümliche Tänze, die sehr ausgelassen sein konnten. Erst im 15. Jahrhundert begeisterten sich langsam auch die feinen Herrschaften für das Tanzen, das dann recht schnell zum festen Bestandteil aller Festlichkeiten wurde. Die höfischen Tänze waren Figurentänze und wurden von allen zusammen nach bestimmten Regeln getanzt. Anfang des 18. Jahrhunderts, zur Zeit des Rokoko, wurden die Tänze leichter und beschwingter. Zahlreiche Gemälde zeigen uns unbeschwerte Tänzer, die sich meistens in freier Natur drehen und wenden. Dieses unbeschwerte Leben blieb ein Privileg der Reichen.

Seit circa 1800 entwickelten sich die sogenannten Rundtänze wie Walzer und Polka, die von den einfachen Bürgern getanzt wurden. Dazu brauchte man keine großen Festsäle, wie sie nur die Adeligen hatten, sondern man konnte sie auch auf kleinerem Raum tanzen.

Auf der Bühne wurde bis zum Ende des 19. Jahrhunderts fast ausschließlich Ballett getanzt, wenn wir mal vom orientalischen Bauchtanz oder dem Flamenco absehen, die beides auch Schautänze sind und jeweils in ihren Kulturen lange Traditionen haben.

Das Ballett hatte sich aus den Tänzen an den Fürstenhöfen des 15. und 16. Jahrhunderts entwickelt, wo mit Bewegung und Musik – ohne Sprache – durchaus

Antike Vase mit Tänzern

auch politische oder gesellschaftskritische Zusammenhänge pointiert dargestellt oder auch Geschichten erzählt wurden. Im 17. Jahrhundert wurde die erste Ballettakademie in Paris gegründet.

In der zweiten Hälfte des 19. Jahrhunderts feierte das Ballett – vor allem in
Russland – seine große Zeit, als romantische Märchen wie Schwanensee oder
Nussknacker auf der Bühne nacherzählt wurden und der Spitzentanz erfun-
den wurde.

Isadora Duncan (1877–1927) brach als Erste mit den festen Regeln des Bal-
letts. Sie bewegte sich frei zur Musik. Daraus entwickelte sich der Ausdruckstanz, der mit Mimik, Gestik, Bewegung und Musik Geschichten erzählt,
Charaktere darstellt, Situationen beschreibt und Gefühle bildhaft macht. Tanzen spielte
um die Jahrhundertwende in vielen Bereichen der Gesellschaft und des Lebens eine wichtige Rolle. Das ungezügelte Tanzen wurde als Befreiung von alten Konventionen begriffen.
Die Franzosen sahen auf der Bühne des Mou-
lin Rouge die leicht bekleideten Cancantän-
zerinnen. Die Anhänger der neuen Freikör-
perbewegung tanzten nackt in der Natur, um
sich völlig frei bewegen zu können und um
eins mit der Natur zu werden. Der Tanz faszinierte und inspirierte damals auch viele Künstler.

> Daraus entwickelte sich der Ausdruckstanz, der mit Mimik, Gestik, Bewegung und Musik Geschichten erzählt, Charaktere darstellt, Situationen beschreibt und Gefühle bildhaft macht.

Seit den Sechziger- und Siebzigerjahren entwickelten sich immer neue Stile und Techniken des Bühnen- und Schautanzes wie beispielsweise Jazzdance
oder Breakdance.

Es gibt aber auch noch das klassische Ballett, das sozusagen dem modernen
Tanztheater Paroli bietet. Die Vielfalt der Tänze und Tanzformen ist nach wie
vor sehr groß.

Edgar Degas und die Tänzerinnen

___ Kein anderer bildender Künstler hat sich so intensiv mit dem Tanz und
den Tänzerinnen beschäftigt wie **Edgar Degas** (1834–1917). Seit den Achtzigerjahren des 19. Jahrhunderts ließ ihn das Thema *Tanz* nicht mehr los. Er malte Tänzerinnen auf der Bühne, bei den Proben oder in der Garderobe beim Binden der Schuhe. Später, als der Künstler wegen einer Augenkrankheit kaum
noch etwas sehen konnte, modellierte er Tänzerinnen in allen möglichen Po-
sitionen.

Das Tanzarchiv besitzt einen Abguss von einer Figur, die Degas 1880 geformt hat. Er modellierte die **Vierzehnjährige Tänzerin** aus Wachs und be-

malte sie anschließend. Sie trägt einen echten Tüllrock und wirkt durch die Farbigkeit und den Rock sehr echt.

Es ist eine wunderbare kleine Figur, die uns von der Grazie und Zerbrechlichkeit einerseits und von der Anspannung und Anstrengung andererseits erzählt. Degas hat die Tänzerinnnen sehr genau beobachtet.

Seine Bilder und Skulpturen stellen typische Momente dar, die uns einen Eindruck vom Tanzen im Allgemeinen vermitteln können. Es sind flüchtige kurze Augenblicke, die wir gezeigt bekommen – Impressionen!

Vierzehnjährige Tänzerin, 1880,
Edgar Degas (Abguss)

Lebendige Dokumente: Die Filme

___ Das Tanzarchiv besitzt eine große Anzahl hervorragender filmischer Dokumente. In den Ausstellungen des Tanzmuseums sind immer wieder einige davon zu sehen.

Es können Kunstfilme, Aufnahmen von Tanzvorführungen oder auch schon einmal irreale Vermischungen von Tanz und Malerei sein.

Historisch besonders interessant ist der fast 100 Jahre alte Film, der **Isadora Duncan** zeigt, wie sie 1910 auf einem Gartenfest in London tanzt. Wir sehen die Frau, die den Ausdruckstanz *erfunden* hat. Ausgelassen und spielerisch, unbekümmert und lustvoll bewegt sie sich unter freiem Himmel. Wir spüren: Diese Frau macht, was sie fühlt und was sie will. Sie lässt sich nicht in feste Regeln zwängen.

Ganz anders ist die Aufnahme mit **Véronique Doisneau** (geboren 1963) aus dem Jahr 2005. Die Tänzerin wird bei einer Aufführung gezeigt. Sie trägt ein Mikrofon, das an ihrem Kopf befestigt ist. Sie redet beim Tanzen. Eine merkwürdige Atmosphäre entsteht, die gespenstig und packend zugleich ist. Zwischen den Tanzeinlagen sehen wir pure Konzentration und auch extreme Erschöpfung.

Faszinierende Dokumente: Die Fotografien

___ Die Fotografie kann einen Moment festhalten, einen Moment, der sich so nie wiederholen wird. Das Wort *Momentaufnahme* kann hier sehr wörtlich genommen werden. Für den Fotografen ist es eine große Herausforderung, diesen einen Moment zu finden, der die Bewegung und Emotion des Tanzes ausdrücken und vermitteln kann. Mit Serienaufnahmen versuchen manche Fotografen die Bewegung nachzuahmen. Ein gutes Beispiel dafür sind die Fotografien, die **Dominik Mentzos** (geboren 1964) 2005 von William Forsythe (geboren 1949) gemacht hat. Wir können uns die Bewegung vorstellen und die Spannung und Dynamik spüren.

> Für den Fotografen ist es eine große Herausforderung, diesen einen Moment zu finden, der die Bewegung und Emotion des Tanzes ausdrücken und vermitteln kann.

Oder wir sehen auf einem Tanzfoto am Ende nur eine Pose. Die Tanzfotografie lebt von der Ästhetik, der Schönheit und Ausdruckskraft des Körpers des Tanzenden. Die Aufnahmen von **Bettina Stöß** (geboren 1971) **Moving Moments** scheinen so, als ob die Tänzer nicht nur auf den Fotografien, sondern auch in der Wirklichkeit erstarrt sind. Die makellosen Körper, die enorme Spannkraft faszinieren. Dabei übersieht man fast, dass diese Haltungen und Posen nicht von Dauer sein können. Es sind eben keine Kunstkörper, sondern Menschen, die wie alle der Schwerkraft unterworfen sind.

Ein bewegendes Einzelschicksal

___ Im Tanzarchiv befindet sich ein ganz besonderer, berührender Nachlass. Es sind die Dokumente, die uns die Geschichte von **Dore Hoyer** (1911–1967) erzählen. Dore Hoyer war eine international bekannte und angesehene Ausdruckstänzerin und Choreografin. Sie trat als Solotänzerin oder auch mit einer Tanzgruppe auf, für die sie zum Beispiel die **Tänze für Käthe Kollwitz** choreografiert hatte. Ihre größten Erfolge hatte sie in Dresden, Berlin und Hamburg.

Im Jahr 1954 traf sie ein schwerer Schicksalsschlag: Sie hatte einen Unfall, bei dem sie ihr Knie dauerhaft verletzte. Seitdem konnte sie nicht mehr schmerzfrei tanzen.

Was macht eine Tänzerin, wenn sie nicht mehr tanzen kann? Dore Hoyer tanzte weiter, trotz der ständigen Schmerzen, die ihr das verletzte Knie verursachten. Das Archiv besitzt das traurige Dokument dieses Unfalls, eine Röntgenaufnahme mit dem kaputten Knie von Dore Hoyer.

Die Geschichte von Dore Hoyer ist noch nicht zu Ende erzählt. Seit den Sechzigerjahren ließ das Interesse am deutschen Ausdruckstanz deutlich nach. Das spürte auch Hoyer. Ihren letzten Auftritt hatte sie 1967 in Berlin. Noch einmal wollte sie mit ihrer Kunst das Publikum begeistern. Für diesen Auftritt hatte sie viel gewagt, täglich unter großen Schmerzen trainiert und hohe Schulden gemacht.

Doch leider wurde der Auftritt nicht zum erhofften Erfolg. Viel zu wenig Leute kamen, um sie zu sehen. Dore Hoyer wusste mit ihren Schulden und ihren andauernden Schmerzen nicht mehr weiterzuleben. Sie nahm sich das Leben. Ein Bild von Dore Hoyer können wir uns machen, wenn wir uns ihre Porträtbüste anschauen.

Vor und hinter den Kulissen – das Geheimnis des Tanzens

(i)

Denken wir an den klassischen Bühnentanz, so haben wir schnell das Bild der Primaballerina vor Augen. Wir sehen eine anmutige zierliche Frau, die in schwingenden Kleidern und flatternden Stoffen über die Bühne schwebt – voller Eleganz, Anmut und Weiblichkeit. Ob nun Ballett oder Ausdruckstanz, immer sehen wir eine starke Einfühlung des Tänzers oder der Tänzerin in die Musik und den Rhythmus. Da herrscht ein Einklang zwischen dem Menschen, seiner Seele und seinem Körper mit der Bühne und der Musik.

Im Tanzen können unterschiedliche Emotionen und Aspekte der menschlichen Existenz ihren Ausdruck finden. Tanz kann pure Verführung oder vollendete Glückseligkeit sein. Er kann zur Ekstase und Entrückung führen. Tanzen wirkt offensichtlich tief in die Seele des Menschen hinein.

Nicht direkt und nicht offensichtlich erkennbar sind die Anstrengung und Arbeit, die hinter der Leichtigkeit und vollendeten Körperbeherrschung stecken. Denn neben dem Glücksgefühl und dem Ruhm, den ein Tänzer oder eine Tänzerin durch ihre Kunst erfahren, leben sie auch ein Leben voller Entsagungen. Tanz bedeutet extrem viel Übung und Training. Nicht aus purem Zufall sind die Körper von Tänzern so durchtrainiert. Dazu gehören auch die wunden Füße und schmerzenden Glieder. Und wofür die ganze Anstrengung? Ist der Tanz erst einmal getanzt, ist er auch schon vorbei.

Was bleibt? Das Erfreuen an der Leichtigkeit des Tanzens und das Bewundern der Harmonie von Tänzer, Tänzerin und Musik.

bewusst von mir getroffene Entscheidung.
die Fähigkeit besaß, die Bewegungen
lerischen Ausdruck zu gießen.
er Uhr die Ausführung von 400 Sprüngen
viele Bewegungen nicht mehr, und es
ich wollte seinerzeit nicht mit dem Tanzen
e Einstellung zu dieser Frage. Ich habe
offenen und wundervollen Leben gestrebt.

Dore Hoyer, 1957, Bernhard Heiliger

1997

Straßenbahn-Museum
Thielenbruch

Als die Pferdebahn durch die Kölner Straßen fuhr

Ein alter Betriebshof wird zum Museum

___ Der Betriebshof in Thielenbruch wurde 1906 an der Stadtgrenze errichtet, als die erste Vorortbahn bis Bergisch Gladbach fuhr. Zunächst gab es nur eine Halle, in der immerhin 40 Wagen abgestellt werden konnten. Als 1926 neue Vierachsfahrzeuge, die länger und breiter waren als die alten, angeschafft wurden, musste eine zweite Halle gebaut werden. 1994 entstand in Merheim ein großer, moderner Betriebshof. Der Thielenbrucher Betriebshof wurde nicht mehr benötigt. Die ältere Halle wurde zur Straßenbahnendhaltestelle umgebaut und empfängt seit 1995 alle Bahnreisenden, die bis nach Thielenbruch fahren, in diesem ehrwürdigen Ambiente. Die jüngere Halle wurde zum Straßenbahn-Museum Thielenbruch umgestaltet.

Zwischen den beiden Hallen befinden sich noch immer die Werkstatträume. Manch ein Werkzeug in dieser Werkstatt hat die ganze Vergangenheit des Betriebshofs *miterlebt* und zählt schon selbst seine 100 Jahre. Hier wird auch heute noch handwerklich gearbeitet. Die alten Museumsfahrzeuge werden hier gewartet und, wenn nötig, repariert. Nur die alte Schmiede ist nicht mehr in Betrieb.

Ein lebendiges Museum der Geschichte

___ Seit 1997 gibt es das Straßenbahn-Museum Thielenbruch. Besitzer des Museums sind die KVB (Kölner Verkehrs-Betriebe). Ehrenamtlich geführt und mit viel Begeisterung und Herzblut betreut wird das Museum von dem *Verein Historische Straßenbahn Köln e.V.*, der überwiegend aus ehemaligen Mitarbeitern besteht.

Ein Teil des alten Betriebshofs bildet die Kulisse für die historischen Straßenbahnen aus den Jahren 1877 bis 1960. Hier sind ein paar *alte Schätzchen* zu bestaunen, die zum Teil auch heute noch fahrtüchtig sind. In regelmäßigen Abständen werden zur Freude der Museumsbesucher die alten Fahrzeuge in Bewegung gesetzt.

Aber die historischen Straßenbahnzüge sind nicht alles, was das Museum zu bieten hat. Am Ende der Museumshalle wird uns eine interessante Fotoschau gezeigt, im Ausstellungsraum können wir alle möglichen Dinge aus der langen Geschichte des Kölner Straßenbahnbetriebs finden, und außerdem besitzt das Straßenbahn-Museum ein umfangreiches Archiv mit alten Dokumenten.

Pferdebahn, um 1894

Kurze Geschichte des Kölner Straßenbahnverkehrs

___ Die erste Kölner *Straßenbahn* fuhr 1877 und hatte ein PS, denn sie wurde von einem Pferd gezogen. Der Wagen fuhr schon auf Schienen, war aber von der Stärke und dem guten Willen des Pferdes abhängig. Die erste Strecke, auf der die Pferdebahn verkehrte, führte von Deutz nach Kalk. Nun kann man sich zu Recht fragen, warum diese erste Pferdebahn außerhalb des Stadtzentrums in den Vororten fuhr. Ganz einfach: Die Stadt hatte Bedenken, dass die Pferdebahn nicht durch die engen Straßen der Innenstadt fahren könnte, ohne ein Risiko für Menschen und Gebäude darzustellen. Als sich aber kurze Zeit später die Pferdebahn – auch aus finanzieller Sicht – als voller Erfolg erwies, entschieden sich die Ratsherren, ab 1879/1880 die Pferdebahn auch im Stadtgebiet fahren zu lassen. In den 1890ern waren auf Kölns Straßen 34 Pferdebahnwagen mit circa 780 Pferden unterwegs.

1901 bekam die Pferdebahn Konkurrenz: Die erste elektrische Straßenbahn wurde in Betrieb genommen. Zunächst fuhr sie auf den Ringen als *Ringbahn* und eine weitere Linie entlang des Rheins vom Dom und Hauptbahnhof bis zum Zoo und der Flora, die *Uferbahn*. Eine besondere Linie war die *Rundbahn*, die auf einem Rundkurs durch die Altstadt in beiden Richtungen verkehrte. Die *Elektrische*, wie die Kölner ihre neue Straßenbahn nannten, eroberte schnell die Stadt. 1902 konnten die Kölner sogar schon in einer elektrischen Straßenbahn den Rhein überqueren. Und dann kamen die Vorortbahnen hinzu, die sternenförmig aus der Stadt heraus in die Vororte fuhren. Bis 1907 verkehrten immer noch vereinzelte Pferdebahnen. Dann aber wurde die letzte aus dem Verkehr gezogen und immer mehr elektrische Linien eingerichtet, 1908 waren es bereits 20 verschiedene Linien im ganzen Stadtgebiet.

> Die *Elektrische*, wie die Kölner ihre neue Straßenbahn nannten, eroberte schnell die Stadt. 1902 konnten die Kölner sogar schon in einer elektrischen Straßenbahn den Rhein überqueren.

Nach dem Ersten Weltkrieg wurde das Streckennetz der Straßenbahnen weiter ausgebaut, und die *Bahnen der Stadt Cöln* erlebten eine rasante Entwicklung. Aber dann, im Zweiten Weltkrieg, wurden ein Großteil des Streckennetzes und viele Fahrzeuge zerstört. Von 1.300 Fahrzeugen waren 1945 gerade noch 37 Fahrzeuge einsatzbereit, und die hatten größtenteils keine Fenster. Die Verluste waren enorm, und es dauerte lange, bis die Bahnen wieder so fahren konnten wie vor dem Krieg.

Der große Aufschwung, den Köln in den Fünfzigerjahren erlebte, hinterließ auch bei den *Bahnen der Stadt Cöln*, die 1950 in *Kölner Verkehrs-Betriebe* umbenannt worden waren, seine Spuren. Neue Fahrzeuge wurden gebaut wie beispielsweise die *Großraumzwillingszüge* und die *Achtachser*. 1959 wurde mit der Severinsbrücke die dritte Rheinüberquerung für die Straßenbahnen freigegeben. 1968 fuhr die erste U-Bahn vom Friesenplatz zum Dom. Viele von uns werden sich noch an die cremefarbenen Fahrzeuge erinnern, die bis in die Neunzigerjahre das Stadtbild von Köln prägten. Dann kamen die rotweißen Stadtbahnwagen auf die Schienen, die auch heute noch die Fahrgäste durch Köln befördern.

Die Kölner Schienenwagenproduktion

___ Viele Kölner, vor allem die Jüngeren, kennen das *Herbrand's in der Herbrandstraße*, ein Lokal mit Biergarten und Club in Köln-Ehrenfeld. Aber wer weiß schon, woher dieser Name ursprünglich kommt und welche Geschichte damit verbunden ist? Gehen wir einmal mehr als 150 Jahre zurück ins 19. Jahrhundert, in eine Zeit der Erfinder und der neuen Techniken. Damals begann in Köln die Schienenwagenfabrikation.

1845 gründeten Ferdinand van der Zypen aus Lüttich und Albert Charlier aus Köln eine Maschinenfabrik in Deutz. In Ehrenfeld gründete Peter Herbrand

Blick in die Wagenhalle mit Rundbahn

1866 eine Firma. Beide Firmen bauten Schienenfahrzeuge. Herbrand war es, der den ersten Pferdebahnwagen konstruierte. Auch bei den elektrischen Fahrzeugen war Herbrand ganz vorn mit dabei, bekam aber Konkurrenz von *Zypen & Charlier*. Sowohl *Herbrand* als auch *Zypen & Charlier* wurden zu großen, weltbekannten Unternehmen des Straßenbahnwagenbaus. Köln genoss international einen guten Ruf als Standort der Schienenfahrzeugentwicklung und -produktion.

Nach dem Ersten Weltkrieg und der Wirtschaftskrise wurde *Herbrand* 1929 von den *Linke-Hofmann-Werken* aus Breslau übernommen. Damit ging in Ehrenfeld die Geschichte des Waggonbaus, wo seit 1866 fast 60.000 Schienenfahrzeuge produziert worden waren, zu Ende.

Zypen & Charlier vereinigte sich, um zu überleben, 1927 mit anderen Firmen zu der *Vereinigten Westdeutschen Waggonfabriken AG*. Die Aufrüstung unter den Nationalsozialisten verschaffte der neuen Firma zunächst viele Aufträge. Aber nach dem Zweiten Weltkrieg brach die Auftragslage wieder zusammen. Deshalb schloss man sich damals mit der *Klöckner-Humboldt-Deutz AG* zusammen. Unter dem Namen *Westwaggon* wurden in Deutz weiter Schienenfahrzeuge gebaut. 1960 verließ der letzte in Köln produzierte Straßenbahnwagen die Deutzer Fabrik.

Faszinierende Zeugen vergangener Zeiten

Die Wagenhalle

___ Der älteste ausgestellte Wagen ist der **Pferdebahnwagen** mit der Nummer 211. Wann dieser Wagen produziert wurde, kann man heute nicht mehr genau sagen, aber vieles deutet darauf hin, dass er 1894 bei Herbrand in Ehrenfeld gebaut wurde. 1950 wurde er aufwendig nach Fotovorlagen anderer Pferdebahnwagen restauriert. Dass er uns heute so originalgetreu die alten Zeiten vor Augen führen kann, liegt auch an dem Pferd, das vor den Wagen gespannt ist. Dazu gibt es eine schöne kleine Geschichte: Das Straßenbahn-Museum hatte Besuch von Kollegen aus dem Brüsseler Straßenbahnmuseum. Die sahen den Pferdewagen, damals noch ohne Pferd. Da erzählten sie den Kölnern, dass sie in Brüssel noch ein Pferd im Keller hätten – wohlgemerkt ein Plastikpferd – das sie nicht mehr bräuchten. Schnell war man sich einig, und so fuhr ein Auto mit Pferdeanhänger von Köln nach Brüssel. Das Plastikpferd wurde in den Pferdeanhänger gepackt, festgezurrt und heil nach Köln transportiert, um heute den Pferdewagen im Museum zu komplettieren.

Schnell war man sich einig, und so fuhr ein Auto mit Pferdeanhänger von Köln nach Brüssel. Das Plastikpferd wurde in den Pferdeanhänger gepackt, festgezurrt und heil nach Köln transportiert.

Direkt neben der Pferdebahn steht ein Wagen, der uns zeigt, wie die **ersten elektrischen Straßenbahnen** in Köln aussahen. Da die Gleisführung in den teils sehr schmalen Straßen noch recht eng war, waren auch die Fahrzeuge dementsprechend kurz, um es genau zu sagen: 7,70 Meter kurz. Die Fahrer standen bei Wind und Wetter auf einer offenen Plattform und hatten drei Hebel zu bedienen: den Hauptschalter, den Geschwindigkeitsregler und die Bremse. Die Bedienung war also recht übersichtlich. Wenn die Bahn die Richtung änderte, musste der Fahrer mittels einer Leine den Stromabnehmer umlegen, den abnehmbaren Hauptschalter mitnehmen und sich an das andere Ende des Fahrzeuges begeben, um dann in die Gegenrichtung fahren zu können.

Deutlich länger war der Vorortbahnzug der *Köln-Frechen-Benzelrather Eisenbahn* mit dem witzigen Namen ***Finchen***. Sie wurde 1911 gebaut und fuhr seit 1914 regelmäßig zwischen Köln und Frechen hin und wieder zurück. *Finchen* war sehr gemütlich und stilvoll eingerichtet, mit bequemer Polsterung, Vohängen und Rollos.

Wagenhalle des Straßenbahnmuseums

Die jüngste hier ausgestellte Bahn ist der sogenannte **Sechsachsige Gelenktriebwagen** von 1960. Die Gelenktechnik (die langen Wagen sind in der Mitte beweglich und können so leichter um die Kurven fahren) sollte sich durchsetzen und ist bis heute auf den Schienen Kölns üblich.

Fotos, Dokumente, Modelle und vieles mehr

___ Aber es gibt noch mehr zu sehen als die zugegebenermaßen sehr eindrucksvollen alten Straßenbahnwagen. Auf Fotos können wir die alten Fahrzeuge in der ursprünglichen Umgebung sehen. Da staunen wir beispielsweise nicht schlecht, wenn wir ein Foto von der Berliner Straße in Dünnwald sehen, wo die Vorortbahn mitten über die Straße fährt. Heute wäre das unvorstellbar, weil diese Straße extrem zugeparkt und eng ist.

Wir sehen auch Fotos von den ersten Straßenbahnfahrerinnen, die zur Zeit des Ersten Weltkriegs ihren Dienst antraten.

Im kleinen Ausstellungsraum, der sich neben der großen Halle befindet, sind Vitrinen aufgestellt, in denen chronologisch Gegenstände gezeigt werden, die mit der Straßenbahnfahrerei zu tun haben. Das können die Geldwechsler und Geldtaschen der Schaffner sein, die sie vor ihrem Bauch trugen, das können alte Fahrscheine, Bahnführerscheine oder auch Modelle von alten Straßenbahnzügen sein. Es gibt hier viel zu entdecken. Und immer wieder mischen sich auch die persönlichen Erinnerungen unter, wie zum Beispiel bei mir, als ich einen dieser blauen, schmalen, rechteckigen Fahrscheine aus den Siebzigerjahren sehe, der damals 60 Pfennig gekostet hat.

1997/2003

Skulpturenpark Köln / Schlosspark Köln-Stammheim

Skulpturen auf Wiesen und zwischen Bäumen

Zwei Museen unter freiem Himmel

___ Dies sind zwei besondere *Museen* in Köln, denn hier wird uns die Kunst unter freiem Himmel, mitten in der Natur gezeigt. Kein Gebäude engt die Skulpturen ein, und es entsteht ein intensives, spannendes Verhältnis zwischen der Kunst und der Natur. Man könnte auch sagen: Sie treten in Dialog miteinander. Dabei sind Veränderungen an den Skulpturen, die durch die Witterung entstehen, durchaus gewollt, zumindest eingeplant.

1997 wurde der Skulpturenpark Köln von Michael und Eleonore Stoffel gegründet. Die beiden hatten eine hervorragende Sammlung zeitgenössischer Skulpturen zusammengetragen und die Idee zu diesem zwischen Zoobrücke, Rhein und der Riehler Straße gelegenen, mit großen alten Bäumen bestückten Skulpturenpark. Bis 2007 wurde der Park zuerst von Michael, dann von Eleo-

Kunst und Natur (i)

Das Verhältnis von Kunst und Natur ist vielseitig, spannend und unglaublich reizvoll. Von einem völlig abgetrennten Nebeneinander über Konkurrenz bis hin zu einem Ineinanderfließen ist alles dabei. Die Natur, die uns umgibt, in ihrer ganzen Vielfalt und Faszination, in religiösem Sinn auch als Schöpfung bezeichnet, kann friedlich und beruhigend, aber auch geheimnisvoll und bedrohlich sein – genau wie die Kunst. Natur und Kunst verbindet, dass sie tiefe, intensive, ursprüngliche Gefühle beim Menschen auslösen können. Beides sind Wurzeln unserer Identität und unseres Daseins.

In der Verbindung von Kunst und Natur treffen künstliche und natürliche Elemente aufeinander, die einmal als Gegensätze wahrgenommen werden, sich ein anderes Mal zu einer Einheit verbinden. Das kann so aussehen, dass Skulpturen deutliche optische Akzente in eine Parklandschaft setzen, oder aber auch, dass die künstlerische Arbeit darin besteht, die Natur zu imitieren. Dann fällt es dem Besucher tatsächlich schwer, das Kunstwerk von der Natur zu unterscheiden. Manchmal liegt ein Kunstwerk auch wie zufällig einfach im Gras, und wir könnten es fast als Teil der Natur übersehen. Das sind besonders reizvolle Augenblicke der Irritation, wenn uns unsere Wahrnehmung einen Streich spielt.

Allee im Stammheimer Skulpturenpark

nore Stoffel geleitet. Seitdem kommen immer wieder neue Skulpturen hinzu, wodurch sich auch die Aufstellung und Parkgestaltung regelmäßig verändert. Die jetzige **KölnSkulptur 5** bleibt in dieser Form bis April 2011 bestehen.

Der Schlosspark Köln-Stammheim hat ein ähnliches Konzept. Hier werden den Besuchern jährlich neue Arrangements präsentiert. Immer an Pfingsten werden die **Rheinblicke-Einblicke** als neue Ausstellungen eröffnet. Der Skulpturenpark in Stammheim geht auf eine Initiative von bildenden Künstlern zurück, die die Kunst und Kultur im Rechtsrheinischen fördern möchten. Die erste Rheinblicke-Einblicke-Ausstellung fand 2003 statt.

> Natur und Kunst verbindet, dass sie tiefe, intensive, ursprüngliche Gefühle beim Menschen auslösen können. Beides sind Wurzeln unserer Identität und unseres Daseins.

Der Stammheimer Schlosspark wurde zwischen 1829 und 1831 angelegt. Er umgab den Rittersitz Stammheim. Wer nun aber das Schloss besichtigen möchte, der sucht vergebens, da das Gebäude aus dem 17. Jahrhundert 1944 durch Bomben komplett zerstört wurde.

Die Ausdrucksformen der modernen Skulptur

___ Von der klassischen Statue, die den Menschen abbildet – möglichst schön und gut proportioniert wie in der Antike –, sind wir in der modernen Skulptur weit entfernt.

Andere Aspekte spielen heute eine Rolle. Eine Skulptur kann *kommunikativ* sein, indem sie uns zum Spielen oder Selbstbewegen anregt. Immer wenn wir selbst mitmachen und Teil der Skulptur werden können, werden wir automatisch von einem Objekt angezogen. Andere Skulpturen regen uns zum Nachdenken an, entweder weil sie an etwas erinnern oder ermahnen oder weil sie philosophisch oder politisch sind. Eine Skulptur kann auch traurig oder ernst sein und uns rühren. Vielleicht führt sie dazu, dass wir einfach einen Moment lang innehalten. Vielleicht rührt sie an ursprünglichen, religiösen Gefühlen in uns. Vielleicht erschreckt sie uns auch. Durch *falsche* Dimensionen und Proportionen oder weil sie sich bloß an einem unerwarteten Ort befindet, kann uns eine Skulptur überraschen, irritieren und unsere Wahrnehmung schärfen.

Eine Skulptur kann aber auch einfach nur schön und faszinierend sein und unsere Bewunderung aufgrund ihrer Materialität oder handwerklichen Fertigung hervorrufen.

In irgendeiner Weise sollte die Skulptur uns bewegen, faszinieren oder unsere Aufmerksamkeit auf sich ziehen. Dann macht ihre Aufstellung einen Sinn.

Ein Spaziergang durch den Skulpturenpark Köln

Veränderte Dimensionen, Perspektivenwechsel und Nachdenklichkeit

___ Begeben wir uns in den Park und lassen uns überraschen. Als Erstes fällt uns die rote Stahlskulptur von **Mark di Suvero** (geboren 1933) ins Auge. Groß und leuchtend steht sie mitten auf dem Grün und setzt einen deutlichen optischen Akzent. Nicht weit davon entfernt steht die monströse, aber dennoch schüchtern wirkende Frau namens **Vivi** von **Christina Doll** (geboren 1972). Sie ist das krasse Gegenteil von antiken, idealen oder barocken, schwingenden Frauenstatuen. Unförmig und ungelenk steht sie hilflos da, als gehörte sie hier nicht hin. Es ist eine nachdenkliche und gleichzeitig durchaus ironische Auseinandersetzung mit gängigen Schönheitsidealen.

Flach in die Wiese eingelassen liegt ein Minischwimmbad. Es ist nur circa einen Meter lang. **Ina Weber** (geboren 1964) hat dieses **Vogelbad** nach dem Vorbild eines großen Schwimmbads gefertigt und dabei die Dimensionen verändert. Eine andere Größenveränderung können wir in der Bronzeskulptur sehen, die auf der Wiese rechts vom Eingang liegt. **Tony Craggs** (geboren 1949) **Early Forms** sieht wie ein riesenhaft vergrößertes, knorriges, verdrehtes Stück Schwemmholz aus.

> Eher zufällig nehmen wir die tierischen Wesen wahr, die zwischen den Bäumen auf dem Gras weiden. Aber nein, es sind keine Tiere, sondern aufgeschlitzte Autoreifen.

Wenden wir uns nun aber auf den Weg, der linksherum führt. Eher zufällig nehmen wir die tierischen Wesen wahr, die zwischen den Bäumen auf dem Gras weiden. Aber nein, es sind keine Tiere, sondern aufgeschlitzte Autoreifen, die **Isa Melsheimer** (geboren 1968) in witzige neue Formen gebracht hat. Ähnlich *unauffällig* in die Natur eingefügt ist das rote **Ohr** aus Eisenblech von **Bogomir Ecker** (geboren 1950). Es scheint tatsächlich einem Baum entwachsen zu sein.

Wenn wir Richtung Rhein gehen, sehen wir rechts einen schlichten Betonturm stehen. Er ist begehbar. Wir können im Inneren hochsteigen und uns den Skulpturenpark von oben anschauen. Wir, die Besucher, werden selbst aktiv, werden ein Teil dieser *Skulptur* von **Manfred Pernice** (geboren 1963) und erleben ganz nebenbei einen Perspektivenwechsel. Eine andere begehbare Skulptur befindet sich auf der mittleren Wiese: das **Labyrinth** von **Dan Graham** (geboren 1942). In seinen *gläsernen* Wänden spiegeln sich andere Teile des Parks wider. Das Kunstwerk bezieht den Park, die Menschen und die anderen Skulpturen mit ein. Diesen Effekt hat auch die faszinierende Skulptur von **Anish Kapoor** (geboren 1954) aus poliertem Stahl. Wie ein überdimensionaler gewölbter Spiegel liegt sie im Rasen. Sobald wir uns der Skulptur nähern, sehen wir uns selbst als Teil des Kunstwerks. Die Kunst, die Natur und der Mensch werden eins in diesem Spiegelbild. Dabei erleben wir eine Überraschung. Schauen wir auf die nach außen gewölbte Seite, sehen wir uns richtig herum, auf der nach innen gewölbten Seite stehen wir auf dem Kopf.

Dann gibt es noch zwei Kunstwerke, die in ihrer Ausstrahlung gegensätzlicher nicht sein könnten: zum einen die große goldene Kugel von **James Lee Byars** (1932–1997), deren Schönheit uns anzieht, und zum anderen mitten im Park dieses große Loch, in dessen Mitte an einer Säule ein Schrottauto hängt, das sich im wahrsten Sinne des Wortes um einen Stahlpfahl herumgewickelt hat. **Dirk Skreber** (geboren 1961) hat dieses Kunstwerk geschaffen. Es ist grausam und faszinierend zugleich. Welches Schicksal ist damit verbunden? Brachte es Blut, Verletzungen und vielleicht den Tod mit sich? Andererseits üben die verbogenen Stahlteile durchaus einen ästhetischen Reiz aus. Der Titel des Werks **Reaktor** löst Beklemmungen aus. Ängste werden wach, was bei einem Reaktorunfall alles passieren könnte.

Bevor wir nun über den Rundweg wieder zum Ausgang gelangen, bemerken wir – etwas unerwartet – eine Frau auf einem Baum, die dort mit den Armen auf dem Rücken in den Ästen kniet. Sie wirkt verlassen, schutzlos und allein, diese Frauenfigur aus Terrakotta. **Menschliche Kälte** hat **Bernd Kastner** (geboren 1957) seine Arbeit genannt. Genau dieses Gefühl übermannt uns beim Anblick der Skulptur.

Ein Spaziergang durch den Schlosspark Stammheim

Abwechslungsreiches Zusammenspiel von Kunst, Natur und Mensch

___ Der Schlosspark von Stammheim ist ein fantastischer Ort, der uns sehr schöne Landschafts- und tatsächliche *Rheinblicke* sowie überraschende und ebenso spannende *Einblicke* in die moderne Skulptur ermöglicht. Hinter dem Tor, das von zwei steinernen Löwen bewacht wird, erstreckt sich eine lange Allee bis hin zum Rhein. Wir können ihr folgen, aber auch kreuz und quer über die Wiesen oder einen der kleineren Seitenwege gehen. Hohe Platanen bilden eine beeindruckende Kulisse für die Kunst. Weil der Park öffentlich und fast immer geöffnet ist, trifft man hier auch Jogger und Walker, eben das *normale Leben*. Es sei die Frage erlaubt, ob der Jogger, der hier seine Runden dreht, nicht auch ein Teil des Gesamtkunstwerks *Schlosspark Stammheim* ist.

Unmittelbar hinter dem Eingang stehen wie zufällig eine **Bildhauerin**, ein **Bohrer** und eine **Gehende** auf der Wiese. Sind die Holzfiguren von **Peter Nettesheim** (geboren 1945) Stellvertreter für alle die, die hier sein könnten: die Besucher, Künstler, Arbeiter, Müßiggänger? Ein Stück weiter sehen wir rechts der Allee drei Erhebungen auf der Wiese, auf denen drei witzige kleine Männlein aus Holz stehen. Es ist erstaunlich, dass die **3 Hügel, 3 Figuren** von **Stefan Nettesheim**, obwohl sie so klein sind, so deutliche Akzente in die Parklandschaft setzen.

Machen wir kurz einen kleinen Schlenker nach rechts und folgen den Schildern *Art Geo Köln*. Sie weisen auf einige Kunstwerke hin, die hier vor Ort im Park gefertigt wurden. Da stoßen wir auf die **Konjunkturpakete** von **Florian Kluge** (geboren 1971) und **Daniel Lohmann**. Das sind etwa 30 Zentimeter große Würfel aus gepresstem Metall, die um einen Baum herum gestellt sind. Sind das die Ergebnisse und Reste der abgewrackten Autos? Stehen wir hier vor den wörtlich genommenen Konjunkturpaketen der Abwrackprämie? Etwas weiter, hinter einer dicht stehenden Baumgruppe gelangen wir überraschend auf eine kleine Apfelwiese. Hier steht der **Iglu** von **Jane Watt**. Dieser Iglu ist aus Plastikwasserflaschen gebaut. Die Flaschen bekommen in diesem neuen Zusammenhang eine neue Bedeutung und Funktion. Und wenn wir uns in das Innere des Iglus begeben, bekommen wir eine faszinierende neue Sicht auf den umgebenden Park.

> Es sei die Frage erlaubt, ob der Jogger, der hier seine Runden dreht, nicht auch ein Teil des Gesamtkunstwerks »Schlosspark Stammheim« ist.

Kehren wir nun auf die große Allee zurück und gehen in Richtung Rhein. Im hinteren Teil des Parks treffen wir auf die **Bürger von Stammheim** von **Herbert Labusga** (geboren 1939). Aus großen Stahlplatten sind Figuren herausgeschnitten und stehen nun neben ihren Löchern. Dadurch werden positive und negative Formen gebildet. Es entstehen spannende Durchblicke und Assoziationen von Schatten und Licht. Die Natur vervollständigt die Löcher, gibt ihnen Fülle, Hintergrund und Farbe. Die Menschen, die uns hier gezeigt werden, sind Menschen im Alltag, in alltäglichen Bewegungen: gehend, fahrradfahrend, sich bückend. Es könnte eine Situation oder ein Augenblick an irgendeinem Vormittag auf einer Straße in Stammheim sein.

Nicht weit davon entfernt befindet sich die schöne Arbeit **Thing** von **Brigitte Metzmacher** (geboren 1950). Bemalte grüne, blaue und rote flache Holzstelen bilden gemeinsam mit Linden einen Kreis. Denken wir an die Linden als Versammlungsplätze in Ortschaften, so sehen wir hier ein Sinnbild für den Dialog und außerdem ein harmonisches Zusammenspiel von Natur und Kunst.

Im hinteren Teil des Schlossparks gibt es noch mehr zu entdecken. Da ist dieses Ding aus Metall, das an eine Rakete erinnert und an dem Baum zerschellt zu sein scheint. Ein Teil steckt in dem Stamm fest, weitere liegen auf dem Boden. Hat der Baum den Angriff der Rakete abgewehrt? Der Titel **Gegenwehr** lässt uns vermuten, dass **Armin Benson** (geboren 1938) genau das im Sinn hatte. Fast übersehen wir die **Versunkenen Skulpturen** von **Kalle Hommelsheim** (geboren 1967). Erst kurz bevor wir vor ihnen stehen, nehmen wir sie wahr. Es sind kleine, handgroße Häuser aus Stahl, die gerade in einer Flut untergehen. Diese kleinen Formen, die zunächst wie harmlose Bauklötze aussehen, entpuppen sich als ein kraftvolles, eindringliches Bild von Fluten oder Erdbeben, den Katastrophen, gegen die wir machtlos sind. Seine Kraft erhält die Arbeit auch dadurch, weil die Stahlhäuschen während des Entstehungsprozesses tatsächlich im feuchten Beton eingesunken sind.

Machen wir uns nun auf den Rückweg und richten wir unseren Blick nach oben. Da schwebt zwischen den Ästen das **Feenkleid** von **Patrizia Marchese** (geboren 1958). Es bewegt sich leicht im Wind, wie ein Mobile, träumerisch und märchenhaft. Ein, zwei Bäume weiter sehen wir noch etwas zwischen den Ästen hängen. Es sieht aus wie Wollknäuel, nein, eher Tierfelle. Die Illusion ist perfekt. Die Dinger, die da am Baum hängen, sehen wie echte Tiere aus. Es könnten zusammengerollte Affen sein. Diese Wesen könnten sich gleich bewegen und auf einen zukommen, die **Diversen Schmarotzer** von **Ulrich Höller** (geboren 1954).

Mitten auf der Wiese ist zwischen zwei Platanen eine Hängebrücke gespannt. Brücken vermitteln immer eine positive Stimmung. Sie verbinden und schaffen Zusammenhalt. **Überbrückung** nennt **Andrea Buhmann** (geboren 1961) ihr Werk. Und trotzdem macht sich beim Anblick der wackeligen Brücke auch ein leises Gefühl von Angst und Herausforderung breit.

Zuletzt möchte ich noch auf ein ganz besonderes Kunstwerk hinweisen: die **Klangobjekte** von **Gerda Nettesheim** (geboren 1947). Das sind Holzkonstruktionen oder einfach gefundene Astgabeln, die mit Stahlsaiten bespannt sind. Wir können sie durch Zupfen zum Klingen bringen. Und plötzlich haben wir sie: die Einheit von Natur, Kunst, Mensch und Musik. All dies befindet sich in diesem Moment im Einklang.

Thing, 2003, Brigitte Metzmacher

1999

Deutsches Sport &
Olympia Museum

Sportler und Sportereignisse von der Antike bis zur Gegenwart

Sportgeschichte und Kulturgeschichte

___ Es ist laut, es ist wuselig, es ist stickig – aber es ist klasse! So viele begeisterte, engagierte und bewegte Schüler sieht man in einem Museum selten. Es wird geschwitzt, angefeuert und geklatscht. Hier spürt man deutlich, dass Sport ganz viel mit Gefühlen und Spannung zu tun hat.

Die Idee, ein Museum für den Sport und die Geschichte der Olympischen Spiele zu gründen, geht auf das Jahr 1972 zurück. Damals in München, bei den Olympischen Spielen, formulierte der damalige Präsident des *Nationalen Olympischen Komitees* (NOK) Willi Daume seine Vorstellung, in einem Museum die Bedeutung des Sports für die Kultur und das Leben der Menschen darzustellen. Aber wie das oft so ist, dauerte es seine Zeit, bis die Ideen konkreter wurden, Geld gesammelt und ein günstiger Standort gefunden war. Schließlich fiel die Wahl auf Köln. 1996 konnte mit dem Umbau der alten Zollgebäude im Rheinauhafen begonnen werden, und 1999 wurde das Museum endlich eröffnet.

Bevor wir uns in die zweite Etage begeben, um der Sportgeschichte *nachzugehen*, möchte ich noch auf eine kleine Vitrine in der Eingangshalle hinweisen. Hier weiß man nicht so recht, ob man lachen oder doch eher ärgerlich werden sollte. Wir sehen das Geschenk des *Deutschen Fußballbundes* (DFB) für die Fußballfrauen nach dem Gewinn der Weltmeisterschaft 1989. Es ist ein Porzellanservice mit Blümchen.

Sport und Schönheitsideal in der Antike

___ Über ein Laufband, das in Gegenrichtung läuft – Sport gehört in einem Sportmuseum einfach dazu – gelangen wir in die Antike. Wir erfahren, welche Bedeutung der Sport für die Griechen hatte und wie die antiken Olympischen Spiele abliefen.

Etwas überraschend stehen wir plötzlich einem überlebensgroßen, überaus durchtrainierten, nackten Mann gegenüber. Es ist **Herakles**, der griechische Halbgott und Musterathlet. Für die Griechen hatten Kraft, Muskeln und Athletik einen ungeheuer großen Stellenwert, weshalb Sport nackt betrieben wurde. Herakles entsprach genau diesem antiken Schönheitsideal.

In den antiken Legenden wird Herakles als Begründer der Olympischen Spiele genannt. Die Olympischen Spiele waren kultische Feste zu Ehren der Götter. Die ersten wurden vermutlich im 2. Jahrtausend v. Chr. veranstaltet, um

Statue des Herakles (Kopie)

Rhea, die Mutter von Zeus, zu ehren und zu erfreuen. Es war also eine Mischung aus Sport und Religion. Die Olympischen Spiele waren allerdings nicht die einzigen ihrer Art. So gab es außerdem in Delphi zu Ehren von Apoll die *Pythischen Spiele*, in Nemea die *Nemeischen Spiele* zu Ehren von Zeus und in Korinth die *Isthmischen Spiele*, mit denen Poseidon geehrt wurde.

In diesem ersten Ausstellungsteil sehen wir **Vasenmalereien** und **Reliefs**, die antike Sportler beim Laufen, Ringkampf und einer Art Hockeyspiel zeigen. Kleine Statuen stellen Sportler beim Ringkampf oder Speerwurf dar. Außerdem können wir zwei Reproduktionen alter Diskusscheiben bewundern, wie sie um 240 n. Chr. durch die Lüfte geschleudert wurden. In einer Vitrine hängen verschiedene **Siegerkränze** aus Lorbeerblättern, Olivenzweigen, aber auch aus Sellerie oder Fichten, jeweils abhängig von dem Gott, der mit diesen Kränzen verehrt werden sollte. Schließlich können wir uns an einem Modell ein Bild der Sportanlagen in Olympia machen.

Turnen für das *Vaterland*

___ Von der Antike machen wir einen großen Sprung ins 19. Jahrhundert. Hier begegnen wir *Turnvater* Friedrich Ludwig Jahn (1778–1852). 1811 eröffnete er den ersten deutschen Turnplatz in Berlin, wo von nun an nach dem Motto *frisch, fromm, fröhlich und frei* fleißig trainiert werden sollte: Beine eng zusammen, Arme nach oben und alle gemeinsam in die Knie gehen! Das gemeinsame Turnen sollte die Deutschen stark machen, auch für den Kampf gegen die französischen Truppen, die damals von Westen her deutsche Städte eroberten.

1868 wurde die *Deutsche Turnschaft* gegründet. Die jungen Männer in Deutschland sollten gut trainiert sein. Der gesunde Körper wurde als Grundlage für die geistige Erziehung einerseits, aber auch für die Wehrhaftigkeit der

Der tapferste und stärkste aller Helden: Herakles

Der Göttervater Zeus zeugte ihn bei einem Seitensprung mit Alkmene, der Frau des Amphitryon. Hera, die Gattin von Zeus, war über den Fehltritt ihres Mannes nicht erfreut und wollte den Säugling Herakles von zwei Schlangen töten lassen. Aber der kleine Herakles erwürgte die Schlangen. Und so ging es sein ganzes Leben lang weiter: Immer wieder besiegte er gefährliche Tiere und Ungeheuer, bezwang sogar den Höllenhund Zerberus. Bei seinen Heldentaten rettete er auch Menschen, machte sich aber auch Feinde. Mal wurde er für seine Taten geehrt, mal bestraft. Nach seinem grausamen Tod – sei-

Beine eng zusammen, Arme nach oben und alle gemeinsam in die Knie gehen! Das gemeinsame Turnen sollte die Deutschen stark machen, auch für den Kampf gegen die französischen Truppen.

Deutschen auf dem Weg zum vereinten deutschen Nationalstaat andererseits verstanden. Turnen für das Vaterland! Wohlgemerkt: Frauen wurden erst Ende des 19. Jahrhunderts ernst genommen.

Die alten **Turngeräte**, ein Turnpferd mit Pferdekopf aus Holz, Seitpferde, Schwebebalken, Ringe und Sprossenwand, sind stille Zeugen dieser turnbegeisterten Zeit. Ein anderes Zeugnis mag uns überraschen: Dort hängt ein **Turnkleid** von 1930, das ganz fortschrittlich Arme und Beine frei lässt, aber natürlich den Leib bedeckte.

Auch unter den Nationalsozialisten spielte die Leibeserziehung eine große Rolle. Schließlich sollten die Deutschen ein wehrhaftes und gesundes Volk mit vielen, gut trainierten Soldaten sein. **Siegerkränze** aus den Dreißigerjahren und Bilder von Turnfesten von 1933 berichten uns davon. Menschen mit Behinderungen hatten für die Nationalsozialisten dagegen keinen Platz in der *gesunden* Gesellschaft.

Typisch englische Sportarten?

___ Ein bisschen Hörspiel, ein paar alte Sportgeräte und ein altes, nachgebautes englisches Wettbüro erzählen uns von vier klassischen Sportarten, die alle in England erfunden worden sein sollen: Pferdesport, Fußball beziehungsweise Rugby, Ruder- und Radsport.

Greifen wir uns zwei dieser Sportarten heraus und betrachten ihren Ursprung einmal genauer: Das **Fußballspielen** wurde natürlich nicht in England

---

ne zweite Frau Deianeira hatte ihm aus Eifersucht ein vergiftetes Gewand geschickt, das er anzog und unter fürchterlichen Qualen daran starb – wurde er in den Götterhimmel aufgenommen.

Für die Griechen war Herakles der kräftigste, mutigste und tapferste aller Helden. Sein Leben war voller Mühen, und trotzdem kämpfte er sich durch, um schließlich die Unsterblichkeit zu erlangen. Er galt als Vorbild dafür, dass sich der mühevolle Weg im Leben lohnt. Allerdings galt er auch als verfressen und liebestoll.

Die Staue, die wir im Sportmuseum sehen, ist eine Kopie nach der berühmten Heraklesstatue aus Neapel.

259

(i)

erfunden. In China wurde schon vor über 3.000 Jahren mit den Füßen ein Ball gestoßen. Die Griechen und die Römer taten es ebenso. Im Mittelalter wurde Fußball in verschiedenen europäischen Ländern gespielt, in England, aber auch in Italien, wo heute noch der etwas brutale Calcio Storico jedes Jahr in Florenz ausgetragen wird.

Ob nun irgendwann einmal bei einem Fußballspiel ein Spieler den Ball in die Hand nahm und ihn so ins gegnerische Tor beförderte und damit Rugby erfand, oder ob es ganz anders war, werden wir wohl nie sicher wissen. Jedenfalls wurden 1848 in England die ersten Fußballregeln verfasst. Und deshalb gilt England als das Mutterland von Rugby und Fußball.

Ähnlich war es mit dem **Rudern**. Auch in der Antike wurde schon gerudert, allerdings überwiegend auf Galeeren und nicht ganz freiwillig. Die Engländer haben den Rudersport sozusagen wiederentdeckt. 1715 fand der erste Ruderwettkampf statt und 1775 die erste Regatta auf der Themse.

Die Zeitleiste

___ Vor uns erstreckt sich nun eine Tartanbahn, die einmal längs durch die Ausstellungsetage verläuft. Hier rennen auch Kinder miteinander um die Wette. Entlang der Laufstrecke befindet sich auf der rechten Seite die *Zeitleiste*. Da erfahren wir beispielsweise, dass 1894 Emanuel Lasker erster deutscher Schachweltmeister wurde, dass 1898 die Kölner Pferderennbahn eröffnet wurde, wie ein Tischtennisschläger im Jahr 1900 aussah und dass bei den olympischen Zwischenspielen 1906 in Athen unter 884 Sportlern nur sieben Frauen waren und dass Deutschland Griechenland im Tauziehen besiegte.

Die jungen Männer sollten sich lieber beim sportlichen Wettkampf streiten, als gegeneinander im Krieg zu kämpfen.

Hier werden die großen sportlichen Ereignisse und Skandale der letzten rund 100 Jahre mit Fotografien, Sportgeräten und Filmdokumenten aufgezeigt. Die Olympischen Spiele der Neuzeit spielen dabei eine hervorgehobene Rolle. 1896 fanden die ersten Olympischen Spiele der Neuzeit in Athen statt. Es sollte die Wiedergeburt der antiken Sportwettkämpfe werden. Der französische Pädagoge und Historiker Pierre de Coubertin (1863–1937) hatte die wunderbare Idee, dass solch ein *Treffen der Jugend der Welt* sowohl dem sportlichen Wettkampf als auch der Völkerverständigung dienen sollte. Die jungen Männer sollten sich lieber beim sportlichen Wettkampf streiten, als gegeneinander im Krieg zu kämpfen.

Die Entwicklung der Spiele und ihre Erfolgsgeschichte lässt sich an ein paar Zahlen gut ablesen: Bei den ersten Spielen 1896 nahmen 262 Sportler aus

1999

260

13 Ländern teil. In Peking im Jahr 2008 waren es bereits mehr als 11.000 Sportler aus 204 Ländern.

Rechts und links der Tartanbahn widmen sich ein paar kleinere Räume einzelnen Sportarten wie zum Beispiel der deutschen Fußball-Bundesliga mit allen Vereinen und ihren Emblemen, der Formel 1 und den verschiedenen Wintersportarten.

Die Olympischen Sommerspiele in Berlin und München

___ Schauen wir uns die beiden Olympischen Sommerspiele, die in Deutschland ausgetragen wurden, einmal genauer an: 1936 fanden in Berlin die Olympischen Sommerspiele unter der Regie der Nationalsozialisten statt. Hitler nutzte in seinen *Propagandaspielen* die Gelegenheit, das Bild der Deutschen in der Welt massiv zu beeinflussen. Alle äußeren Anzeichen der Judenverfolgung wurden während der Dauer der Spiele aus dem öffentlichen Raum entfernt. Deutschland sollte in der Welt als friedliches, tolerantes Land angesehen werden. Ein beeindruckendes und zugleich erschreckendes Dokument der nationalsozialistischen Propaganda ist der *Olympiafilm* von **Leni Riefenstahl** (1902–2003), in dem die Sportler und ihre makellosen Körper als Helden stilisiert werden.

Die Olympischen Spiele 1972 in München sind so manchem von uns sicher noch in Erinnerung – sowohl wegen des Terrorangriffs auf die israelische Mannschaft, der 17 Tote forderte, als auch wegen der sportlichen Höhepunkte. Erinnern wir uns, wie beispielsweise Mark Spitz die Welt mit seiner unnachahmlichen Schwimmtechnik begeisterte, die Hockeyherren das erste Mal Olympiasieger und Heide Rosendahl die deutsche Leichtathletikqueen wurden. In München wurden damals auch die sogenannten *Sportpiktogramme* erfunden, die vereinfachten, weltbekannten Symbolzeichen für die einzelnen Sportarten.

Sportler verehren oder selbst Sport treiben?

Sieger, Idole, Helden

___ Was wäre der Sport ohne seine Siegertypen, ohne seine Helden? Im antiken Griechenland wurden die Sieger gottgleich verehrt, aber die Verlierer, selbst die Zweiten, verachtet und verstoßen. Auch wenn wir heute etwas nach-

Goldene Boxhandschuhe von Regina Halmich

giebiger mit unseren Sportlern umgehen, die Verehrung der Sieger spielt nach wie vor eine wichtige Rolle in unserer Gesellschaft.

Das Sportmuseum befriedigt diesen Personenkult. Vom erfolgreichsten Reiter der Welt, Rainer Klimke, ist der **Zylinder** ausgestellt, von Arnd Schmitt, dem mehrfachen Olympia- und Weltmeister, die **Fechtausrüstung** und von Regina Halmich die goldenen **Boxhandschuhe**. Wir können auch einen zertrümmerten **Tennisschläger** von Boris Becker bewundern sowie den **Silberteller**, den Steffi Graf 1991 in Wimbledon gewonnen hat. Zu dieser Reihe der Personenverehrung gehören natürlich auch der **Formel-1-Wagen** und der **Renn-**

anzug, mit denen Michael Schumacher 1995 Weltmeister wurde und die den Besucher in der Eingangshalle empfangen. Ihre Krönung erfährt die Sportlerverehrung dann in der *Hall of Fame*, wo uns unter anderem die Bronzeabgüsse von Füßen berühmter Fußballer präsentiert werden.

Selbst aktiv!

___ Was wäre ein Sportmuseum ohne die Möglichkeit, selbst sportlich aktiv zu werden? Immer wieder, zwischen den Ausstellungsstücken, Fotos und Dokumentationen, gibt es Stationen, die uns einladen, unsere sportlichen Fähigkeiten unter Beweis zu stellen. Ob wir weitspringen, laufen oder unsere Reaktionszeiten testen, Fahrrad im Windkanal fahren, im Boxring die Fäuste schwingen oder versuchen, eine Stange mit Gewichten in die Höhe zu stemmen, bei all diesen Aktionen können wir einmal in die Haut der Profisportler schlüpfen. Denn wir können sehen, wie hoch eine Latte im Hochsprung tatsächlich hängt, über die die Besten springen, und wie weit die besten Springer der Welt springen können. In natura wirkt es eben doch alles anders als im Fernsehen.

Die *Ehren*runde

___ So betitelt das Museum den letzten Raum der Ausstellung. Nachdem wir entlang der Zeitleiste die Sport- und Olympiageschichte der letzten 100 Jahre verfolgen konnten und Einblicke in einzelne Sportarten gewonnen haben, sind wir nun in der Jetztzeit angekommen. In einem Halbkreis sind Monitore angeordnet, die uns Erfolge deutscher Sportler aus den letzten Jahren zeigen. Da erringen unsere Sportler ihre Siege und lassen sich feiern. Hinter den Monitoren stehen Spinde, die immer zu einem Sportler oder einer Sportlerin gehören. Darin befinden sich Kleidungsstücke oder Sportgeräte dieser Sportler oder auch einmal ganz private Dinge. Das ist sozusagen die Welt hinter der großen Bühne der Wettkämpfe, die Welt des Trainings, des Schweißes und der Anspannung kurz vor dem Wettkampf.

Der krönende Abschluss: Auf dem Dach

___ Auf dem Dach des Sportmuseums befinden sich zwei Sportplätze. Diese beiden höchsten Sportplätze in Köln haben ihren ganz eigenen, besonderen Reiz. Wer möchte nicht einmal Tennis, Volleyball oder Fußball mit Blick auf den Rhein und den Dom spielen?

2003

Kölner Festungsmuseum

Köln als preußische Festungsstadt

Ein Museum ohne Ausstellungsobjekte

___ Das Kölner Festungsmuseum ist kein Museum mit Schaukästen und Vitrinen, mit alten Waffen und Uniformen. Es ist das Gemäuer selbst, das uns beeindruckend von der Geschichte der preußischen Festungsanlagen in Köln erzählt. Denn hier in dem **Zwischenwerk VIII b** können wir uns ein anschauliches Bild von der Konstruktion und Wehrhaftigkeit der Festungsbauten machen.

Das Zwischenwerk VIII b wurde 1876 errichtet und gehörte zum äußeren Verteidigungsring. Es wurde in der Zeit nach dem Zweiten Weltkrieg nicht wie viele andere Forts von Vereinen oder Institutionen genutzt, sondern stand leer. Das ist allerdings nicht ganz richtig, denn das Zwischenwerk war voller Schutt und Müll, bis sich ein Verein mit dem Ziel gründete, dieses noch gut erhaltene Zwischenwerk wieder in seinen alten Zustand zu versetzen.

Seit 2003 kann man das Zwischenwerk an bestimmten Tagen besichtigen und an Führungen teilnehmen. Dabei sind die Rekonstruktion und die Aufräumarbeiten noch längst nicht abgeschlossen. Noch circa fünf Jahre kann es dauern, bis die ausnahmslos ehrenamtlich arbeitenden Vereinsmitglieder den Originalzustand des Festungswerks wiederhergestellt haben werden. Aber nach wie vor ist das Fort mindestens zweimal im Monat geöffnet und zu besichtigen. Außerdem finden dort auch VHS-Veranstaltungen und der sogenannte *Festungsstammtisch* statt.

Das preußische Köln

___ Um den Hintergrund der preußischen Festungsbauten verstehen zu können, möchte ich kurz erzählen, warum die Preußen in Köln waren und was das für die Stadt bedeutete.

Als 1789 in Frankreich die Revolution ausbrach, waren die anderen absolutistisch regierten Länder Europas in Alarmbereitschaft versetzt, denn die Ideale von Gleichheit und Freiheit bedeuteten für sie Machtverlust. Als Frankreich dann mit kriegerischen Auseinandersetzungen die Revolution ins übrige Europa tragen wollte, kam es zum sogenannten *Koalitionskrieg*, in dem der Kaiser von Österreich, der preußische König, die Herrscher von Spanien, Portugal und England gemeinsam gegen das revolutionäre Frankreich kämpften. Nachdem die Koalitionstruppen über Frankreich gesiegt hatten, wurden die europäischen Besitz- und Machtverhältnisse auf dem *Wiener Kongress* 1815 neu geordnet. Preußen erhielt damals unter anderem das Rheinland zugesprochen.

Das war eine extreme Umstellung für die Kölner. Eben waren sie noch selbst Franzosen gewesen, jetzt waren die Franzosen ihre Feinde. Und die Stadt Köln, die unter der französischen Herrschaft die östliche Grenzstadt der Französischen Republik gewesen war, war nun die westliche Grenzstadt vom Königreich Preußen. Aufgrund dieser exponierten Randlage im preußischen Königsreich bauten die Preußen Köln zur Festungsstadt aus.

Der Ausbau Kölns zur Festungsstadt

___ Es war Friedrich Wilhelm III., der veranlasste, dass Köln zur *Festung ersten Ranges* ausgebaut wurde. Hier an der Grenze zu Frankreich sollte ein Bollwerk gegen den französischen Erzfeind entstehen.

Zunächst wurde die mittelalterliche Stadtmauer repariert. Zwischen 1816 und 1847 wurden dann zusätzlich circa 500 Meter außerhalb der Stadtmauer elf Verteidigungsburgen in einem Halbkreis errichtet. Von diesen *Forts* hatten die preußischen Soldaten eine gute Sicht auf herannahende Feinde. Dort durften auch keine Häuser gebaut werden, damit die Soldaten ein freies Schussfeld hatten. Mit der zusätzlichen Befestigung von Deutz und den zwischen 1858 und 1863 dort errichteten drei Forts wurde der *Innere Verteidigungsgürtel* um die Stadt geschlossen.

Nach dem Deutsch-Französischen Krieg 1870/1871 bauten die Preußen die Befestigung von Köln weiter aus. Mit weiteren Forts und Zwischenwerken wurde der *Äußere Verteidigungsgürtel* rechts- und linksrheinisch um Köln gelegt. Um die Festungswerke miteinander verbinden und versorgen zu können, bauten sie die Militärringstraße. Als 1881 die Kölner Stadtmauer abgerissen wurde, ließen die Preußen eine *Umwallung* errichten. Die Straßen Zülpicher *Wall* oder Eifel*wall* zeugen noch heute davon. Die gesamten Festungsanlagen wurden auch in den folgenden Jahren bis 1913 immer wieder verstärkt und gesichert, modernisiert und umgebaut.

Dann kam der Erste Weltkrieg. Da die Kampfhandlungen nicht in Köln, sondern weiter westlich stattfanden, wurden die aufwendigen Verteidigungsanlagen nicht als solche benötigt. Nach dem für die Deutschen verlorenen Krieg wurde im Vertrag von Versailles festgelegt, dass die Kölner Festungswerke alle abgerissen werden sollten. Der damalige Kölner Oberbürgermeister Konrad Adenauer konnte erreichen, dass anstelle der beiden Festungsgürtel Parkflächen entstanden, der *Innere* und *Äußere Grüngürtel*. Au-

> Nachdem die Deutschen den Ersten Weltkrieg verloren hatten, wurde im Vertrag von Versailles festgelegt, dass die Kölner Festungswerke alle abgerissen werden mussten.

ßerdem konnten auf sein Drängen Teile der Forts erhalten werden, die fortan von Vereinen, Freizeitinstitutionen und Schulen genutzt werden konnten. Im Zweiten Weltkrieg dienten manche der Festungsbauten erneut als Kriegsbauwerke, zum Beispiel als Flakstellungen, Bunker oder auch Gefangenenlager.

Heute gibt es noch 15 Restbauten der preußischen Forts und Zwischenwerke in Köln, beispielsweise das Fort I im Friedenspark, Fort IV im Volksgarten oder Fort X in der Nähe der Neusser Straße. Zu den preußischen Festungsanlagen gehörte auch der Malakoffturm (1855 erbaut), der vor dem Schokoladenmuseum am Rheinauhafen steht. Auch der Unterbau der Bastei am Rhein ist ein Relikt dieser Stadtbefestigung aus dem 19. Jahrhundert.

Die Wiederherstellung des Zwischenwerks VIII b

Das Zwischenwerk VIII b

___ Schauen wir nun einmal ins Innere des Zwischenwerks VIII b. Als Erstes beeindruckt uns der massiv gesicherte Eingangsbereich des Zwischenwerks, ein sogenannter *Dreifachverschluss*, der aus zwei Toren und einer Zugbrücke bestand. Zuerst stand dort eine Gittertür mit dicken Gitterstäben, durch die geschossen werden konnte. Dahinter kam die **Zugbrücke**, die den Weg über einer tiefen Grube frei machte. Hinter der Brücke gab es eine schwere Eisentür. Zu sehen ist heute nur noch die Zugbrücke, eine der ganz wenigen erhalten gebliebenen Zugbrücken überhaupt.

Dieser Eingangsbereich konnte vom Inneren des Festungswerks überwacht werden. Auf beiden Seiten des Eingangs befanden sich **Schießscharten**. Nun stellten die Preußen irgendwann fest, dass gegenüberliegende Schießscharten durchaus zu unschönen Unfällen führen konnten, indem sich nämlich die gegenüberliegenden Schützen gegenseitig beschossen. Darum erging 1898 ein Erlass, dass alle links hinter dem Eingang liegenden Scharten zugemauert werden mussten. In diesem Zusammenhang sollte auch erwähnt werden, dass die preußischen Forts alle nach demselben Schema gebaut wurden und es ähnlich der Schießschartenvorschrift jede Menge präziser Anweisungen und Vorschriften gab.

Wenn wir nun den Eingang passiert haben, stehen wir vor einem merkwürdigen *Steinchaos*. Das Kopfsteinpflaster des Weges vor uns wölbt sich nach oben, Trümmer und Mauerstücke sind ineinander verkeilt, und mitten in den

davorliegenden Raum ragt ein Eisentürrahmen, an dem auch noch Wandteile hängen. Es ist ein faszinierender Anblick. Aber was ist das? Es sind die Reste einer 1926 gesprengten Kaserne, die jahrzehntelang hinter einem zugemauerten Gang verborgen waren und erst 2009 entdeckt wurden.

Zu beiden Seiten des Mittelgangs befinden sich hintereinanderliegende Räume, in denen die Soldaten geschlafen haben, die *Kasematten*. Es sind dunkle, feuchte Räume aus Ziegelsteinen mit Kopfsteinpflaster und Gewölbedecken, in denen um die 150 Soldaten untergebracht waren.

Auf der rechten Seite gelangen wir zum Inneren der *Kaponniere*, ein in den Graben hineinragendes Schutzbauwerk, das eine gute Übersicht bot. Wir können selbst durch die Schießscharten schauen und uns davon überzeugen, dass den wachhabenden Soldaten hier kaum etwas entgehen konnte. Hier sehen wir auch die gegenüberliegende zugemauerte Scharte, die den Eingang bewachte.

Im letzten Raum auf der rechten Seite war die **Küche**. In den großen Dampfkochtöpfen konnte allerdings nur nachts gekocht werden, weil die Feinde sonst am Rauch hätten erkennen können, wo sich die Festungswerke befinden. In der Küche wird zurzeit in mühevoller Handarbeit Zentimeter für Zentimeter ein alter Brunnen ausgegraben, der irgendwann einmal zwölf Meter tief sein soll. Bis jetzt reicht er um die fünf Meter in die Tiefe.

Ein Glück, dass man, als die Festungsanlagen nach dem Ersten Weltkrieg abgetragen und zerstört wurden, nicht so recht wusste, was mit diesem Bau hier geschehen sollte. Die endlosen und unergiebigen Überlegungen, ob zum Beispiel ein Ausflugscafé hierin eingerichtet werden sollte, führten schließlich dazu, dass das Zwischenwerk ohne große Veränderungen oder Abrisse stehen gelassen wurde. Ein Café zog jedoch nie ein.

Schon jetzt lohnt sich der Besuch des Zwischenwerks VIII b. Wie wird es nur sein, wenn es komplett restauriert ist? Wenn vielleicht sogar irgendwann der zugeschüttete Graben um das Zwischenwerk wieder ein echter Graben sein wird, der das frei stehende Festungswerk zusätzlich schützte?

2009

Odysseum

Ein Wissenschaftsmuseum

Das etwas andere Museum

___ Es liegt da wie ein gestrandetes riesiges Raumschiff, inmitten der noch recht kargen Landschaft in Köln-Kalk, wo früher einmal die Chemische Fabrik gestanden hat. Und wenn wir das Odysseum betreten, fühlen wir uns nicht unbedingt an ein klassisches Museum erinnert. Allein das grelle Orange, das uns überall in die Augen sticht, hat wenig mit einer gedämpften oder gar beschaulichen Museumsatmosphäre zu tun, wie wir sie beispielsweise aus dem Wallraf-Richartz-Museum kennen. Vieles ist hier anders – inklusive der Tatsache, dass hier Dinge kaputtgehen dürfen.

Die Idee, in Köln ein neues Wissenschaftsmuseum zu gründen, hatte die Sparkasse KölnBonn im Jahr 2000. Sie gründete eine Stiftung, die dieses Projekt umsetzen sollte: Die *SK-Stiftung CSC – Cologne Science Center.* Zunächst setzten sich Wissenschaftler der unterschiedlichsten Fachrichtungen aus Forschungsinstituten und Universitäten zusammen und suchten gemeinsam nach den Themen, die die Menschen – die jungen und die alten – interessieren. Daraus formulierten sie die fünf *Themenwelten: Leben, Erde, Cyberspace, Mensch und Kinderstadt.* Doch wie konnten diese Themen nun in einem *Museum* umgesetzt werden? Ein Hauptaugenmerk wurde auf die Ausgestaltung der einzelnen Themenwelten gelegt. Jeder Bereich sieht anders aus und fasziniert auf seine eigene Art und Weise. Für die einzelnen Fragen und Themen wurden teilweise Ausstellungsstücke neu entworfen. Das Odysseum schafft es, den Besucher in diese Themenwelten eintauchen zu lassen.

Der Namensgeber: Odysseus

Odysseus ist ein Held der griechischen Sagenwelt. Der Dichter Homer hat viel über ihn geschrieben. Odysseus war König von Ithaka und Penelope seine Frau. Im Kampf um Troja, der von Homer in dem Buch *Ilias* detailliert beschrieben wurde, spielte er eine wichtige Rolle auf der Seite der Griechen. Er war weniger der tapfere Kämpfer als der listige und kluge Denker, der hervorragend reden konnte und viele gute Ideen hatte. So ging auch der Plan mit dem Trojanischen Pferd auf ihn zurück, der den Sieg der Griechen über die Trojaner vorbereitete. Die anschließende Ermordung des Sohnes von Hektor erzürnte jedoch die Götter so sehr, dass sie einen Sturm über die griechischen Schiffe kommen ließen, der vielen das Leben kostete. Odysseus überlebte, brauchte

Was bedeutet Science Adventure?

___ Das Odysseum nennt sich *Science Adventure*. Damit soll die Verknüpfung von Wissenschaft und Abenteuer betont werden. Fast alles, was hier erklärt wird, kann irgendwie auch selbst ausprobiert werden. Von spannenden Spielen und Wettkampfsituationen über Experimente am eigenen Körper bis hin zu überraschenden Effekten – der Besucher ist immer selbst aktiv dabei. Verknüpft mit der Neugierde, die an den vielen Mitmachstationen geweckt wird, nimmt er sozusagen im Vorbeigehen viel Wissenswertes mit.

Dieses Konzept hat auch seinen Preis. Natürlich gehen immer wieder Experimente oder Spiele kaputt. Jeden Morgen wird überprüft, wo es Schäden gibt, um diese wieder zu reparieren.

Das Odysseum richtet sich vor allem an Kinder und Jugendliche. Es möchte in seiner aufwendig gestalteten Erlebniswelt deren Lust auf Wissenschaft wecken. Doch auch Erwachsene profitieren von der anschaulichen und leicht verständlichen Präsentation der teils komplizierten wissenschaftlichen Zusammenhänge. Aus diesem Grund ist das Odysseum ein Wissenschaftsmuseum für Jung und Alt.

Wissenschaft und Spiel

Ein besonderer Start

___ Wir betreten die große Plaza, eine Art überdachten Innenhof. In der Mitte hängt ein großes Pendel. Rechts weist uns ein Schild zum Eingang in die

allerdings zehn lange Jahre, um wieder zurück zu seiner Frau und seinem Sohn zu kommen. Auf seinen Irrfahrten musste Odysseus gegen einen Zyklopen kämpfen, Sirenen widerstehen, sich in das Totenreich begeben und immer wieder den Zorn des Meeresgottes Poseidon aushalten, der die Schiffe des Odysseus regelmäßig zum Kentern brachte. Hätte Athene ihn nicht beschützt, wäre Odysseus vielleicht nie zurück zu Penelope gekommen. Er kam gerade noch rechtzeitig, bevor Penelope sich neu vermählte.

Der Name Odysseus stammt übrigens von dem griechischen Wort *odyssesthai*, was *hassen* und *zürnen* bedeutet. Warum Odysseus diesen Namen bekam, ist nicht ganz klar.

(i)

Ausstellungsräume. Unbedarft steigen wir in die sogenannte *Transportkapsel*. Die Türen schließen sich hinter uns automatisch. Auf einer Projektionsfläche läuft ein kurzer Film ab, der uns auf das Folgende einstimmt. Wir lernen Odyx kennen, den kleinen Roboter, dem wir immer wieder im Odysseum begegnen werden. Und dann beginnt vollkommen unerwartet der Boden unter uns zu wackeln. Die Transportkapsel hebt ab, um uns zum ersten Themenbereich zu bringen.

Was haben Fadenwurm und Mensch gemeinsam, oder wie entsteht das Leben?

___ Diese und andere Fragen werden in der ersten Themenwelt gestellt. Hier geht es um den Ursprung und die Entwicklung der Lebewesen und ihrer vielfältigen Ausprägungen. Es werden Fragen der Biologie, der Evolution und der Genetik behandelt.

Der Raum, den wir von der Transportkapsel aus betreten, versetzt uns in eine abwechslungsreiche Dschungellandschaft. Als Erstes sehen wir den drei Meter hohen und fünf Meter langen Dinosaurier, der als großer Werbeträger des Odysseums in allen Zeitungen und auf allen Prospekten abgebildet ist. Ab und an wird dieser **Tyrannosaurus** zum Leben erweckt, bewegt sich und schreit laut auf.

Zugegeben, der Dino ist beeindruckend, aber die vielen Themenstationen, an denen wir selbst aktiv werden können, sind mindestens ebenso spannend. Da ist zum Beispiel das **Photosynthesespiel**, das sowohl sportlichen Ehrgeiz als auch Geschicklichkeit erfordert. Wie muss ich meine Blätter in dem Licht ausrichten, damit meine Pflanze möglichst schnell wächst? Oder schauen wir einmal in die **Genetikecke** und versuchen herauszufinden, wie viel genetische Übereinstimmung zwischen uns Menschen und Mäusen oder Affen oder Fadenwürmern existiert.

Wenn es um das Leben und die Lebewesen geht, darf natürlich das Wunderwerk **Gehirn** nicht fehlen. Mit interessanten optischen Täuschungen erfahren wir einiges über unsere Sinneswahrnehmung.

Und schließlich wird auch noch das Thema der Sexualität von verschiedenen Seiten beleuchtet. Denn was ist die Voraussetzung für die Evolution? Natürlich die Fortpflanzung. Jedes Lebewesen pflanzt sich in irgendeiner Art und Weise fort und sorgt so für den Fortbestand seiner Sorte oder Rasse. Und wenn zwei Lebewesen für die Fortpflanzung vonnöten sind, ist die spannende Frage, wie sich diese beiden finden. In der **Roten Sexualitätsecke** geht es um Fortpflanzung, Partnersuche, Werben, Balzen, Flirten und Attraktivität.

Von dieser ersten Themenwelt zur nächsten geht es entweder mit der Transportkapsel weiter oder einfach durch die Tür. Was in der Kapsel passiert, verrate ich an dieser Stelle nicht mehr.

Ein faszinierender Blick auf die Erde und in die Welt der Physik

___ Wir tauchen in einen dunklen Raum ein, in dem überall kleine Lichter leuchten – wir befinden uns im **Weltall**, umgeben von unzähligen Sternen. Wie aus einem Raumschiff heraus schauen wir auf die Erdkugel, die sich mitten in diesem Universum befindet. Wir haben die Möglichkeit, entweder in die Erde hinein- oder auf der Erdumlaufbahn um die Erde herumzugehen. Vor dem Hinter-

Zweiter Themenbereich mit Erdkugel

grund des Weltalls mit seinen Planeten und Sternen werden Größenverhältnisse und Entfernungen thematisiert – von klitzeklein bis riesengroß, von ganz nah bis weit entfernt. Wir merken schon: In dieser Themenwelt geht es um die Erde, um Physik und Mathematik.

Ob wir am eigenen Körper erfahren, wie Strom wirkt, wenn mithilfe des **Van-de-Graaff-Generators** unsere Haare zu Berge stehen, oder ob wir an einem anschaulichen Wasserbild den **Satz des Pythagoras** verstehen können – hier werden uns grundsätzliche Themen der Physik und Mathematik ganz einfach und verständlich vorgeführt.

Der Blick auf die Erde wirft auch die Frage nach der **Globalisierung** auf. Globalisierung bedeutet, dass alle Bereiche des menschlichen Lebens wie Wirtschaft und Kultur, aber auch Klima und Umwelt auf dem gesamten Globus miteinander verflochten sind. Heute können wichtige Themen wie die Erdbevölkerung, der Geldkreislauf oder die Klimaveränderung nicht mehr von einzelnen Ländern allein aus betrachtet werden, sondern müssen als Probleme der ganzen Erde verstanden werden. Wenn wir in Europa mehr Autoabgase produzieren, hat das negative Auswirkungen auf die Schneeschmelze in der Arktis.

Was Computer alles können – oder auch nicht!

___ Die dritte Themenwelt trägt den vielsagenden Namen *Cyberspace*. Das ist die Welt der Robotik, Computer, Informatik, Technik, Kommunikation. Wenn wir das Cyberspace betreten, scheinen wir auf Nanogröße zu schrumpfen und uns plötzlich auf einer Computerplatine zu befinden. Denn dieser Bereich ist wie eine solche gestaltet, jene kleinen Platten, die das Herz eines Computers darstellen.

Mindball

Lust auf ein **Basketballmatch** gegen einen Computer? Kein Problem. Das Ergebnis ist offen. Trifft der Computer vielleicht sicherer, so braucht er wesentlich länger, um überhaupt erst einmal eingestellt zu werden. Und dafür braucht er einen Menschen. Dieses Basketballmatch der besonderen Art wirft eine Menge interessanter Fragen auf.

Ein anderes, nicht weniger spannendes Duell können zwei Spielpartner beim **Mindball** austragen. Über Stirnbänder werden Hirnströme gemessen. Wer entspannt ist, kann eine Kugel, die sich auf dem Tisch zwischen den Spielern befindet, in Bewegung setzen. Bei diesem Wettkampf zählen nicht Anstrengung und Anspannung, sondern Gelassenheit und Entspannung.

Wer einmal die unglaubliche Erfahrung machen möchte, die Lichtgeschwindigkeit zu durchbrechen, der muss sich auf das **Lichtgeschwindigkeitsfahrrad** setzen.

Die Funktionsweise eines Computers (lateinisch: computare = rechnen) wird uns an einem **Rechenmodell** veranschaulicht, an dem wir Dezimalzahlen in Binärzahlen umwandeln können, die nur aus zwei unterschiedlichen Ziffern bestehen, der Null und der Eins. Diese Binärzahlen sind die Grundlage der Programmierung.

Auf einer eingezogenen zweiten Etage gibt es eine kleine Ausstellung zur Geschichte der Informationsübertragung mit einem **Morseapparat**, einem **Dosentelefon** und anderen alten Geräten. Diese Reise in die Vergangenheit macht uns bewusst, wie rasant die Entwicklung in der Computertechnik verläuft.

Wie wächst eine Krebszelle, und wie werden Melonen eckig?

___ In dieser vierten Themenwelt geht es um Mensch, Medizin, Ernährung und um das ziemlich komplizierte Thema der Gentechnik. Hier erfahren wir, wie ausgeklügelt das System *Mensch* ist. Wenn alles gut funktioniert, ist der Mensch gesund. Das ist leider nicht immer so. Eine der gefürchtetsten Krankheiten unserer Zeit ist der Krebs. Durch ein Mikroskop können wir uns das anschauen, was eigentlich keiner sehen und erst recht nicht haben will: **Krebszellen**. Das Tückische an und Typische von Krebszellen ist, dass sie sich ungehindert vervielfältigen und wuchern können und so zu unkontrollierbaren Geschwüren wachsen, die andere Systeme im Körper behindern.

Um Krankheiten zu behandeln, benötigen wir Ärzte und Medikamente. Das Odysseum thematisiert das Thema der **Heilmittel**, indem es einerseits die Frage nach Wirkung und Nebenwirkung stellt, andererseits Heilmittel aus der Homöopathie und Naturmedizin vorstellt.

Auch beim Pflanzenanbau spielt die Gentechnik eine immer größere Rolle. So werden beispielsweise Gurken genetisch verändert, damit alle gleich dick und lang sind. Oder wie wäre es mit Melonen, die quadratisch sind, damit man sie besser stapeln kann? Wer möchte, kann selbst versuchen, mit einer **Genkanone** Pflanzen zu beschießen, um neue beziehungsweise veränderte Gene auf und in die Pflanze zu bringen.

Am Ende dieses Themenbereichs stoßen wir auf ein großes **Schiff**, das ein Bild für das Leben und die Zukunft sein soll. Der Besucher kann es selbst steuern und den Weg in die Zukunft mitbestimmen.

Und noch mehr

___ Der Rundgang durch diese vier Themenwelten hat uns viele Eindrücke vermittelt und viele Aktionen abverlangt. Da bietet das **Kino** eine schöne Erholung, in dem ein Film das bisher Gesehene zusammenfasst. Er braucht dazu keine Worte, sondern lebt von kunstvollen optischen und akustischen Effekten. Für die ganz Kleinen gibt es noch die fünfte Themenwelt, die **Kinderstadt**. Hier werden einfache Experimente und Spiele für Vorschulkinder angeboten, wobei der Klettergarten durchaus auch für die Großen eine Herausforderung darstellt. Im Außenbereich locken Schaufel- und Baggerarbeiten mit einer Lorenbahn, Wasserspiele mit einer **Archimedischen Schraube** und Wettrennen mit Tieren zum Austoben. Und wer dann immer noch nicht genug hat, kann bestimmte Themen in der oberen Etage vertiefen, wo es kleine Kojen mit Computern gibt, die zu ausgewählten Themen anschauliche Erklärungen liefern.

2009

Weinmuseum

Das Museum mit dem Weinberg

Das Museum für ein ganz besonderes Getränk

___ Wein ist ein ganz besonderes Getränk. Kaum ein anderes vereint so viel Kult und Mystik, Legenden und Rituale. Und für die Beschreibung von Wein gibt es sogar eine eigene Sprache. Wenn Weinkenner sich über Wein unterhalten, kann sich das für den Laien auch sehr komisch anhören – angefangen von der Farbbeschreibung wie *hellfarbig*, *bauernhell* oder *hochfarbig* bis hin zu der Geschmackscharakterisierung, bei der die Rede von einem *blumigen*, *flüchtigen* oder gar *zarten* Bukett sein kann. Ein Wein kann aber auch noch *metallisch*, *spitz* oder *hart*, *harmonisch*, *aufdringlich* oder *gefällig*, *charakterlos*, *flach*, *dünn*, *stark*, *würzig*, *groß* oder *edel* sein. Alles klar?

Für den Laien gibt es eine Vielzahl an Weinseminaren, Weinbüchern und Weinproben, wo er alles wichtige über Jahrgang, Rebsorte, Lage und die richtige Auswahl der passenden Gläser erfahren kann.

Wir sehen schon: Wein ist ein äußerst ergiebiges und umfangreiches Thema. Deshalb ist es besonders schön, dass es in Köln auch ein Weinmuseum gibt, das sich im *Kölner Wein Depot* befindet. Das *Kölner Wein Depot* ist ein Familienunternehmen, das seit über achtzig Jahren in Köln ansässig ist. 2002 bezog das *Wein Depot* das Gebäude neben der Zoobrücke. Hier hat der Besitzer Josef Wittling, selbst studierter Weinbauer, einen Weinberg auf dem Dach des Hauses anlegen lassen und Räume für ein Weinmuseum geschaffen, das sich in der zweiten Etage befindet.

> Ein Wein kann metallisch, spitz oder hart, harmonisch, aufdringlich oder gefällig, charakterlos, flach, dünn, stark, würzig, groß oder edel sein. Alles klar?

Ein Weinberg mitten in der Stadt

___ Das Besondere und gleichzeitig Überraschende in diesem Museum ist der Weinberg. Wenn wir oben auf dem schrägen Dach des Hauses in dem Weinberg stehen, mitten in der Stadt, erscheint er uns viel größer, als es von unten den Anschein hat. Wie ein kleines Paradies liegt der Weinberg ruhig, friedlich und einladend da. Zwischen den Rebstöcken wachsen bunte Wiesenblumen, und man könnte für einen Augenblick vermuten, dass zu seinen Füßen die Mosel oder der Rhein fließen und nicht etwa Häuserzeilen, Straßen und Autos sind.

Weinberg des Weinmuseums

(i)

Weingötter und Weinheilige –
Heilkraft, Symbol und Ekstase

Schon lange kennen die Menschen das Geheimnis, wie man aus Trauben Wein machen kann. Legenden erzählen, dass es im antiken Persien bereits um 2000 v. Chr. vorzügliche Weine gegeben haben soll. Griechische Autoren schreiben, dass seit dem 5. Jahrhundert v. Chr. auch in Griechenland Wein getrunken wurde. Von den Griechen kam der Wein zu den Römern, diese wiederum brachten ihn den Galliern und Germanen.

Die Griechen verehrten den Weingott Dionysos, die Römer denselben als Bacchus, und die Christen haben ihre unterschiedlichen Weinheiligen wie den heiligen Rochus, der vor allem im Rheingau sehr verehrt wird. Die einen feierten berauschende, ekstatische Feste zu Ehren des Weingottes, für die anderen ist der Wein ein bedeutendes Symbol während der Messfeier.

Hippokrates (um 460–370/377 v. Chr.) nannte den Wein Medizin, auch Plutarch (um 46 bis circa 119) und Plinius der Ältere (23/24–79) beschreiben die besondere heilsame Wirkung des gegorenen Traubensafts. In der Bibel steht geschrieben, dass Wunden mit Wein begossen wurden, damit sie besser heilen. Im Mittelalter verabreichten Ärzte ihren Patienten Wein als Heilmittel, und bis heute wird immer wieder die Frage diskutiert, ob das eine Gläschen Wein am Abend eher gesund oder schädlich sei.

Bei diesem Weinberg handelt es sich übrigens nicht um einen typischen Vertreter seiner Art. Nein, in jeder Reihe wächst eine andere Rebsorte, insgesamt mehr als vierzig verschiedene Sorten, vom Riesling über den Silvaner bis hin zum Cabernet Sauvignon. Außerdem werden verschiedene Anbaumethoden vorgeführt. Dieser Weinberg ist also eine Art *Lehr- und Vorführweinberg*. Wer nun denkt, dass aus diesen Trauben auch Wein gekeltert wird, der hat sich getäuscht. Denn eine gewisse EU-Richtlinie verbietet die Verarbeitung von Weintrauben zu Wein, wenn mehr als 100 Rebstöcke privat angebaut werden. Wer weniger als 100 Rebstöcke sein Eigen nennt, darf keltern, so viel er Lust hat und solange der Vorrat reicht. Der Weinberg des Museums hat aber über 700 Rebstöcke ... also gibt es keinen Wein.

Es ist schön, dass es heute wieder einen Weinberg mitten in Köln gibt. Ich schreibe deshalb *wieder*, weil es im Mittelalter innerhalb der Kölner Stadtmauer eine erstaunlich große Anzahl von Weinbergen gab. Damals wurde sehr viel Wein getrunken, weil er einfach sauberer und keimfreier war als das oft verschmutzte Wasser.

Alles für einen guten Tropfen

Was alles zum Wein dazugehört

___ Was gibt es noch im Weinmuseum zu sehen? In dem großen Ausstellungsraum finden wir Mediastationen, Wandtafeln und Objekte zu allem, was den Weinbau und den Weingenuss betrifft. Da erfahren wir beispielsweise, welche besondere Rolle der Boden spielt, auf dem der Wein wächst, und wie unterschiedlich die Böden in den einzelnen Weingebieten sind. In Schaukästen können wir an *echten* Bodenproben selbst erkennen, wie verschieden die Erdzusammensetzung von Erd-, Lehm- oder Schieferböden ist.

Natürlich ist auch die Weinherstellung ein Thema, vom Keltern und Reifenlassen bis hin zum Lagern und Verschließen der Flaschen. Schraubverschluss oder Korken? Das ist hier die Frage!

An anderer Stelle werden verschiedene Weingläser gezeigt und erklärt, welche Gläser für welchen Wein geeignet sind. Schließlich dürfen die Weinflaschen selbst in diesem Museum nicht fehlen. Die gibt es in vielen verschiedenen Größen, Formen und Farben zu bestaunen, bis hin zu einer unglaublichen 15-Liter-Weinflasche.

Ein besonders schönes Stück ist die römische Spitzamphore aus Ton. Vermutlich wurde in ihr um das Jahr 100 v. Chr. ein köstlicher römischer Wein aufbewahrt. Dann, irgendwann, verschlang sie das Meer. Dort lag sie jahrhundertelang unentdeckt auf dem Meeresboden, bis sie dann glücklicherweise aus dem Meer gefischt wurde, um hier, im Weinmuseum, einen würdigen Aufstellungsplatz zu bekommen. Der Muschelkalk, der die Tonwände bedeckt, zeugt von ihrem langen Meeresschlaf.

Römische Spitzamphore, um 100 v. Chr.

Alle Museen im Überblick

Wallraf-Richartz-Museum &
Fondation Corboud
Obenmarspforten
50667 Köln
Telefon 0221/221-211 19
Fax 0221/221-226 29
E-Mail wallraf@museenkoeln.de
www.wallraf.museum
Öffnungszeiten
Di, Mi, Fr 10–18 Uhr
Do 10–22 Uhr
Sa, So, feiertags 11–18 Uhr

Kolumba
Kolumbastraße 4
50667 Köln
Telefon 0221/93 31 93-0
Fax 0221/93 31 93-33
E-Mail mail@kolumba.de
www.kolumba.de
Öffnungszeiten
täglich außer dienstags 12–17 Uhr

Domschatzkammer
Domkloster 4
50667 Köln
Telefon 0221/179 40-530
Fax 0221/93 31 93-33
E-Mail info@domschatzkammer-
koeln.de
www.dombau-koeln.de
Öffnungszeiten
täglich 10–18 Uhr

Kölnisches Stadtmuseum
Zeughausstraße 1–3
50667 Köln
Telefon 0221/221-257 89
Fax 0221/221-241 54
E-Mail ksm@museenkoeln.de
www.museenkoeln.de
Öffnungszeiten
Di 10–20 Uhr
Mi–So 10–17 Uhr
jeden 1. Donnerstag im Monat 10–22
Uhr (an Feiertagen 10–17 Uhr)

Museum für
Angewandte Kunst
An der Rechtschule
50667 Köln
Telefon 0221/221-267 35
Fax 0221/221-238 85
E-Mail mfak@stadt-koeln.de
www.museenkoeln.de
Öffnungszeiten
Di–So 11–17 Uhr
jeden 1. Donnerstag im Monat
11–22 Uhr (mit Führung um 18 Uhr)
an jedem 1. Sonntag im Monat
ab 10 Uhr (zu Kunst + Frühstück mit
kostenlosen Parallelführungen für
Kinder und Erwachsene um 11 Uhr)

Rautenstrauch-Joest-
Museum – Kulturen der Welt
Cäcilienstraße 29–33
50667 Köln
Telefon 0221/221 313-01
Fax 0221/221 313-33
E-Mail rjm@stadt-koeln.de
www.museenkoeln.de
Öffnungszeiten
zur Zeit der Drucklegung noch
nicht bekannt

Museum Schnütgen
Cäcilienstraße 29–33
50667 Köln
Telefon 0221/221-236 20
Fax 0221/221-284 89
E-Mail museum.schnuetgen@
stadt-koeln.de
www.museenkoeln.de
Öffnungszeiten
Di–Fr 10–17 Uhr
Sa, So 11–17 Uhr
jeden 1. Donnerstag im Monat
10–22 Uhr

Museum für
Ostasiatische Kunst
Universitätsstraße 100
50674 Köln
Telefon 0221/221-286 17
Fax 0221/221-286 10
E-Mail mok@museenkoeln.de
www.museenkoeln.de
Öffnungszeiten
Di–So 11–17 Uhr
jeden 1. Donnerstag im Monat
11–22 Uhr

Duftmuseum im Farinahaus
Obenmarspforten 21
50667 Köln
Telefon 0221/399 89 94
Fax 0221/399 89 95
E-Mail museum@farina-haus.de
www.farina-haus.de
Öffnungszeiten
Mo–Sa 10–18 Uhr
So 11–16 Uhr

Römisch-Germanisches Museum
Roncalliplatz 4
50667 Köln
Telefon 0221/221-244 38 oder
221-245 90
Fax 0221/221-240 30
E-Mail roemisch-germanisches-
museum@stadt-koeln.de
www.museenkoeln.de
Öffnungszeiten
Di–So 10–17 Uhr
jeden 1. Donnerstag im Monat
10–22 Uhr

Museum Ludwig
Heinrich-Böll-Platz
50667 Köln
Telefon 0221/221-261 65
Fax 0221/221-241 14
E-Mail info@museum-ludwig.de
www.museum-ludwig.de
Öffnungszeiten
Di–So 10–18 Uhr
jeden 1. Donnerstag im Monat
10–22 Uhr

Haus des Waldes
Gut Leidenhausen
51147 Köln (Porz-Eil)
Telefon 02203/399 87
Öffnungszeiten
1.4.–30.9.: So, feiertags 10–18 Uhr
1.10.–31.3.: So, feiertags 10–17 Uhr

Käthe Kollwitz Museum
Kreissparkasse Köln
Neumarkt 18–24
50667 Köln
Telefon 0221/227-23 70 oder
227-28 99
Fax 0221/227-37 62
E-Mail museum@kollwitz.de
www.kollwitz.de
Öffnungszeiten
Di–Fr 10–18 Uhr
Sa, So 11–18 Uhr

Kölner Karnevalsmuseum
Maarweg 134–136
50825 Köln
Telefon 0221/574 00 76
Fax 0221/221-574 00 75
E-Mail info@kk-museum.de
www.kk-museum.de
Öffnungszeiten
Do 10–20 Uhr
Fr 10–17 Uhr
Sa, So 11–17 Uhr

Geldgeschichtliche
Sammlung
Kreissparkasse Köln
Neumarkt 18–24
50667 Köln
Telefon 0221/227-23 70 oder -28 99
Fax 0221/227-37 62
www.geldgeschichte.de
Öffnungszeiten
Das Geldgeschichtliche Museum
ist in die Kassenhalle der Kreis-
sparkasse Köln integriert.
Die Öffnungszeiten entsprechen
denen der Kreissparkasse:
Mo–Fr 9–18.30 Uhr
Sa 10–14 Uhr

Schokoladenmuseum
Am Schokoladenmuseum 1a
50678 Köln
Telefon 0221/93 18 88-0
Fax 0221/93 18 88-14
E-Mail service@schokoladen
museum.de
www.schokoladenmuseum.de
Öffnungszeiten
Di–Fr 10–18 Uhr
Sa, So 11–19 Uhr

Tanzmuseum des Deutschen
Tanzarchivs Köln
Im Mediapark 7
50670 Köln
Telefon 0221/226-57 57
Fax 0221/226-57 58
E-Mail tanzarchiv@sk-kultur.de
www.sk-kultur.de
Öffnungszeiten
Di 10–19 Uhr
Mi, Do 10–16 Uhr

Straßenbahn-Museum
Thielenbruch
(Postanschrift)
Otto-Kayser-Straße 2c
51069 Köln
(Eingang in das Museum)
Gemarkenstraße 173
Telefon 0221/283 47 71
Fax 0221/283 47 72
E-Mail Webmaster@hsk-koeln.de
www.hsk-koeln.de
Öffnungszeiten
jeden 2. Sonntag jeden Monats
von 11–17 Uhr
Winterpause von Januar bis Februar

Skulpturenpark Köln
Elsa-Brändström-Straße 9
50668 Köln
Telefon 0221/33 66 88 60
Fax 0221/33 66 88 69
E-Mail info@skulpturenparkkoeln.de
www.skulpturenparkkoeln.de
Öffnungszeiten
täglich
April–September 10.30–19 Uhr
Oktober–März 10.30–17 Uhr

Schlosspark
Köln-Stammheim
Stammheimer Hauptstraße
51061 Köln
www.rheinblicke-einblicke.de
Öffnungszeiten
durchgehend geöffnet

Deutsches Sport &
Olympia Museum
Im Zollhafen 1
50678 Köln
Telefon 0221/33 60 90
Fax 0221/336 09 99
E-Mail info@sportmuseum.info
www.sportmuseum.info
Öffnungszeiten
Di–Fr 10–18 Uhr
Sa, So, feiertags 11–19 Uhr

Kölner Festungsmuseum
Militärringstraße 10
50996 Köln-Marienburg
E-Mail festungsmuseum@crifa.de
www.museum.crifa.de
Öffnungszeiten
vierzehntäglich: Sa 12–18 Uhr
Führungen 12.00, 14.00 und 16.00
Uhr

Odysseum
Corintostraße 1
51103 Köln-Kalk
Telefon 0221/69 06 82 00
www.odysseum.de
Öffnungszeiten
genaue Öffnungszeiten bitte
auf der Homepage nachsehen

Weinmuseum
Amsterdamer Straße 1
50668 Köln
Telefon 0221/72 75 70
Fax 0221/739 21 11
E-Mail info@koelnerweindepot.de
Öffnungszeiten
Di–Fr 8–19 Uhr
Sa 8–14 Uhr

Verzeichnis der Künstler, Architekten und Kunstsammler

Bildnachweis
Deutsches Sport & Olympia Museum 257, 262; Deutsches Tanzarchiv Köln
(Susanne Fern) 226/227, 230, 232, 235; Dombauarchiv Köln (Matz und
Schenk) 49, 53, 56; Dombauarchiv Köln (W. Kralisch) 55; Copyright Farina
136/137, 139, 142; Geldgeschichtliche Sammlung/Kreissparkasse Köln 213;
Kölner Festungsmuseum (R. Schwienbacher) 264/265, 269; Kölner Karne-
valsmuseum 198/199, 202, 203, 205; koelnfoto.de 30/31, 80/81, 110/111,
254/255; Copyright Kolumba, Köln (Lothar Schnepf) 37, 40, 42; Metzmacher,
Brigitte 244/245, 253; Odysseum 270/271, 275, 276; Rauprich, Susanne
46/47, 94/95, 182/183, 185, 188/189, 208/209, 222, 225, 247; Rautenstrauch-
Joest-Museum – Kulturen der Welt 97, 99; Rheinisches Bildarchiv WRM: 8,
12, 15, 20, 23, 26, 29, KSM: 65, 69, 70, 77, 79, MAK: 85, 87, 88, RJM: 104, 107,
Schnütgen: 112, 115, 119, 122, MOK: 128, 131, 135, ML: 165; Richter,Gerhard
178; Römisch-Germanisches Museum 150, 151, 155, 159; Schmitz, Britta 6/7,
60/61, 124/125, 160/161, 144/145, 214/215, 236/237, 241, 278/279; Schokoladenmuseum 220, 221; Straßenbahn-Museum Thielenbruch 239, 243;
VG Bild-Kunst MAK: 92, ML: 168, 171, 174, Kollwitz: S.193, 194, 197; Weinmu-
seum/Wittling 281, 283

Bibliografische Information der Deutschen Nationalbibliothek
Die Deutsche Nationalbibliothek verzeichnet diese Publikation in
der Deutschen Nationalbibliografie; detaillierte bibliografische
Daten sind im Internet über http://www.d-nb.de abrufbar.

© Hermann-Josef Emons Verlag
Alle Rechte vorbehalten
© der Fotografien bei den Fotografen
Gestaltung: Weusthoff-Noël, Hamburg (www.wnkd.de)
Druck und Weiterverarbeitung: Korotan Ljubjana-d.o.o.
Printed in Germany 2010
ISBN 978-3-89705-693-0

Unser Newsletter informiert Sie
regelmäßig über Neues von emons:
Kostenlos bestellen unter
www.emons-verlag.de

Zur Autorin

Susanne Rauprich, geboren 1965 in Köln, ist promovierte Kunsthistorikerin. Sie arbeitet als selbstständige Kunstführerin, Kunstpädagogin und Autorin. Im Emons Verlag erschien 2007 »Köln. Stadtgeschichte für schlaue Füchse«.

»2.000 Jahre Kölner Stadtgeschichte auf 250 Seiten lebendig, anschaulich aufzubereiten – das ist eine tolle Leistung. Super!« Känguru

»Ein witziges Geschichtsbuch? Klingt, als ginge das nicht, aber Susanne Rauprich kriegt das richtig gut hin.« Express

Susanne Rauprich, Köln. Stadtgeschichte für schlaue Füchse
Mit zahlreichen Abbildungen, gebunden, 256 Seiten, ISBN 978-3-89705-341-0